汉语教学学刊

HANYU JIAOXUE XUEKAN

北京大学对外汉语教育学院　主办
《汉语教学学刊》编委会　编

2024 / 2
（总第20辑）

图书在版编目(CIP)数据

汉语教学学刊.总第20辑/《汉语教学学刊》编委会编.－－北京：北京大学出版社，2025.10.－－ISBN 978-7-301-36465-9

I.H195-55

中国国家版本馆CIP数据核字第2025UC2751号

书　　　名	汉语教学学刊·总第20辑 HANYU JIAOXUE XUEKAN·ZONG DI-ERSHI JI
著作责任者	《汉语教学学刊》编委会　编
责任编辑	郭　冰
标准书号	ISBN 978-7-301-36465-9
出版发行	北京大学出版社
地　　址	北京市海淀区成府路205号　100871
网　　址	http://www.pup.cn　新浪微博：@北京大学出版社
电子邮箱	zpup@pup.cn
电　　话	邮购部 010-62752015　发行部 010-62750672　编辑部 010-62752028
印　刷　者	北京虎彩文化传播有限公司
经　销　者	新华书店
	787毫米×1092毫米　16开本　12.25印张　268千字 2025年10月第1版　2025年10月第1次印刷
定　　价	42.00元

未经许可，不得以任何方式复制或抄袭本书之部分或全部内容。
版权所有，侵权必究
举报电话：010-62752024　电子邮箱：fd@pup.cn
图书如有印装质量问题，请与出版部联系，电话：010-62756370

目　录

论信息化时代的对外汉字教学 …………………………………… 李　泉　1

汉语对话中疑问句的形式与功能
　　——以多人竞争游戏对话为例 ……………………… 张文贤　苏　祺　15
语块的整体性认识与界定 ………………………………………… 孔令跃　28
句子语境对汉语语块加工影响研究 ……………………………… 陈　肯　41
面向日本汉语学习者的"××家"日汉对比研究 ……………… 高田美樱子　54
图文信息整合下的回指消解
　　——汉语母语者和二语者的对比研究 ………………………… 张辰怡　66
对外汉语听力理解任务中的障碍和学习
　　策略研究 …………………………… 范诗青　阎　瑞　Monica Masperi　88

早期对外英语教科书《纳氏文法》的诗歌修辞论 ……………… 陈满华　115
民国时期三部国际中文教材的生词编排及词类观 ……… 马国彦　李泽欣　127

预科日本留学生专业汉语能力考察 ……………………………… 姚　骏　139
全线上混合式"三步"教学模式的构建 ………………………… 范红娟　152
中文教学进入匈牙利基础教育的历程
　　——以匈中双语学校为例 …………………………………… 黎　敏　164

ABSTRACTS ……………………………………………………………… 178
《汉语教学学刊》稿件体例 …………………………………………… 186

CONTENTS

A Study on Chinese Character Teaching to Foreigners
　　in the Information Age ·· LI, Quan　　1

The Form and Function of Interrogatives in Multi-Party Chinese
　　Competitive Game Conversations ············ ZHANG, Wenxian & SU, Qi　15

On the Holistic Nature and Definition of
　　Formulaic Language ·· KONG, Lingyue　28

A Study on Processing of Chinese Formulaic Sequences
　　within Sentential Contexts ·· CHEN, Ken　41

A Comparative Analysis on Three-Syllable "*-jia*" Derivatives
　　in Japanese and Chinese: Implications for Japanese-speaking Chinese
　　Language Learners ·· TAKADA, Mioko　54

A Comparison between Chinese L1 and L2 Speakers in
　　Text-Picture Integration during Anaphora Resolution
　　··· ZHANG, Chenyi　66

A Study of Obstacles and Learning Strategies
　　in a Listening Comprehension Task in Learning Chinese as a Foreign Language
　　······················· FAN, Shiqing; YAN, Rui & MASPERI, Monica　88

The Rhetorical Devices for Poetry: From the Perspective of *Nesfield's English Grammar Series*—the Early English Textbook for Foreigners ·················· CHEN, Manhua 115

The Arrangement of Glossary and the Views on Part of Speech in Three International Chinese Textbooks During the Republic of China Era ·················· MA, Guoyan & LI, Zexin 127

A Study of Japanese Students' Professional Chinese Competence in Preparatory Courses ·················· YAO, Jun 139

Developing a Three-Step Hybrid Teaching Model ············ FAN, Hongjuan 152

The Process of Chinese Language Teaching Entering Basic Education in Hungary: Taking the Hungarian-Chinese Bilingual School as an Example ·················· LI, Min 164

ABSTRACTS ·················· 178

Stylistic Rules and Layout of *Journal of Chinese Language Studies* ············ 186

论信息化时代的对外汉字教学*

李 泉

中国人民大学国际文化交流学院

提 要 汉字教学应依据汉字的特点和应有的教学规律,依据汉字与汉语的特殊关系来做出合理的设计和制度化安排,使汉字教学和汉语教学的质量和效益最大化。具体而言,入门阶段汉语教学应采取"语文分开"的模式,利用拼音教授口语,汉字单独设课。应区分汉字作为文字和作为语素两个教学路径,因循汉字特有的属性和功能分而治之,分步实施,各得其所。信息化时代的汉字教学应顺应世界性语文方式的变革,将纸笔书写为主的教学,与时俱进地转为电写(打字)教学为主。为更好地体认汉字的结构规则和书写规则,特别是更好地选字选词,信息化时代的汉字教学仍需进行限时限量的书写教学,仍需讲授常用汉字造字法及形符、声符等汉字知识。信息化时代,拼音的地位和作用大大提升,汉字教学应以输入拼音提取字词训练为核心,掌握拼音和字音是汉字学习的第一要务。

关键词 信息化时代　对外汉字教学　电写时代　教学模式　语素文字　汉字书写

一　引言

信息化时代指的是21世纪以来互联网广泛走进人类生产和生活各个领域,电脑和手机等智能化工具得到广泛普及和应用的时代。这一时代,人类文字书写和信息发送、接收、存储、获取方式发生了前所未有的变革,纸笔书写时代已转型为键入字母或拼音提取文字的电写时代。就汉语汉字而言,电脑、手机输入拼音提取字词,积字词成句成篇,业已成为汉语母语者语文生活的常态。然而,汉语二语教学中的汉字教学,总体上仍"与世隔绝",固守在传统的汉字教学"桃花源"中,而不问"今是何世",仿佛信息化时代"与我无关"。电写教学和研究始终未提到学科建设的日程上,更未被视为前沿性、关键性课题

---

* 本文获得教育部中外语言交流合作中心"2023年国际中文教育研究课题一般项目"(23YH04C)资助。初稿以"汉语汉字关系及信息化时代语文方式视域下的汉字教学"为题,在南开大学和美国加利福尼亚大学戴维斯分校联合主办的"电写时代汉字教学模式国际学术研讨会(线上)"做过大会发言(2024年5月18日),感谢石锋先生和储诚志先生邀请参会。本文得到了施正字教授的指教,特此致谢!

(李泉 2024),这似乎有些不可理解,但却是国内对外汉语教学界的实际情况。

信息化时代的对外汉字教学,是继续传统的一笔一画的写字教学,还是转型为输入拼音的电写教学?信息化时代汉字教学的地位和作用,是否也发生了改变以及发生了什么样的改变?信息化时代汉语二语教学要不要教学习者书写汉字,教的目的为何以及教到什么程度?要不要讲汉字的造字法及构字理据,讲的目的为何以及讲到什么程度?电写教学该如何实施,会遇到什么样的问题以及如何解决?信息化时代应该确立什么样的汉字教学理念,应该采取哪些教学原则和方法?诸如此类信息化时代汉语二语教学理论与实践中的现实问题,同样没有引起国内对外汉语教学界应有的重视和研究。不止于此,既往的汉字教学研究大都是具体的就事论事性质的,未基于更为宏观和根本的汉语二语教学特殊性来研究汉字教学的问题。

在以上前提和背景下,本文主张应基于汉语二语教学的特殊性,探寻汉字教学模式;应基于汉字独特的属性和功能,探寻汉字教学的路径;应基于信息化时代语言文字方式发生的变化,探寻与之相适应的汉字教学理念和方法。换言之,应基于汉语二语教学自身特点,优化汉字教学方案;借助现代教育技术的优势,突破汉字教学的"瓶颈",特别是汉字"难写"的问题,促进汉字教学的转型和教学效益的提升。为此,本文拟在汉语二语教学模式视域下讨论汉字教学的总体设计,在汉字特点及汉字与汉语关系视域下讨论汉字教学取向及重点,在信息化时代语文生活方式视域下讨论汉字教学理念与方法等相关问题。

二 汉语二语教学模式视域下汉字教学总体设计

2.1 "先语后文""语文并进"与汉字教学

汉字教学总体设计是影响汉语二语教学全局的问题。20世纪50年代初开始的专门化和常态化对外汉语教学,便针对汉字教学创建了"语文分开"和"语文并进"两种教学模式。对当时的教学对象来说,在完成一到两年的基础汉语学习后,要入院系学习文科或理工科专业。业界最初采取"语文分开,先语后文"的模式,即在第一个学期,用拼音教汉语,在有了一定的汉语基础后,从第二学期开始集中教授汉字。但当时前辈们在总结教学实践时,否定了这种教学模式。理由是:学生在明知后期必须学习汉字,而第一个学期不接触汉字的情况下,有些着急;入门阶段不学汉字,分散了教学任务和难度,但后期集中学习汉字,既要"复习"之前学过的汉字,又要学习新的汉字,反而增加了压力;等等。于是,最终选择了"语文并进"的模式(钟梫 1993)。此后,在70余年时间里,国内普遍采取汉字和汉语在初级综合课中同步教学的模式。但是,这种模式客观上致使汉字教学成为语言教学的"附庸",汉字教学被动而行,难以按照汉字规律系统化教学,而入门阶段用汉字教汉语,捉襟见肘,步履维艰,可谓汉字教学和汉语教学"两败俱伤"。

2.2 入门阶段汉字与汉语难以"匹配"教学

汉字是常规汉语二语教学设计绕不开的问题。入门阶段要教语音、词汇、语法和语句,当然也要教汉字。但是,汉字的字形是由笔画、部件等按照一定书写顺序和组合规则构成的,需要单独学习,字音和字义也要单独记忆,特别是汉字的字音"藏在字的背后",几乎与字形完全脱离。即使所谓形声字的"声(符)"也是汉字,也需要单独记忆,且声符与整字读音的一致性较低。汉字无法像拼音文字那样直接"拼写语言"。汉字的这些特点,使得入门阶段的汉语教学难以将汉字作为文字工具教授汉语。语言教学按交际需要进行,一开始要教"你好""谢谢""再见""上课""下课"等最基本的交际用语。而汉字应该按自身结构规则,由易到难,循序渐进进行教学,一开始应该学习诸如"一二三、人口手、日月明"等最简单的独体字和合体字。可见,汉字教学与汉语教学难以在入门阶段"匹配"进行。国内初级汉语综合教材大都以汉语教学为主,汉字教学围绕汉语教学进行,而不是按照自身应有的教学规律进行,其教学效果难以理想化。遗憾的是,初级阶段汉字与汉语教学这种"拧巴"现象,业界似乎"见惯不怪",几乎无人质疑。

2.3 对"先语后文"教学模式再研究再认识

多年来,学术界对汉字教学进行了广泛的研究,如汉字部件和偏旁教学研究、形声字教学研究、汉字教学规律研究、汉字教学调查和实验研究、汉字认知和偏误研究、汉字教学方法和路径研究等(李泉 2006;施正宇等 2015),但有关汉字教学模式的研究没有成为主流课题,亦未能取得共识。在为数不多的研究中,有学者对"语文并进"的理据和优势进行了阐述(李培元、任远 1986;刘社会 1990),但也有学者提出了一些新的教学模式,其共同的核心主张是"语"和"文"分开(崔永华 1999;鲁健骥 2003;赵金铭 2008)。赵金铭(2011)结合近些年来国内外有关"先语后文"的教学设想与教学实验,重新审视了 20 世纪 50 年代初对外汉语教学界两次采用的"先语后文"的教学设计,分析利弊,权衡得失,从多角度论证了"先语后文"是初级阶段汉语教学的有效途径,指出该模式对母语书写系统为拼音文字的学习者来说,不仅是一条有效、便捷之路,更是必由之路。遗憾的是,虽然对"先语后文"的认识达到新高度,但由于观念和惯性等多种因素,这一模式在国内教学实践中仍未得到应用。

2.4 "语文分开"乃汉语汉字最佳教学模式

教学模式是汉字教学的总体设计和制度化安排,是解决汉字教学问题的根本出路,关键在于要适合汉语二语汉字教学的特点。这其中,实行多年的"语文并进"是拼音文字二语教学的普遍模式,忽视了汉字不同于拼音文字的特点,而"语文分开"是汉语二语教学独有且适应汉字特殊性的模式(李泉 2020),可以有效地避免汉字教学成为语言教学的"附庸",可以按照汉字的自身规律单独进行汉字教学。在"语文分开"模式下,汉语教学的初期,用汉语拼音教授汉语,便于口语能力的快速提高;汉字单独设课,按照自身的组合规律和结构特点,从笔画笔顺教起,由易到难,循序渐进,便于学习者扎实而系统化地掌握汉字。待学习者具备了基本的汉语能力,掌握了汉字结构特点,具备了基本的汉字识读和书写能力并积累了一定的汉字量,再实行"语文并进"。"语文分开"的教学模式,充分利用了汉语二语教学的另一个工具资源——拼音,避免了汉字与汉语(口语)难以融合与匹配教学的困境。用拼音教汉语有利于学习者汉语水平的提高,汉字单独教学有利于学习者循序渐进系统化掌握汉字,是入门阶段汉语教学和汉字教学"双赢"的最优路径,也应该是信息化时代汉字教学模式的最佳选择。需要说明的是,这里所谓"语文分开",既可以是分开后,先教汉语后教汉字,即"先语后文";也可以是分开后,汉语教学和汉字教学各自同时进行,即"分后并进"。

三 汉语与汉字关系视域下的汉字教学路径

3.1 语言与文字关系视域下的汉字教学

从普通语言学"文字是语言的书写符号"的观点看,汉字和汉语的关系就是文字和语言的关系。学者们进一步强调,文字是记录语言的工具,而不是语言本身,文字和语言有密切关系,但文字不等于语言(胡明扬 2000)。文字是语言的符号。作为语言符号的文字,跟文字本身所使用的符号是不同层次上的东西(裘锡圭 2013)。既要看到汉字是记录汉语的符号,也要看到汉字与汉语是两种符号系统,不能混淆(王宁 2014)。也就是说,语言跟文字是两种属性、功能不同的符号系统。汉字是记录汉语的符号,但汉字跟汉语之间不能画等号。这表明,汉字作为文字符号,跟其他各种文字具有共性,都是书写语言的符号系统;汉字跟汉语之间的关系,与其他文字跟相关语言之间的关系具有一致性(李泉、孙莹 2021)。由此看来,汉语二语教学应该教授作为文字符号的汉字,跟教授拼音文字符号一样,教授符号的构成要素、构成规则及书写规则。

以往的汉字教学似乎并没有仅限于符号范围之内,以致汉字教学似乎成为一项有始无终、看不到尽头的任务。这可能跟汉字是语素文字、自身有意义有关。在教授汉字符号的同时,必然由注重"字形"到关注"字义",而一旦进入字义层面,汉字教学便没完没了了。因为每个汉字都有意义,似乎都要去教。如果汉字教学主要限制在"字形"教学的范围内(当然要兼顾字义),那么汉字教学就有了"终止期",掌握了汉字的结构规则和书写规则,汉字作为文字符号教学的主要任务就应该完成了。汉字作为符号的教学,应该规划教学的内容和目标,应该有一个"最小字量"乃至具体的汉字,应该有一个"终止期"(李泉、宫雪 2017)。信息化时代,应该利用多媒体等现代教育技术,助力汉字作为文字符号的教学,这是完全可以做到并且可以做得很好的。

3.2 汉字与汉语关系视域下的汉字教学

汉字的特点决定了它与汉语的特殊关系。吕叔湘(1980)指出:汉语里的"字"是汉字、音节、语素的三位一体,专门指形体时,最好叫它"汉字";专门指声音时,最好叫它"音节";专门指音义结合体时,最好叫它"语素"。作为语素文字的汉字,"它的单位是字,字是有意义的",故"汉字是形、音、义三结合";"拼音文字的单位是字母,字母是没有意义的",故拼音文字都是形、音二结合。(吕叔湘 1980)可见,汉字既是书写汉语的文字符号,也是汉语最小语言单位——语素,这是汉字具有"字"和"语"双重属性的表现,如同一枚硬币的正反两面。但是,以往的对外汉语教学和研究,对汉字一体两面的双重属性及功能,重视和研究不够,联系和利用不够(李泉、宫雪 2017)。从教学实践来看,不明确区分是在教作为文字符号的汉字,还是在教作为语素的汉字,表明对汉字双重属性的区分也不够,使得汉字教学成了一笔没完没了的糊涂账,给许多师生带来深重的挫败感。

事实上,汉字不仅作为语素文字,有别于拼音文字,而且"它还有属于自身的形式——字形"(王宁 2014),并且这种由笔画和部件组成的方块文字"字形",有自身独特的结构和书写规则。而语素文字本身集形、音、义于一身,至少在入门阶段每个汉字都需要单独学习和记忆,这从学理上表明:汉语二语教学应该单独开设汉字课,不能随文教字。但事实上,几十年来单独开设汉字课的并不多见,至少没有作为必修课普遍开设,因而也没有多少被广泛使用的汉字教材,这一事实与"汉语二语教学应重视汉字教学"的普遍共识很不相符,是国内对外汉字教学上的一个重大失误。汉语二语教学,不仅应单独开设汉字必修课,更应基于汉字的双重属性与功能,分阶段而治之。比如,汉语教学的入门阶段,在文字符号的视野下,开设以"形体"教学为主的汉字课;随后在语素文字的视野下,开设以"音义"教学为主,兼及汉字构词与组合规律教学的汉字课。信息化时代的汉字教学,在多媒体、课件等教育技术和资源的支持下,这样有区分有侧重的汉字教学课可以更有质量、更有效益。

3.3 语素是汉语词汇教学的重要"端口"

赵金铭(2014)指出:"语言教学法,必附丽于特定的语言,才能成为真正的语言教学法。皮之不存,毛将焉附。""汉语既有与其他语言共有的共性,更有其独特的特点。"汉字的双重属性和双重功能表明,不能把汉字与汉语的关系,等同于拼音文字与其语言的关系,前者不仅是书写与被书写的关系,也是构成与被构成的关系,而后者只是书写与被书写的关系(李泉、孙莹 2021)。作为语素的汉字与汉语是构成与被构成的关系表明,学汉字就是学汉语,一个汉字就是一个语素、一个单音词。所以,学汉字就是学汉语语素、学汉语单音词。学汉字就是学汉语词汇,而学字母不等于学语言。学汉字不容易,但学一个汉字就等于学了一个单音词,便有一个用途;学字母很容易,但字母的拼合只表示语音,通过语言才能表示意思。这表明,学习汉字(语素)对于学习汉语词汇具有重要意义。

沈家煊(2011)概括的汉语主要特点包括:"作为基本的造句单位,语素的地位不亚于词""单音变双音的'双音化'也是一种形态手段"。语素在汉语中具有重要的语法地位,单音语素的双音化是现代汉语词汇的主流倾向。如此看来,教汉字就是教汉语词汇,而教词汇也可以从汉字入手。从构词"端口"看,两个汉字的组合可以构成双音复合词,而复合词构成方式(偏正、并列、主谓、述宾、述补)与词组和句子构成方式基本一致,因此学习者在不断习得感悟汉字组合规律的同时,不仅掌握了汉语的构词法,也习得了汉语的句法规则。同时,语素也是整词分析的重要"端口"。赵金铭(2012)指出,如果不了解汉语词的构成特点,没有按照科学的方法识记汉语词以及词中的汉字,不仅事倍功半,还将不可避免地出现各种偏误。如在"知形、知音,而不知义"的情况下,学习生词会出现两种偏误:"误用已学过的双音词中的另一个汉字"(如学过"结婚",就把新词"婚礼"误读为"结礼");"识词而不识已学过词中的汉字"(如认识"损失",但不认识新词"亏损"中的"损"字)。为此,赵先生提出"整词——析字——系连扩展"词汇教学法。"析字"即"将一些词中相同的字析出,指明其意义,系连所构成已学过的词,自可加强对这些词的理解与记忆;如系连时遇到一些一般应该掌握的常用词,当又有助于扩大词汇量"。

综上来看,从语素入手教授汉字的组合规律,不仅利于学习者掌握双音节乃至多音节词,而且在这个过程中,学习者有意无意地也掌握了汉语词法和句法的组合规律;不仅如此,从字义入手的整词"析字"教学法,可以大大提高汉语词汇教学的质量和效益。可见,语素是汉语词汇教学乃至语法教学的重要"端口",信息化时代的汉字教学,亦应如此。

四 信息化时代语文生活方式视域下的汉字教学

4.1 信息化时代语言文字交流方式的新变化

打字是信息化时代主要的文字书写方式。随着科技的不断进步,特别是电脑、手机的普及化和大众化,人类的语文生活也发生了前所未有的变化。简言之,打字已经替代了纸笔书写,即以输入字母、拼音或其他方式拼成或提取文字,替代了一字一字的纸笔书写方式。信息化时代的语言和文字表达主要通过电脑和手机来呈现,无论是短信、微信、电子邮件等沟通载体,还是公文起草、文章写作、书稿撰写等语文生活,都通过打字完成。

打字积字成词、积词成句、积句成段、积段成篇成书,然后打印或发送。而手机微信的语音信息发送,连输入字母、拼音或屏幕书写提字的环节都一并省略。与此同时,手机微信的语音信息还可以转化为文字信息,甚至可以期待通过手机、电脑输入语音信息,屏幕上即可呈现文字信息,然后对其进行修改、存储或发送。

可以说,手机、电脑等现代信息交流工具,已经极大改变了传统的语言文字信息交流方式,笔写文字已不再是书面交流的主要方式,打字已成为人们主要的书写交流方式。当然,纸笔手写乃至屏幕手写,仍然是语言文字的一种交流方式。除了少数出于个人爱好和习惯外,在签字、题字、便条、书法等特定场合和特定文字方式,以及缺少电脑等现代化交际工具的情况下,也仍然使用纸笔交流的方式。但是,总体来看,打字已成为人类各行各业语言文字交流特别是文本交流的主要方式,而且这种方式及发展趋势不可逆转,以致手写的机会和场合越来越少,当今时代连签字都可以不用纸笔而是通过电子签来完成。

4.2 信息化时代汉语语文生活方式及变化

信息化时代的汉语语文生活方式,同样发生了"换笔"的变化,打字同样成为汉语母语者的主要文字表达方式。信息化时代,拼音的文字地位和功能大大提升,已成为虚拟世界信息交流的"首选文字",汉字成了"提取的文字",拼音成为多数人不可或缺的"书写工具",汉字则要借助拼音才能呈现为屏幕文字或进而成为纸质文字。这表明,拼音与汉字已成为"连体文字""捆绑文字",拼音是信息化时代汉字"语文化"不可或缺的帮手(李泉 2020;李泉、孙莹 2021)。所谓汉字语文化,即汉字及其词汇不需要书写,而是通过输入拼音后提取汉字词汇,积词汇成为语句、语段和语篇并呈现在电脑、手机屏幕上。

打字时代的汉语语文生活方式显示:拼音成为汉语语文生活的首选工具,汉字已经不是书写的文字,而是"提取的文字"。这一根本性的变化带来的最大好处是,汉字"笔画多,结构复杂,容易写错"(吕叔湘 1987),也即汉字"难写"的问题已经成为历史。无论难写或易写的汉字及词语,在输入拼音后都能轻松便捷地呈现。不仅如此,不会写的汉字和词语,只要知道读音并且输入正确的读音,就可以选出相应的字词,提笔忘字的现象也可以得到解决。当然,汉语语文生活方式的这种变化,带来的另一个重要变化是,拼音的掌握成为前提和必需,输入拼音首先要系统而准确地掌握汉语拼音方案。据了解,少数人在屏幕上手写输入汉字,是因为不熟悉拼音或普通话不过关。拼音对外国人来说并不陌生,他们大都熟悉拼音字母,但掌握汉语字词的声调需要花些功夫。

4.3 信息化时代汉语二语教学中的汉字教学

据观察,21世纪以来在绝大多数具备电脑等技术条件的汉语二语课堂中,教学都是以PPT课件和网络资源链接等方式进行,也有少数板书穿插其间。学生的作业,有的要求手写，有的要求或允许打字。在一些缺乏现代教育基础设施的课堂中，教师仍然采用传统的板书教学，学习者需要完成纸笔书写作业。总的来看，随着时代的发展、社会的进步和教育技术的不断普及，汉语二语教学已然越来越数字化乃至数智化，至少这是必然的发展趋势。然而，就整个汉语二语教学界，特别是国内对外汉语教学界来看，在汉字教学特别是入门阶段、基础汉语教学阶段，总体上仍然是写字教学、写字作业，个别教师甚至要求中高级汉语学习者仍然要手写作业和作文，理由是熟悉和强化汉字学习。

可以看到，在打字早已成为世界性文字生活方式且不可逆转的情况下，国内对外汉语教学总体上未能与时俱进，顺应信息化时代语文生活方式的变化，对汉字教学进行转型升级。许多人的汉字教学观念还停留在纸笔时代，写字教学仍然是汉字教学的重点，甚至写字教学阶段过后，仍要求学生手写作业和作文，而不支持学生打字成文。打字教学没有成为普遍的观念和行为。所以，当今时代的汉字教学首先是更新观念的问题。至少不能再搞"双标"，即教师自己打字，却要求学生写字，自己提笔忘字，却要求学生字迹工整。可以认为，迄今为止国内的对外汉字教学，从观念到行动总体上都脱离了汉语语文生活方式的实际，汉字教学研究很少有如何进行打字教学的研究成果，倒是时常可以见到汉字书写偏误的研究。

4.4 汉字由笔写教学转为电写教学再讨论

可以设想：如果退回到三四十年前，电脑、手机没有普及的年代，讨论电写则意义不大，但当今是信息化时代，电写不仅是可能，更是语文生活的现实。如果汉语学习者人人都愿意写汉字，并且都写得不成问题，那也不用讨论笔写还是电写，但写字是困扰外国人学汉语的根本性问题。如果汉语二语教育界，继续无视电写已成为世界性语文生活的常态，仍旧教授学习者手写汉字，那就有点儿掩耳盗铃，自欺欺人了。换言之，在当今语文书写方式已发生了根本性变化，即输入拼音提取汉字，乃至直接输入语音转换汉字文本的时代，还花费大量时间，教学习者一笔一画写汉字，要求学习者手写作业和作文，其理据和意义何在，就成了业界必须面对和回答的问题。

事实上，20世纪80年代初以来，汉语二语教育界就有一些学者研究和试验计算机辅助汉语教学。对此，美国同行进行了较多的试验、探索和研究，积累了丰富的实践经验，几十年后的今天更是在理论层面上进行了广泛的研究。如储诚志（2022）就对电写时代汉字教学理论与实践问题进行了深入的阐释：从书写工具的变革角度，将汉字书写分为"刀版刻铸、帛纸笔写、屏幕电写"三个时代；从中文书面交际方式的变革角度，提出汉字电写时代已到来；从汉字实用能力的变革角度，提出电写时代汉字能力培养应从"一笔一画"书写字形，转变为认字、电写和辨字；从与笔写对比的角度，提出电写时代汉字教学的理念——电写为主、笔写为辅，电写一切、笔写一些，早早电写、逐步笔写。显然，这是汉语二语教育界,与时俱进创新汉字教学理论和实践的重要体现。美国同行最近出版的新书《电写时代的汉字教学:理论与实践》,集中展示了电写时代汉字教学的实践、实验和实证成果及相关的理论研究。

时代的变迁、科技的进步和教育手段的更新,理应促进包括汉字教学在内的汉语二语教学的理论更新、实践转型乃至评估观念的突破。比如,学习者中文说、读和电写都很好,就是手写不好,甚至也不愿意手写汉字,这样的学习者算不算中文学习和应用的成功者?回答应该是肯定的。实际上,汉字教学是否转型为电写,主要不是学术问题,而是观念问题。这观念就是千百年来的"汉字膜拜""书写迷恋"。膜拜汉字没问题,汉字是字之明星、国之瑰宝,结构有理据,内容有文化;但信息化时代迷恋书写教学、不教授或不鼓励电写汉字,则是观念落后的表现,不仅与当今常态性语文方式不相适应,更直接影响汉字教学、汉语教学和学习质量与效率的提升。

五 信息化时代汉字教学的理念与方法

5.1 必须教授汉字且应分两个路径进行

常规的汉语教学必须教授汉字。所谓常规的汉语教学,指全面培养学习者听、说、读、写综合语言能力的汉语二语教学。信息化时代,输入拼音可以提取汉字,但拼音不能替代汉字和汉字教学。汉字是常规汉语二语教学的基础与工具,信息化时代常规的汉语二语教学,不但应该教授汉字,而且应依据汉字的特性,分为"文字"和"语素"两个路径教学,使之各得其所。退一步说,不学习汉字不仅无法进行书面语交流,也不利于口语能力的长久维持和发展,更不利于学习者全面和深入地了解中国文化,因为汉字本身、汉字词语、成语以及由汉字书写的汉语故事,都承载着中国文化。同样,不区分文字教学和语素教学,汉字教学将事倍功半。汉字的这些功能和特性,在信息化时代应该得到更好的教学体现。

5.2 学习作为语素的汉字就是学单音词

如前所述,汉字是语素文字,学习作为语素的汉字,就是学习汉语单音词,而常用汉字的成词能力强,学习常用汉字对于汉语词汇学习来说,回报率高。具体而言,汉语的特点是"语素的地位不亚于词",不仅语素本身可以是词,而且语素的组合可以构成大量复合词。因此,语素是汉语词汇教学的重要"端口",由此入手,进行语素组合规律及不同语素在词语意义构成中的地位和作用等内容的教学,可采取"整词——析字——系连扩展"词汇教学法(赵金铭 2012)。信息化时代,应利用多媒体等现代教育技术,进一步拓展汉字作为语素的教学路径与方法,提升汉语词汇教学的质量和效益。中高级汉语综合教材,常常为找语言点而纠结,甚至凑语言点。事实上,语素在中高级汉语教学中应该大有作为,学习者此时已积累了较多的词语,便于基于语素进行汉语词汇知识的总结性教学,便于基于语素和语素义进行扩大词汇量的教学,也便于书面语语素及其用法的教学。

5.3　应讲授常用汉字构字法及字理字义

在汉字教学初始阶段或词语教学需要并可能的时候,应该用通俗易懂的语言(包括学习者母语或媒介语),介绍象形、指事、会意、形声等最基本的汉字造字法,特别是占汉字绝大多数的形声字的主要结构类型、常见形符及其所表字义的类属、声符及其局限性等汉字构字知识,并结合常用汉字来说明其造字理据和字义,电写时代的汉字教学亦应如此。如此,则不仅有助于学习者学习汉字,有助于增强其汉字学习兴趣和汉字识认能力,乃至更好地了解汉字文化,而且具备了这些汉字知识,也有利于打字后的选字选词。

有位汉字研究专家在文章中写道:"真是奇怪,不研究汉字的人,往往喜欢讲汉字的字理字义,我们做汉字研究的人,从不主张在教学中讲解汉字的造字法和字理字义,因为你不能把所有的汉字都讲清楚,学生问你'这个字是怎么回事?'你怎么办?"这种想法实属因噎废食。不能因为许多字至今已无从知晓其造字法及字理字义,就对可讲出理据的也不讲,如"一二三、人口手、刀火目、马牛羊、日月明、山水林田、江海河湖……"。讲不出道理的,可以不讲。汉字历经几千年发展演变,还有这么多能讲出字理字义的,足可庆幸!

5.4　应进行有限的一笔一画的书写教学

信息化时代的汉字教学,是否要教学习者一笔一画写汉字,这是一个可以讨论的问题。我们认为,信息化时代常规汉语教学亦应该进行结构规则和书写规则等汉字知识教学,并进行适当适度的书写训练。退一步讲,学一回汉语,如果一个汉字都不会写,于情于理都是说不过去的。但是,信息化时代文字的书写机会大大减少,语文生活的常态是电写。因此,信息化时代汉字书写教学应限时限量,以学习者能感受到汉字的结构方式和书写规则,并能正确书写一些常用汉字为目标。具体而言:

(1)信息化时代汉字教学的初始阶段,教师要认真书写示范,同时让学生观摩、感知、识记和临摹汉字的书写规范。简言之,教师要一笔一画地教,学习者要一笔一画地学。

(2)学习者学习书写的汉字应限于最常用的独体字和合体字,字量以大体能涵盖汉字的基本笔画笔顺、基本结构类型(上下和左右结构等)为宜,300－500字即可。

(3)学生所写汉字应笔画笔顺正确,但不苛求工整美观。对学习者书写过程和写出的字不采取"严要求"的策略,他们的书写训练主要是为了了解并体会汉字的结构和书写规则。因为打字不存在笔画笔顺错误的问题,也不存在字迹不工整的问题。因此,应步子再大一点儿,观念再放开一点儿;对学习者来说,写汉字应是一种体验和感受、临摹和欣赏,乃至"写着玩儿",而不是用来"说事儿"的方式。

(4) 汉字教学以学习者能识解汉字的基本结构、能辨别常用形声字（以便更好地识记和理解字义）为目的，不以字字都能正确书写为目标，也不要求字字都能正确书写，以能识认字形、字音、字义为目标。

5.5 应以输入拼音提取字词训练为核心

打字和选字应成为信息化时代汉字教学的重要环节。在汉字知识教学和限量书写教学的同时教授学生打字，即输入拼音，识别并选取字词。识别过程中，温习并纠正相关字词的发音、声调及意义，比如：输入"dazi"，会出现"打字、大字、搭子、达子、大紫、达孜……"，读音分别是"dǎzì、dàzì、dāzi、dázi、dàzǐ、dázī……"。在教学过程中，应指导学习者结合字形、字音和字义，选取字词。

打字是信息化时代汉字教学最有价值的取向和"风水宝地"。输入拼音，利用汉字的造字法及形符、声符等汉字知识选字选词，是汉字"形音义"识别及组合规律的"综合教学过程"，是汉字教学实用化、实战化的过程，可以更有效地提高汉字教学的质量和效益。因此，应该把汉字教学的时间花在打字词、选字词的训练上，而不是花在信息化时代已然"意义不大"的写字本身的训练上，而以往我们恰恰把精力用在了让学习者"大伤感情和自尊"的写字上。当然，打字的教学内容与拓展的角度、程度还需要结合教学实践加以探讨，但这应是汉字教学研究的新方向、新课题。

打字教学并非说说就能做好，至少不是说说就能高质高效做好的。怎么写字已经有一套规则，但是，打字除了必须掌握拼音以外，还有一个选字选词的问题，比如，输入"dianxie"，就有"点血、电协、点、滇西、电、典、店、垫、殿、颠……"等字词。如何利用汉字字形、字义和形符、声符等知识以及排除法等技巧，选出正确的字词，还缺乏基于实践的研究。但总体上说，打字并不难学：各种拼音输入法不但准备好了大量字词、短语等，且都有联想、记忆功能，打了和选了一次，下次就自动准备好了，经常被"打"的字词，有时输入首字的声母，就能联想出相关的词语。笔者经常打"中国人民大学"，所以输入"zhgrmdx"就会出现"中国人民大学"。

5.6 掌握拼音和字音是汉字学习第一要务

打字的前提是必须准确、熟练地掌握汉语拼音。因此，信息化时代汉字教学和学习的第一要务是，教师首先要教好拼音，学习者首先要学好拼音。海外有的中小学不教拼音，"硬啃"汉字，这是汉语教学大倒退（柳茜、李泉 2024）。打字时可以知道字词的意思和写法，也可以不知或不确知字词的意思和写法，但只要知道读音就可以打字和选字选词。这就是说，电写时代写字不重要，打字才重要，而会拼音并且知道字词的读音更重要。知道字音是汉字教学和学习的前提。形体是文字独有的（王宁 2014），千百年来，写字是中国文化人的基本功，写得一手好字（特别是书法）是素养乃至艺术才能的一个标志，至今也如此。但是,当今电写时代,手写已经不是主要的文字书写方式,掌握拼音、学会打字,才是学习汉字和汉语的前提。因此,熟练掌握拼音,知道字词的读音,是汉字和汉语学习及其电写的两大前提。换言之,汉字读音教学和学习在电写时代远胜汉字书写教学。只要知道字词的读音,就可以借助工具书及百度等工具,查知字词的意思乃至用法。可见,拼音能力是汉字能力的核心,是发展汉语能力的法宝。

六 结语

  汉字教学是常规汉语二语教学不可逾越的内容。汉字既是汉语的书写符号,也是汉语的最小构造单位。汉字与汉语的这种特殊关系表明,汉字教学的成败得失既关乎汉字本身,也关乎汉语学习。因此,无论是否具备现代化的教学条件,汉字教学都应依据汉字的特点和应有的教学规律,依据汉字与汉语的特殊关系,做出合理的设计和制度化安排,使汉字和汉语教学的质量和效益最大化。具体而言:

  (1)汉字教学应在汉语二语教学模式视域下进行总体设计,其最佳设计是:入门阶段汉字教学采取"语文分开"的模式,利用拼音教口语,汉字单独设课。汉语二语教学独有的这一模式,不仅从制度上确保汉字按其自身特点来教学,而且弥补了语素文字不单独表音的缺憾,并有效利用了汉语教学的另一个工具资源——拼音,实乃天作之合。

  (2)汉字教学应在汉语与汉字关系的视域下规划教学路径,其最佳路径是:区分汉字作为文字的教学和作为语素的教学,也即因循汉字特有的属性和功能分而治之、分步实施,先教作为文字的汉字,后教作为语素的汉字,从而使汉字的教学目标和内容各自明确、各得其所,并且能够避免以往"看不到尽头"亦难以体现各自特点的汉字教学。

  (3)信息化时代,人类的语言文字生活方式发生了根本性的转变,电写已成为人们信息交流和存储的主要方法。科技的进步和教育技术的不断发展,已经并将进一步改变包括汉语在内的二语教学样态。遗憾的是,在汉字教学特别是汉字书写教学方面,总体上改变不大,至少电写教学未能成为汉语二语教学的普遍方式。就国内对外汉字教学来看,总体上仍停留在纸笔书写时代,电写汉字教学和学习者的电写汉字学习尚未成为普遍的形态。因此,信息化时代应更新汉字教学的理念,尤其是要将电写汉字列为汉字教学的重要环节,并进行相关的教学研究。但同时我们也主张,电写时代仍需进行限时限量的一笔一画的汉字书写教学。

  作为余言,还想指出,本文是在"信息化时代""电写时代"的背景下,讨论汉字教学的相关问题,但所讨论的问题和提出的一些汉字教学理念不都跟这两个"时代"有关,而是就汉字教学本身提出的问题和主张,如汉字教学应区分主要作为"形体"的文字教学和主要作为语素的"音义"教学,并且分为前后"两步走",等等。

参考文献

储诚志(2022)汉字能力的历史嬗变与电写时代国际中文教育中的汉字教学变革,华东师范大学主办"全球汉语教学系列讲座"线上演讲,2022年12月18日。

崔永华(1999)基础汉语教学模式的改革,《世界汉语教学》第1期。

胡明扬(2000)《语言学概论》,语文出版社。

李培元、任　远(1986)汉字教学简述——对外汉语教学发展史之一章,《第一届国际汉语教学讨论会论文选》(第一届国际汉语教学讨论会组织委员会编),307—314页,北京语言学院出版社。

李　泉(2006)汉字研究与汉字教学研究综观,《汉语研究与应用》(第四辑)(中国人民大学对外语言文化学院编),49—95页,中国社会科学出版社。

李　泉(2020)新时代对外汉语教学研究:取向与问题,《语言教学与研究》第1期。

李　泉(2024)《电写时代的汉字教学:理论与实践》序,《电写时代的汉字教学:理论与实践》(储诚志、高正远、张霓编),London: Routledge。又以《电写汉字第一书:〈电写时代的汉字教学:理论与实践〉序》,刊《实验语言学》2024年第2期。

李　泉、宫　雪(2017)汉字作为文字教学的"终止期"——基于汉字"字""语"兼具属性的考量,《华南师范大学学报(社会科学版)》第4期。

李　泉、孙　莹(2021)论国际中文教育五种微观关系,《民族教育研究》第5期。

刘社会(1990)谈谈汉字教学的问题,《语言教学与研究》第2期。

柳　茜、李　泉(2024)美国中小学中文教学调查研究:内容、效果与对策,《语言教学与研究》第3期。

鲁健骥(2003)口笔语分科　精泛读并举——对外汉语教学改进模式构想,《世界汉语教学》第2期。

吕叔湘(1980)《语文常谈》,生活・读书・新知三联书店。

吕叔湘(1987)汉语文的特点和当前的语文问题,《语文近著》(吕叔湘),141—155页,上海教育出版社。

裘锡圭(2013)《文字学概要》(修订本),商务印书馆。

沈家煊(2011)《语法六讲》,商务印书馆。

施正宇、吕文杰、范佳燕、房　磊(2015)60年对外汉字教学研究之研究(上),《云南师范大学学报(对外汉语教学与研究版)》第1期。

王　宁(2014)论汉字与汉语的辩证关系——兼论现代字本位理论的得失,《北京师范大学学报(社会科学版)》第1期。

赵金铭(2008)汉语作为第二语言教学:理念与模式,《世界汉语教学》第1期。

赵金铭(2011)初级汉语教学的有效途径——"先语后文"辩证,《世界汉语教学》第3期。

赵金铭(2012)现代汉语词中字义的析出与教学,《世界汉语教学》第3期。

赵金铭(2014)附丽于特定语言的语言教学法,《世界汉语教学》第4期。

钟　梫(1993)15年汉语教学总结,《对外汉语教学论文选评》(第一集)(1949—1990)(盛炎、沙砾编),

62—77页,北京语言学院出版社。

Chu, C., Coss, M. D. & Zhang, P. N. (2024) *Transforming Hanzi Pedagogy in the Digital Age: Theory, Research, and Practice*(电写时代的汉字教学:理论与实践). London:Routledge.

作者简介

李泉,中国人民大学国际文化交流学院教授,研究方向为汉语语法、对外汉语教学。Email:liquan@ruc.edu.cn。

汉语对话中疑问句的形式与功能

——以多人竞争游戏对话为例[*]

张文贤[1] 苏 祺[2]

1 北京大学对外汉语教育学院 2 北京大学外国语学院

提 要 本文基于自建的竞争类多人游戏对话语料库对汉语疑问句的形式与功能进行了考察。首先在前人研究的基础上并参考答句情况,将疑问句的类型分为特指问、是非问(包括反复问)、附加问、选择问、陈述问五大类,然后考察不同类型的疑问句在对话中出现的位置与功能。研究显示,是非问(包括反复问)与特指问是最常见的类型,选择问使用频率最低。大部分疑问句会引起话轮转换,具有询问功能。此外,否定与指出事实也是疑问句的主要功能,特指问的否定功能与附加问指出事实的功能比较突出。

关键词 疑问句 形式 功能 对话 语料库

一 引言

疑问句本身很复杂,因为疑问句不一定表达疑问。在"有疑而问"与"无疑而问"之间存在疑问程度不同的句子,徐杰、张林林(1985),徐盛桓(1999)都强调疑问句内部存在疑问程度的差别。在各种问句中,反问句受到的关注较多,因为它表达否定(吕叔湘1942;张伯江1996;齐沪扬、丁婵婵2006;胡德明2010)。虽然叫反问句,实际不是问,其表达的意义是"无疑"的。但也有一些学者发现反问句既可以"无疑",也可以"有疑",如苏英霞(2000)、李宇凤(2010)。关注反问句的功能必然会涉及其所能够实施的行为。刘松江(1993)认为使用反问句是说话人对自己感情的宣泄。郭继懋(1997)指出反问句的语义

---

[*] 本文受国家社会科学基金一般项目"面向国际中文教育的汉语互动行为表达研究"(23BYY135)的资助。本文曾在"交际互动、话语篇章和汉语研究"学术沙龙上报告过,方梅、李晓婷、张惟、谢心阳等老师提出宝贵意见,陶红印老师为所用语料的语体命名,匿名审稿专家提出了细致的修改意见,谨此一并致以衷心的感谢。

语用条件在于间接地告诉别人其行为不合情理。刘娅琼、陶红印(2011),邵敬敏(2014)等都认为反问句有反驳等功能。除了反问句之外,高华、张惟(2009)论述了附加问句的基本话语功能,将其归纳为"寻求核实"与"请求允可"。

对反问句、附加问句等的研究说明汉语疑问句的形式与功能之间是不对应的。邵敬敏(2014)指出,疑问句可分为结构类和功能类,结构类包括是非问、特指问、正反问和选择问等,功能类包括附加问、回声问、反诘问、设问等。显然,这里的功能类倾向于"无疑"。实际上,疑问句既指形态句法意义上的疑问式(interrogative),又指互动交际中用于发问的表达形式疑问句(question),反问句和陈述问句都体现了句法结构形式与互动交际功能之间的不对应关系(方梅、谢心阳2021)。如 Enfield et al.(2010)通过对语料库的研究,发现英语疑问句的功能只有35%是严肃地请求信息,其主要用法还有修正之前的话语与要求确认。Levinson(2012,12)也指出,疑问句在功能竞技场上是干苦力的,它可以用来介绍(如 How do you do?)、修正(如 He said what?)、建议(如 Why don't we get a coffee?)、要求(如 Would you mind taking this?)、陈述(如 Well, what damn fool would trust a bank with their money?)、训斥(如 Who do you think you are?)。

鉴于当前对汉语疑问句的研究尚缺乏形式与功能对应关系的定量分析,本文在前人研究的基础上,拟探讨在真实交际中,各种形式的疑问句使用情况如何,这些形式与询问、反驳等功能的对应关系是什么,在互动交际中对序列组织(sequence organization)的影响是什么。为了回答上述问题,本文先自建多模态多人对话语料库,然后对其中的疑问句进行穷尽式的统计与分析。疑问句的底层行为是询问,用来索取信息,但是在具体的语境中,疑问句不只实施询问这个单一的社会行为,还可能实施复合行为。根据张文贤(2021),复合行为是两个或多个单一社会行为的综合,包含了底层行为以及浮现行为,浮现行为即在特定交际模式中实时浮现出来的动态的行为,对语境的依赖程度高,需要在语境中识解,如果脱离语境会有歧义。本文从疑问句的形式与分布出发,考察不同形式具有哪些功能,即实施哪些具体的行为,就可以获得疑问句不同形式、分布与常用功能之间的关系。

本文所使用的语料来自网络电视节目《饭局的诱惑》中游戏部分的对话,该节目的嘉宾为9到10人,他们玩儿狼人杀游戏的整个过程被录制了下来。嘉宾在玩儿游戏时自发产出无准备的对话,语体的性质为竞争类多人游戏语言。与双人对话相比,这种多人对话更加复杂,属于口语语体,但不同于自然闲谈类口语的是,该类语体中语言的产出都与游戏的内容有关,游戏的进程需要依靠语言推进。由于游戏规则的设定,每个嘉宾都要想方设法辨别他人的真实身份,因此疑问句出现的频率相对较高,话轮长度与转换也可能随之受到影响。为使语料的性质更加纯粹,我们只将该电视节目中玩儿游戏时的对话部分逐字转写下来，不转写玩儿游戏之前的热身部分以及介绍游戏规则的独白部分。这样做可以减少只与游戏规则介绍有关的语料，而游戏进行中的对话是无准备、自然产出的，相对来说普遍意义更强。我们共转写了 11 期节目，约 10 小时，9 万字。语料收集好后进行标注。语料标注由两位语言学专业的老师独立进行，标注结束后再核对，对于两位老师标注不一致的句子，当面讨论，根据上下文语境达成最终标注结果。标注的内容包括疑问句的形式、位置、功能。标注所用的具体符号随文说明。

二　疑问句的形式类型及其分布

2.1　疑问句的形式类型

吕叔湘(1942)将疑问句分为"特指问"和"是非问"。这种以疑问域为切入点的分类对后来的研究影响较大，陆俭明(1982)、袁毓林(1993)、张伯江(1997)和邵敬敏(2014)继承发展了这一思想，特别是后三位学者对疑问句的分类层级性很强、很细致。从大类上来说，特指问与是非问的形式特征不同：首先二者疑问词不同；其次二者对疑问句的回答也不同，是非问可以用"对、不对"回答，而特指问不行。以结构特征为标准分出的特指问、是非问、选择问、反复问、附加问等虽然辨识度高，但在分类层级方面存在一些争议，比如是非问与选择问的关系就比较复杂。除了把是非问放在第一层级，还有一种观点认为，除特殊疑问句之外，其余都是选择问，而选择问有特指选择问和是非选择问之分，是非问句就属于后者(范继淹 1982)。谢心阳(2021,40)从互动的角度分析了汉语的问答形式，认为是非疑问句包括由形态—句法—词汇手段构成的疑问句、陈述疑问句和附加疑问句三大类，该分析为我们理解问句提供了重要的参考。

我们认为，可以参考回答的情况来给疑问句分类。从询问行为看，特指问有"谁""什么""为什么""哪""怎么"等疑问代词，回答会针对疑问点进行，应该单独归为一类，如例(1)。是非问与反复问可以归为同一类，是非问带疑问词"吗"，反复问从正反两方面进行提问，它们都是用肯定或否定来回答，如例(2)、例(3)。附加问虽然从形式上来说也可以用肯定或者否定来回答询问，但常常回答浮现行为，宜把附加问单独归为一类，如例(4)。选择问要求听话人从发问者提供的选项中选择一个作答，宜单独归一类，如例(5)。通过对语料的分析，我们发现，听话人把某些不带疑问词的陈述句也作为疑问句来回答，因为这些陈述句是 B-events(指的是对于下一说话人 B 来说是已知信息，对于上一说话人 A 是未知信息)[①]，陈述疑问句事实上是一种通过互动参与者之间认知不平衡性获取回应的互动行为(谢心阳 2021,106—112)，形式是陈述句，功能是询问，宜单独归一类，如例(6)。

(1)马东：你肯定投我，为什么我可以再留一轮？

那威：我哪知道，因为大家不一定听我的呀。

(2)胡可：必须得投吗？

那威：是。你可以弃权。

(3)撒贝宁：现在有没有可能是两狼在？

侯佩岑：有！

(4)尼格买提：你们不要让他带走我好不好？

马东：不是，我就想问一下，你为什么偏偏把我扔地上，把尼格买提还留在桌子上？

(5)艾力：阿娇你是平民还是有身份？

阿娇：我是平民。

(6)马东：当时你睁着眼。

大王：我当时在睁眼，因为我是女巫。

例(1)是特指问，有疑问代词"为什么"。例(2)为是非问，有疑问词"吗"。例(3)"有没有……？"是反复问。例(2)与例(3)都需要听者做出肯定或者否定回答，都归为是非问。例(4)"……好不好？"是附加问，第二个说话人马东并没有回答"好"或者"不好"，而是质疑尼格买提的请求行为。例(5)"……还是……？"是选择问，提供了"平民"和"有身份"这两个选项。例(6)是陈述问，马东说"当时你睁着眼"虽然没有疑问词，但睁没睁眼只有大王自己知道，她才是信息的权威知晓者，因此大王对马东的陈述做出了肯定的回答。

这样，根据形式，我们将疑问句分为特指问、是非问（包括反复问）、附加问、选择问、陈述问五大类，分别用字母 Q、P、T、A、D 在语料库中进行标注。在这一轮标注中，我们完全从形式出发，并没有考虑疑问句的具体功能。比如例(7)大王根据那威说的不会杀谁推论出会杀谁，那威对大王的推理并不赞同，"不是得罪人吗？"实为否定大王的说法，但因为有"吗"这一疑问词，因此仍标为 P。再比如例(8)的第一个话轮中，尼格买提说的"你验了 8 号的结果是什么？"中的"什么"是真性问，而第三个话轮撒贝宁说的"真是高手，她这说的什么？"虽然也有疑问词"什么"，但并不是真正的寻求信息的疑问句，而是表达质疑，在第一轮标注中，例(8)的两个带有"什么"的句子均标为 Q。

(7)那威：侯佩岑我不会杀。马东我不会杀。你我更不会杀。

大王：等于我们剩下的该死……

那威：你非逼着我这么说，不是得罪人吗？

(8)尼格买提：你验了 8 号的结果是什么？

颜如晶：他是好人！我第二验的撒老师，撒老师是，是狼。……

撒贝宁：真是高手，她这说的什么？

按照疑问句的形式统计的结果如表1所示。

从表1可以看出，是非问与反复问占的比例最大，为37.96%（238例）；特指问与之比例相近，为35.88%（225例）；附加问占比较陈述问稍高，分别为13.24%（83例）与11.96%（75例）；选择问出现得最少，只占0.96%（6例）。我们统计的结果与Stivers（2010）所调查的2—5人美式英语自然对话中疑问句的情况一致，也为是非问占比最高，但不同的是，我们的语料中特指问与是非问地位相当。

表1 疑问句的主要语言形式及其数量、占比

疑问句类型	语言形式	数量（占比）
是非问与反复问(P)(238例)	……吗？	159(66.81%)
	×不×……？（比如：你退不退？）	58(24.37%)
	……吧？	13(5.46%)
	"……没有？""……啊？"等其他形式	8(3.36%)
特指问(Q)(225例)	"为什么"问句	69(30.67%)
	"什么"问句	64(28.44%)
	"谁"问句	42(18.67%)
	"怎么"问句	40(17.78%)
	"哪"问句	10(4.44%)
附加问(T)(83例)	……是吗？	22(26.50%)
	……对不对？	20(24.10%)
	……好不好？	12(14.46%)
	……是吧？	10(12.05%)
	……好吗？	7(8.43%)
	"……是不是？""……记得吗？"等其他形式	12(14.46%)
陈述问(D)(75例)	形式为陈述句	75(100%)
选择问(A)(6例)	……还是……？	6(100%)

表1还显示，是非问与反复问最常用的语言形式是"……吗？"（159例，占66.81%），其次为"×不×……？"（58例，占24.37%）。特指问"为什么"问句（69例，占30.67%）与

"什么"问句(64例,占28.44%)最为常见,且比例相当。附加问的语言形式较为丰富,各形式占比差距不大,其中"……是吗?"(22例,占26.50%)与"……对不对?"(20例,占24.10%)较多。

2.2 不同形式的疑问句在对话中的位置

根据Sacks et al.(1974),一次只有一方说话(一个人一次说的话叫话轮),在对话中发生话轮转换,话轮转换是会话组织的基础。当疑问句是在询问对方、请求对方回答或确认时,大多会发生话轮转换,如例(9)。可是疑问句不必然引起话轮转换,也可能发出疑问句后继续言谈或者疑问句出现在话轮的中间,如例(10)。

(9)沙溢:你又要把他——一个人家说是预言家的要投出去,现在你在这里搅浑水,你又要把我投出去。你到底是什么身份?

那威:我是好人,好人。好。我没有搅浑水,我是完全充满着对胡可老师的那种信任。

(10)马东:我是预言家!我查杀她(胡可),她(侯佩岑)不说话。如果那个时候她就应该知道我是狼了对吗?如果我是狼跳的话……

侯佩岑:没有,我有接受特训,我不能那么早跳!

例(9)沙溢先做出一番评论再提问,疑问句"你到底是什么身份?"位于话轮尾。那威接过话轮,回答了沙溢的问题。例(10)马东说的"如果那个时候她就应该知道我是狼了对吗?"处于话轮中间的位置,"……对吗?"并不是寻求对方确认,而是引出推论的前提。

我们将语料库中所有疑问句进行位置标注,统计不同形式的疑问句在话轮首、中、尾的分布情况。S表示疑问句单独占一个话轮,B表示在话轮起始位置但不单独成为话轮,M表示出现在话轮中间位置,E表示出现在话轮结束位置。所以,如果是非问与反复问单独占一个话轮,则标记为SP,位于话轮尾标记为EP,位于话轮首但不单独占一个话轮标记为BP,位于话轮中标记为MP。其他类型疑问句的情况以此类推。疑问句在话轮中的位置、数量及占比情况见表2:

表2 疑问句在话轮中的位置、数量及占比情况

疑问句的类型	单独占一个话轮(S)	位于话轮尾(E)	位于话轮首(B)	位于话轮中(M)	小计
是非问与反复问(P)	146 (61.34%)	34 (14.29%)	45 (18.91%)	13 (5.46%)	238 (100%)
特指问(Q)	145 (64.45%)	25 (11.11%)	30 (13.33%)	25 (11.11%)	225 (100%)
附加问(T)	47 (56.63%)	4 (4.82%)	13 (15.66%)	19 (22.89%)	83 (100%)

续表

疑问句的类型	单独占一个话轮(S)	位于话轮尾(E)	位于话轮首(B)	位于话轮中(M)	小计
陈述问(D)	58 (77.34%)	6 (8.00%)	10 (13.33%)	1 (1.33%)	75 (100%)
选择问(A)	5 (83.33%)	1 (16.67%)	0	0	6 (100%)

由表 2 可见,所有类型的疑问句都是单独占一个话轮的情况最多。但疑问句并不完全是用来问的,也就是说,说话人发出疑问句并不必然需要对方回答或者不等待对方回答。说话人可能发出一个疑问句之后继续言谈,或者在言谈过程中发出了一个疑问句,而这个疑问句并没有使说话人交出话语权。为了更好地观察疑问句是否引起话轮转换,我们将表 2 中的数据进行归类,分为引起话轮转换与未引起话轮转换两种情况:单独占一个话轮的疑问句与位于话轮尾的疑问句均引起话轮转换的,归为一类;位于话轮首但不单独占一个话轮与位于话轮中的疑问句均未引起话轮转换的,归为一类。统计结果见表 3:

表 3 疑问句的类型与话轮转换

疑问句的类型	引起话轮转换	未引起话轮转换
是非问与反复问(P)	180 (75.63%)	58 (24.37%)
特指问(Q)	170 (75.56%)	55 (24.44%)
附加问(T)	51 (61.45%)	32 (38.55%)
陈述问(D)	64 (85.33%)	11 (14.67%)
选择问(A)	6 (100%)	0

从表 3 可以看出,选择问 100% 会引起话轮转换,听话人听到选择问后会接过话轮,做出回答。其次是陈述问,85.33% 的陈述问会被接过话轮,而是非问与反复问和特指问相当,都是约为 76%,最特别的是附加问,只有 61.45% 引起了话轮转换。这说明大部分疑问句被识解为有疑而问,听话人认为需要回答,所以在疑问句结束后就接过话轮。但是有些疑问句,特别是附加问并不是为了问而发出的,这需要我们对疑问句的功能即所实施的行为做进一步的分析。

三 疑问句的功能

要想更好地解释疑问句的功能,离不开疑问句的言谈环境。如果把疑问句放到口语对话中,从交际互动的角度去分析,就可以更好地认识问句的功能(张文贤、乐耀2018)。在实际言谈交际中,形式上是疑问句的句子并不一定是表达"疑"或者"问",不管是特指问、是非问,还是附加问,除了疑问功能外还呈现出浮现功能,比如实施行为或者组织话题等。比如例(11)~(13):

(11)蔡康永:我本来想休息来着,结果你把我救回来干什么?
　　大王:所以,我们现在可以来想一想,谁会第一天晚上就把康永哥,就把康永哥给杀了,而且很明显就是骗解药的。

(12)大王:我第一把我就说了,我是一个很好的身份,记得吗?所以我只敢肯定,他肯定是狼人。
　　陈怡馨:啊……我真的不知道选谁……但是,因为我不,就是佩岑姐姐,我是,我只是因为凭,就是她那个反应,但是,就刚刚她说的话也的确没什么问题……

(13)张大大:我认为预言家现在没有危险,你即便是预言家,你都可以跳出来,但你好像不是预言家的感觉。我相信场上已经走了一匹狼了,所以预言家可以跳了好不好?我来保护你,只要你跳我就相信你,我带走你说的那个人,一瓶毒药,说完了。

例(11)蔡康永说"……结果你把我救回来干什么?"一句中有特殊疑问词"什么",但却不是疑问句,而是反问句,否定大王的做法,埋怨大王不该把他救回来。从大王的回应中我们也可以看出,大王并没有把蔡康永的话作为疑问句来回答,而是用"所以"拉回之前正在讨论的话题,即谁是狼人。例(12)大王说"……记得吗?"有疑问词"吗",从形式上看是一般疑问句,但大王实际上并不是问大家是否记得,而是指出事实,使之前的话语重新回到当前的言谈中,她说完"记得吗?"之后,不等大家回答就继续说自己的判断。从听话人来看,也没有人回答"记得"或者"不记得",陈怡馨接过话轮,继续分析哪个是狼人。例(13)附加问"……好不好?"用在话轮中间,宣布接下来要做的事情,"走了一匹狼之后预言家可以跳"是大家都了解的游戏规则,无须其他会话参与者回应。

正如前文所说,前人对汉语疑问句功能的研究缺乏系统性,相关研究多集中在反问句或者某些具体格式上,并没有我们可以直接拿来运用的分类框架。在对功能进行分类时,我们既考虑问句也考虑答句,对疑问句的功能分了三大类[②],它们是:

第一类,询问。说话人有疑问,不知道某一信息或对某一信息不确定,因此询问对方,希望得到回答。在语料库中用数字"1"标注。具体包括:

a. 说话人就某一信息提问,对方通常会做出回答。

(14) 张大大:你想跳预言家是吗?
颜如晶:啊,是。我想跳预言家。

例(14)张大大对颜如晶是否想跳预言家有疑问,他提出问题后颜如晶给予了正面回答。

b. 说话人对所说信息确定或基本确定,但仍然需要对方确认信息或回应。对方通常正面回答。

(15) 金靖:对,好。我就过了,我的状态很阳光,一看就是一个明显的好人,是不是?
肖骁:哈哈哈。
张歆艺:哈哈哈。
肖骁:挺你。

例(15)金婧说自己"一看就是一个明显的好人"是在自夸,是要表明自己的好身份。在她自己心里,该论断是没有什么疑问的,但是她要征求的是大家的意见,对于大家是不是也这样认为并不确定,期待大家的回答。肖骁的回应"挺你"给出了肯定回答。

c. 提议、建议对方或者在场的所有人做某事,征求意见。通常会有人回应。

(16) 马东:我有一个提议,我觉得这个时候我们可以转着圈地数数,然后谁接得迟疑一点儿,谁有可能就正在有事干,好不好?
蔡康永:你数吧。

例(16)马东明确说"我有一个提议……好不好?",这个提议是要求大家跟他一起做事情,因此要取得大家的同意,等待大家的回答,蔡康永作为法官,允许了这种行为。尽管"……好不好?"在这里是一个行为,但因为是需要得到大家同意的提议,我们也把它归入询问。

d. 怀疑对方说话或做事的真实性,或者揣测对方存在不良用意。听话人可能正面回答,也可能拒绝回答。

(17) 肖骁:其实我现在大胆猜一下,我觉得会不会康永哥有可能是预言家。
马东:盖乐世手机请拿走我的瞳孔。
大王:可是他们有必要玩儿得这么深吗?

> 肖骁：对呀，所以就是因为我就觉得，其实他说完之后我就已经跟着他走了，然后后来康永哥出来一搅我的妈呀，我说他干什么呀这些人。
>
> 大王：一直质疑。

为了掩盖自己的身份，游戏里的人都会说谎。例(17)在大王发出"可是他们有必要玩儿得这么深吗？"这个疑问句之前，蔡康永、肖骁等人均根据队友的表现对谁是狼人进行了分析。大王对他们的分析不是百分百认可，肖骁回应的"对呀"表明赞同大王的质疑。例(17)的最后一个话轮"一直质疑"也再次明确了大王的怀疑态度。

我们将例(14)~(17)这样的疑问句归入第一类——询问。但实际上这一类所涵盖的内容较多，疑问程度也有一定差别，这种差别源于有些疑问句的功能并不单一。因为我们是从答看问，采取下一话轮验证的方法（next turn proof），如果下一话轮回答了，则该疑问句有询问的功能。上面的分类中，a、b两类对疑问句的回应是对询问信息的回应，而c类是对询问行为的回应，d类是对询问立场的回应，e类是无疑而问、自问自答。

第二类，否定、反驳。说话人并没有疑问，所要表达的意思与字面意思相反。若是肯定句，就是表达否定的意思；若是否定句，就是表达肯定的意思，并且带有强烈的感情色彩。如果句子的内容是前文已经提到的相关事实，说话人用问句就是为了反驳对方的观点。这类疑问句也就是反问句，在语料库中用数字"2"标注。

> (18) 陈怡馨：所以大王你觉得可能是谁？
>
> 大王：你呀！
>
> （众笑）
>
> 大王：陈怡馨！
>
> 陈怡馨：哪里？大王，我们私下那么恩爱，你怎么能怀疑我呢？
>
> (19) 王博文：我只能说，真的，你演得太好了，我真的佩服你，你真的是高玩。
>
> 伊能静：我演什么呀？

例(18)的会话序列中，第一个话轮"所以大王你觉得可能是谁？"是特指问，属于第一类（询问），而第四个话轮陈怡馨的"哪里？大王，我们私下那么恩爱，你怎么能怀疑我呢？"是反问句，属于第二类（否定、反驳），表达的意思是你不应该怀疑我。例(19)伊能静不赞同王博文对自己的评价，"我演什么呀？"意思是我没有演，反驳"你演得太好了"，并表达强烈的情感。前文中的例(11)也属于这一类。由于前人对反问句的研究成果较为丰富，对其否定、反驳功能认识也较为一致，我们对这一功能不再赘述。

第三类，指出事实。使用疑问句是为了把之前的情景或事实拉回到当前对话或者表达评价，有组织话题的功能。说话人没有疑问，只是重复事实。说话人对事实持肯定态度,不等对方回答就继续言谈。在这种用法的问句中,"是吗?""对不对?""好不好?"等是常见的标记。在语料库中用数字"3"标注。但我们并不能说有这些附加标记的都用于指出事实,如前文中的例(15)、例(16)都归为了询问,而例(12)、例(13)与例(20)、例(21)则是指出事实。

(20)马东:说我的人,说我是狼的人都是狼。
范湉湉:但马老师这局也没有踩人,也没有保人,是吗?他是狼的话,他超爱踩自己狼友的,嗯。

(21)蔡康永:好,袁弘。
袁弘:然后我说是不是?我真的不是狼人,如果我是狼人的话,我不会傻到去杀2号,因为我一直在质疑2号,对不对?而且,我相信不止我一个人,在场不止我一个人质疑2号。

例(20)"马老师这局也没有踩人,也没有保人"是大家都知道的事实,"是吗?"是附加问,但不是询问,也没有疑问,只是提醒大家注意这一事实。例(21)法官蔡康永已经点名请袁弘说了,袁弘接过话轮还说"然后我说是不是?",实际上是宣告自己要开始说话了。同一话轮中另外一个问句"因为我一直在质疑 2 号,对不对?"也是请大家注意自己之前的言行。疑问句三个功能的具体使用情况见表4:

表4 疑问句的类型与功能

疑问句的类型	询问	非询问		小计
		否定	指出事实	
是非问与反复问(P)	178 (74.79%)	37 (15.55%)	23 (9.66%)	238 (100%)
特指问(Q)	151 (67.11%)	69 (30.67%)	5 (2.22%)	225 (100%)
附加问(T)	35 (42.17%)	4 (4.82%)	44 (53.01%)	83 (100%)
陈述问(D)	61 (81.34%)	13 (17.33%)	1 (1.33%)	75 (100%)
选择问(A)	6 (100%)	0	0	6 (100%)

表 4 显示,选择问 100% 是用来询问的,陈述问的询问功能在 80% 以上,是非问与反复问、特指问的询问功能也均过半。疑问句的形式与功能之间有一定关系,询问是主要功能。比较特别的是附加问,其指出事实的功能高达 53.01%。特指问在所有疑问句类

型中用于否定的可能性最大,否定功能占到特指问的 30.67%。这可能与本游戏的特点有关系。在狼人杀游戏中,说话人会采取一些会话策略,比如有意说假话,以刺探他人的真实身份或者扰乱他人对自己真实身份的判断。选择问不用于否定,附加问极少用于否定。

四　结语

本文基于语料库考察了疑问句的形式和功能,从整体上观察疑问句的形式、分布与功能的对应关系。研究发现,从总体上来说,疑问句使用频率最高的为是非问(包括反复问)与特指问。大部分疑问句会引起话轮转换。选择问只具有询问功能,陈述问、是非问、特指问的主要功能是表示询问,而附加问的非询问功能强于询问功能,主要用来指出事实,特指问用于否定功能的比例远远高于其他类型。

由于转写对话费时费力,受时间与精力所限,本研究所用的语料仅涉及单一场景,接下来,我们拟将语料扩充为多种场景,进行与其他场景的对比研究。另外,本文的研究结论是基于竞争类游戏狼人杀这种具体的语境语体得出来的,结论是否适用于其他语境语体,还有待验证。此外,在各种语言中,疑问句都不只是用来询问信息的,还具有多种功能。未来需要将汉语与其他语言对比,进行跨语言的研究,以深入认识汉语疑问句的特点。

注　释

① 根据 Stivers(2010),英语中大部分陈述疑问句都包含一定程度的上升语调,他将之归在是非问句里,并认为陈述疑问句占主导地位。例如:You are married? 是陈述疑问句,Are you married? 则是标记性是非问句。汉语中有些没有语调上扬或者上扬不明显的 B-events 陈述句实际也在表达问,听话人会回答这样的句子,我们将这类句子单独区分出来。在 A、B 信息交互方面,张文贤、乐耀(2018)介绍了 A、B-events 理论。B-events(Known to B, but not to A)是基于 B 的事件信息。
② 本文着重定量分析,限于篇幅,对功能分类不做详细划分与论述,因此不再详细统计每个大类内部的功能小类。

参考文献

范继淹(1982)是非问句的句法形式,《中国语文》第 6 期。
方　梅、谢心阳(2021)汉语对话中问句的解读——以反问句和陈述式问句为例,《汉语学报》第 1 期。
高　华、张　惟(2009)汉语附加问句的互动功能研究,《语言教学与研究》第 5 期。
郭继懋(1997)反问句的语义语用特点,《中国语文》第 2 期。
胡德明(2010)从反问句生成机制看反问句否定语义的来源,《语言研究》第 3 期。

李宇凤(2010)《现代汉语偏向问研究》,巴蜀书社。

刘松江(1993)反问句的交际作用,《语言教学与研究》第2期。

刘娅琼、陶红印(2011)汉语谈话中否定反问句的事理立场功能及类型,《中国语文》第2期。

陆俭明(1982)由"非疑问形式+呢"造成的疑问句,《中国语文》第6期。

吕叔湘(1942)《中国文法要略》(上卷),商务印书馆。

齐沪扬、丁婵婵(2006)反诘类语气副词的否定功能分析,《汉语学习》第5期。

邵敬敏(2014)《现代汉语疑问句研究》(增订本),商务印书馆。

苏英霞(2000)"难道"句都是反问句吗?《语文研究》第1期。

谢心阳(2021)《问与答:形式和功能的不对称》,社会科学文献出版社。

徐　杰、张林林(1985)疑问程度和疑问句式,《江西师范大学学报(哲学社会科学版)》第2期。

徐盛桓(1999)疑问句探询功能的迁移,《中国语文》第1期。

袁毓林(1993)正反问句及相关的类型学参项,《中国语文》第2期。

张伯江(1996)否定的强化,《汉语学习》第1期。

张伯江(1997)疑问句功能琐议,《中国语文》第2期。

张文贤(2021)从会话序列看"怎么"问句的解读,《语言教学与研究》第1期。

张文贤、乐　耀(2018)汉语反问句在会话交际中的信息调节功能分析,《语言科学》第2期。

Enfield, N. J., Stivers, T. & Levinson, S. C. (2010) Question-response sequences in conversation across ten languages: An introduction. *Journal of Pragmatics*, 42(10), 2615—2619.

Levinson, S. C. (2012) Interrogative intimations: On a possible social economics of interrogatives. In de Ruiter, J. P. (ed.) *Questions: Formal, Functional and Interactional Perspectives*, 11—32. Cambridge: Cambridge University Press.

Sacks, H., Schegloff, E. A. & Jefferson, G. (1974) A simplest systematics for the organization of turn-taking for conversation. *Language*, 50(4), 696—735.

Stivers, T. (2010) An overview of the question-response system in American English conversation, *Journal of Pragmatics*, 42, 2772—2781.

作者简介

张文贤,北京大学对外汉语教育学院长聘副教授、研究员,主要研究方向为互动语言学、国际中文教育。Email:zhwenxian@pku.edu.cn。

苏祺,北京大学外国语学院长聘副教授、研究员,主要研究方向为语料库语言学、计算语言学,是本文通信作者。Email:sukia@pku.edu.cn。

语块的整体性认识与界定

孔令跃

北京大学对外汉语教育学院

提　要　本文介绍语块整体性认识方面的研究及争议，梳理相关的支持和反驳证据，以加深对语块性质的认识，并对语块界定提出一些建议。现有研究表明语块整体性是其根本属性，涵盖多个范畴的语块。语块界定需充分考虑语块整体性并基于个体角度进行，使其既具涵盖性且更适合二语习得研究的需要。

关键词　语块　整体性　语块界定　整体频率效应

一　引言

语块研究目前已是语言学研究中一个快速发展的重要领域，也已成为一个跨多学科的前沿领域。对于语块在语言系统中的地位及其在语言习得和交际中的作用，学界已取得了一些共识，但对语块性质的认识却仍有明显分歧，争议的焦点集中于对语块整体性的认识。对语块性质的迥异认识导致语块界定也存在着极大分歧。这既不利于对语块现象的统一深入认识，也使语块的研究受到诸多质疑。本文梳理有关文献，介绍语块整体性认识方面的研究进展，分析语块整体性认识的支持和反驳证据，从而加深对语块性质和界定的理解。

二　语块的整体性认识

语块作为一种多词共现单元，具有很多鲜明的特征，比如形式多样、长度不一、语义独特、预期性强等。由于语块的多样性和复杂性，不同的研究者对语块的认识也存在极大的分歧。有的研究者从交际功能出发，认为语块是交际中约定俗成使用的短语，语用功能明确，在界定中强调语块的习语性和规约性为其根本属性（王立非、张大凤 2006；马广惠 2011；薛小芳、施春宏 2013；Weinert 1995；Howarth 1998a，25；Pawley 2001，122；

Bybee 2010,35;Buerki 2016)。例如,Buerki(2016)认为语块就是存在于某一语言社区内的形义规约化配对短语。也有研究者基于语料库研究,以频率和功能为标准来认识并界定语块(Biber et al. 2004;Sinclair 2004;Biber 2009),凡是在语料库中高频共现,在语篇中具有明显的分类组织功能的多词单元就是语块。这些语块跨越短语或句子边界,被称为词丛(lexical bundle,如 what I want to say is)。这些认识和基于此进行的语块界定标准明确,易于被学界接受。

但也有很多研究者关注语块使用时表现出的整体性特征。比如早期"现代语言学之父"Saussure 就注意到"人们会把一个语段的要素组合成一个新的单元……这样对于本可借由一连串惯常重要单元来表达的一个复合概念,大脑就会放弃分析,而是选择走捷径,把这一概念应用于整个字符串上,从而使之变成一个单一单元"(Wray 2002,7)。这里的"单一单元"即对语块整体性的认识和描述,认为语块使用时不经分析而整体理解和使用。之后 Jespersen(1924,18—19)对语块整体性也有类似的表述,他指出"语言中存在着很多程式化词语,无人能对它们做任何改变……你或许能对其进行分析,知道它由哪些词组成,但是你仍感到它是一个单元,也是如此使用,这可能意味着程式语与其组成成分的意义已有很大不同"。Jespersen(1924,24)认为"程式语可能是整句、一组词、一个词或词的部分,但这都不重要,相反,重要的是一定存在一些语言单位,它们在实际言语中是一个单元,不能像自由组合那样被分析或分解"。文献中类似的看法比比皆是,着眼点皆在于语块的整体特性(段士平 2008;钱旭菁 2008;Sinclair 1991,110;Ellis 1996,111)。

著名语块研究专家 Alison Wray 则从心理语言学的角度来认识语块,认为语块就是整体存储的单一加工单元,而不仅仅是在语言使用中表现出整体性。这一整体性认识更强调个体的语块心理整体表征和使用,而非语言的形式或规约性、交际性(Wray 2002)。在其 2002 年出版的里程碑式专著 *Formulaic Language and the Lexicon*(《语块与心理词典》)中①,使用语块(formulaic sequence)一词指代语言中的各类具体语块,并把语块界定为"一个连续或不连续的预制词串,使用时整体存取而无须通过语法分析生成"。而且,Wray(2002,266)进一步提出不同长度和结构的单位都能像词素等同单位一样储存于心理词典中。语块即一种"词素等同单位"(morpheme equivalent unit),Wray(2008,12)认为它是"一个能像词素一样加工的词或词串,无论其是连续完整的还是包含空格可以插入词条的,都无须借助于该单位构成成分的形义匹配来完成"。这些界定都强调语块表征的整体性,即语块在个体记忆中以一个单一表征储存,它具有整体性、预制性和易提取性等基本属性。语块提取时也以一个单一单位进行,不需要对其组成成分进行分析,也不需要借助于组成成分的组合来获取其意义。综合来看,对语块整体性的全面认识经历了一个较长的过程,早期聚焦于对语块使用中的外在整体形式的描述,近期则进一步明确界定语块的内在整体心理表征及作为单一单位的提取方式。近期的整体性认识对语块研究领域的影响更大,学界对语块整体性的争议也主要基于此展开。

  从心理语言学角度对语块的整体性认识,以及基于此的界定和术语都被广为接受和使用,影响深远。Wray(2002)的语块界定曾被研究者认为是最无争议的定义(如 Myles 2004),也使语块一词成为普遍使用的统称术语(umbrella term)(Weinert 2010;Wood 2015,2)。这推动了学界对语块本质的认识和研究进展。该界定首先从形式上扩大了语块的范畴,语块既包括连续的词串,也包括不连续的词串。其次,这一界定从词汇加工的角度确定了语块的范畴。不是所有连续或不连续的多词串都是语块,只有能整体存取的多词串才可称为语块。语块首先是一个信息加工单元,不论语块的形式、类别、意义和功能如何,凡能在个体心理词典中整体表征的多词单元均可称为语块。这是确定语块的一个标准。但这意味着语块可能因人而异,不同个体的语块可能不同。个体内语块也可能和个体所在语言社区或团体内通用的规约性交际语块范畴不一致。每个个体内语块除了语言社区通用的规约性用语外,还可能拥有一些不属于此范畴的个体独有的整体表征语块。简单而言,根据 Wray 的界定,整体性反映了语块的本质,个体内语块和个体外语块存在差异,无论个体与个体间,还是个体与社团群体间都是如此。

  这一语块整体观非常符合我们的个体语言使用体验。比如个体拥有一些个人独创的词语组合,个体能长久记忆的诗歌、歌词,甚至短文等。对个体来说,这些独有语块具有心理现实性,长久存在,随时都能轻松快速地提取。而实际生活中,我们也能明显观察到像语篇、诗歌、歌词等超出词汇层面的块状语言使用现象,它们能如词汇层面的语块一样具有快速加工提取优势。举例来说,很多人都能脱口而出很多诗歌和语篇句子,如"床前明月光,疑是地上霜。举头望明月,低头思故乡""故天将降大任于是人也,必先苦其心志,劳其筋骨,饿其体肤,空乏其身,行拂乱其所为,所以动心忍性,曾益其所不能"等。一些研究中提到的有趣例子也能佐证。比如,"儿童学歌的时候很多时候并不理解歌词的意思,但能把歌完整地唱下来。有时候,小时候唱的歌长大以后才发现唱的歌词根本就不对。有人小时候把'边区的太阳红又红'听成'变压器的太阳红又红'!这个人那时根本不知道'边区'是什么,只是记得清清楚楚,在他们村子西边某个高处架着一台变压器,傍晚刚好看到变压器上方有一轮红日。这个孩子后来还一直奇怪,为什么写歌的人知道他们村的变压器在西边呢"(钱旭菁 2008)。这明显属于个体内独有语块。个体语块可能因人而异,但应该是普遍存在的。这些个体语块并不一定用于交际,它们的产出也不需要思考分析,似乎作为一个整体直接快速提取。

  此外,语块的整体观也激发了大量关于语块表征和加工的研究,而研究中一致发现的语块加工整体频率效应又被用于证明语块的整体表征观。比如 Sosa & MacFarlane (2002)在词汇监听任务中发现,被试对高频含 of 短语中 of 的反应显著慢于低频的。这是因为作为整体存储加工的高频词串不存在对成分词的分析,因而阻碍了被试对该整体词串中成分词的通达,但低频词串中不存在这一情况。Kapatsinski & Radicke(2009)使用相同任务在 give up 类词串上也得到同样的结果。其他基于行为、眼动或事件相关电位技术的更严格实验设计的研究同样发现,母语者和二语者对高频的连续或不连续语块比其匹配的单词组合加工更快,错误更少(Jiang & Nekrasova 2007;Bannard & Matthews 2008;Conklin & Schmitt 2008;Tabossi et al. 2009;Arnon & Snider 2010;Tremblay & Baayen 2010;Siyanova-Chanturia et al. 2011;Kim & Kim 2012)。这些研究发现都被用于证明非习语类语块有可能作为一个单元整体储存在心理词典中。

个体的语言使用经验以及研究发现对语块整体性的验证,加深了我们对语块的认识,即语块的整体性——而非交际性、规约性——可能是语块的根本属性。个体拥有的语块可能是规约性用语,在语言交际中使用;也可能是非规约性用语,个体"使用"它们,但不一定是用于社群"交际"。但无论什么样的语块,个体都可以整体存取,体现出预制性和易提取性。相反,认为语块的规约性、交际性是语块的根本属性,如语块是"形义凝固,高频次、交际语用功能明确的预制多词单元"之类的单位,这种认识不符合前述的语言使用经验,相应的语块界定也难以涵盖全部的个体内语块,可能会使一部分个体内语块被排除在语块范畴之外,或者导致语块界定必须有意忽略或排斥一部分语块。很明显,语块的整体观认识更有利于全面深入探讨语言中的块状或固化现象。

三 语块整体性认识的争议:反面证据与术语适用性

近些年,一些新的研究发现,某些类别语块的加工不符合语块表征和加工的整体观解释。因此,语块的整体观遭到不少质疑,一些研究者认为语块并不是一个整体存取的单一单元。由此出发,也有研究者认为代表整体性的术语语块一词不适于作为一个统称术语,尤其是对于二语习得研究来说更不合适。

3.1 语块整体观的反面证据

第一,对于典型的形式凝固的语块——成语的研究发现,成语加工中存在着句法分析,成语也具有内部结构(Konopka & Bock 2009;Snider & Arnon 2012;Holsinger 2013;Kyriacou et al. 2020;Mancuso et al. 2020;Kessler et al. 2021)。Sprenger et al. (2006)发现成语在产出中,词的字面意思也会被激活,这表明成语可能不是整体加工模式,成语本身或许是组合加工(Cacciari & Tabossi 1988;Titone & Connine 1999;

Cacciari & Corradini 2015；Beck & Weber 2016；Arnon & Christiansen 2017)。第二，Arnon & Priva(2014)发现，语块加工中，除了存在整体频率效应外，还出现了语块内成分词的激活效应。在三词语块的产出中，词的激活效应随着语块整体频率的提高而减小，但没有消失。也就是说，语块加工中仍然存在着成分词的加工。第三，Edmonds(2014)对口语习用语的研究表明，如果语块是整体储存的，则意味着与口语习用语有关的使用情景都储存在心理词典中，这对于心理词典的内部表征和存储来说非常不经济，也难以解释。基于Wray(2002)的语块整体表征观，很难解释具有特定语用功能的口语习用语的加工效应。

综合来看，上述研究发现表明，语块内部存在着分解过程，即使是形义凝固的成语也是如此；语块内成分词在加工中也能够被激活，语块的整体效应不能消除成分词激活效应。研究者认为这些证据足以否定语块的单一整体表征和加工观(Siyanova-Chanturia 2015)。以往研究中，不考虑语块内部结构和成分词的激活，将快速语块加工(即语块加工的整体频率效应)等同于语块的单一整体表征是有问题的，两者不是绝对的等同关系(Edmonds 2014)。语块加工中出现的整体频率效应反映的是语言使用者对反复接触的语块的整体频率敏感度或加工预期的提高。因此，语块不一定整体存取和加工，语块的根本属性在于其交际性和规约性，语块是语言社区的典型用语(Siyanova-Chanturia 2015)。

即使如此，我们认为，上述研究发现只是表明某些语块的存取可能不是以不可分析的单一单元进行，也即否定了语块只有唯一的整体通达加工方式。但是，这并不能说明语块的整体表征不存在。根据已有研究发现，语块的整体频率效应也可由混合表征观来予以解释，即语块既有成分表征也有整体表征，属于混合表征(Sprenger et al. 2006；Arnon & Christiansen 2017)。在混合表征系统中，语块的整体表征和成分表征都会在加工中被激活，但语块的整体表征的激活是优势通路，从而在语块使用或加工中表现出一种整体加工优势。混合表征观更能解释目前包括语块在内的大多数研究发现(Sprenger et al. 2006；Tremblay & Baayen 2010；Arnon & Christiansen 2017；Kessler et al. 2021)。综合来看，我们认为，根据这些研究发现并不能完全否定语块的整体性，语块的整体性表现在其心理整体表征的存在，并在使用中体现出整体加工优势。

3.2 语块术语适用性的争议

语块这一术语的适用性争议也与语块的整体性认识和界定问题紧密相关。语块作为目前一个广为接受的通用术语，根据Wray(2002)的界定，它具有特定含义，即语块就是整体存取加工的单一单位，语块的存取不进行组成成分的分析。在实际研究中，很多研究者也使用语块一词来指代母语者和二语者语言中那些形式固定的习语和固定搭配等语言单位,并同时假定这些单位是整体存取加工的。但由前述的反面证据可知,研究者认为即使语块一词可以作为一个通用术语使用,也不意味着语块加工不用分析,是完全整体表征和加工的,语块这一术语和整体表征与加工本质上没有必然联系(Siyanova-Chanturia & Pellicer-Sánchez 2019)。这一点对二语学习者来说,更是如此。在二语研究中,如果使用语块一词且默认语块都是整体存储的单一单元,就会出现明显的问题。

首先,对母语者来说可以整体表征的语言单位,对于二语者来说却未必如此。母语者的典型语块(如习语和固定搭配)二语者可能无法掌握,更做不到整体存取,不具有心理现实性(如 Forsberg 2009),或者说只有少数一些语义透明或极其常用的语块才能整体掌握(Schmitt et al. 2004;Jiang & Nekrasova 2007)。母语者可以整体快速加工一个不规则的成语(如:死掉/kick the bucket),但二语者却极其困难,难以产出。即使二语者习得或认识一些典型语块,也不意味着这些语块能被他们整体存取、作为单一单元加工。其次,二语者个体能够整体存取的语言单位却有可能不会出现在母语者的语言系统中,甚至可能是错误的。这些语言单位应属于二语者自身的中介语系统。但实际研究中既不会考察这些单位,也不会把它们当作语块处理。因此,基于母语者标准界定的语块并不是考察二语者语块习得情况的合适材料。

Myles & Cordier(2017)认为,为了更好地进行二语语块的研究,语块作为一个统称术语并不合适,在实际研究中应该区分两个概念。第一个概念是语丛(linguistic clusters),指学习者的外部语块。语丛是多词素单位,它们语义或语法不规则,或者高频共现,是语言中规约性的表达用语。第二个概念是加工单元(processing units),指学习者的内部语块。加工单元是个体拥有的具有加工优势的语义或功能多词单位,它们或者整体储存于心理词典中,或者加工高度自动化。相应地,在具体研究中考察二语者的这些外部语块的心理表征时,就需要使用与二语者背景有关的多词单位,而不能使用他们可能不了解不认识的成语。这两种概念的区分理论上更有利于探索二语者的语块习得状况。例如,基于概念两分法进行的研究揭示,高级二语者实际上大量使用加工单元,而非之前研究发现的高级二语者难以习得和运用语块(孔令跃、史静儿 2013;江新、李矍聪 2017;Howarth 1998b;Nesselhauf 2003)。这为探讨二语者目标语习语性和程式性能力的习得和发展提供了新的视角。

四 语块整体性认识的新探讨

对于语块整体性存在的诸多争议,Wray(2002,2008)认为也可以从实验任务和设计等因素上予以解释。而且,Wray(2019)又提出了一个新的语块定义,能使我们从新的角度来进一步探讨语块的性质和界定,即语块就是"使用者觉得像单个词一样有自身特征或作用的多词串[Formulaic sequence refers to any multiword string that is perceived by the agent(i. e., learner, researcher, etc.) to have an identity or usefulness as a single lexical unit]"。此定义中仍然突出了语块的整体性表述,即"单一词汇单位(a single lexical unit)",而没有强调语块的规约性和交际性。但是,与最初的定义相比,这一定义更为宽松,有很大的调整,不再明确表述语块的预制性和整体存取加工,只强调使用者对语块作为一个单一词汇单位整体特性的感知(perceived)。

由于 Wray(2019)只是提供了语块的定义,而没有做出相应的详细解释,因此我们需要进一步探讨此定义对语块整体性认识的新拓展。首先,语块的整体特征指语块的外在形式(如长度、发音)或意义功能。虽然这一定义仍然是从个体角度出发进行的界定,但我们认为这里的语块整体性感知并不完全等于语块的单一整体心理表征和加工。感知到语块的整体特性至少有两种情况,一种是语块已经双重表征于使用者的心理词典中,使用者知道其整体独特性,使用时可以把语块当作一个整体单位存取(也可以分析处理,但往往体现出整体加工优势)。另一种是语块还未形成整体心理表征,但使用者能意识到该语块具有形式、语义或功能上的独特性,即知道其整体上有独特性,可以当作一个词汇单位整体使用,但还没有达到快速整体存取的程度。也就是说,这些语块对个体来说还不具备整体加工优势。比如二语者在目的语语块的初级习得阶段便是如此。教师的讲解能提高二语学习者对语块的意识,使其认识到语块是语义特殊的多词单元,但二语者不一定能形成语块的整体心理表征,或整体心理表征错误,需要更多的语言接触来形成整体心理表征。很多二语者的语块习得偏误可作为例证,如:"过犹不及",知其为成语,却写成"过于不及"或"过分不如不是"(钱旭菁 2008);或识记错序,如"兴高采烈"写成"高兴采烈";等等。我们接触到的很多网络流行语(如"喜大普奔""YYDS")也属于类似现象,最初能意识到该流行语是一个整体上有特殊意义或具有某种交际功能的词语,但还不能形成其整体心理表征。另外,对于在语篇阅读中重复多次出现的某些多词串(如词束类单元),即使不认识或不知其义,也能据其形式把其当作一个语块处理,并推测其独特意义。

其次,Wray(2019)的新定义不再强调语块表征和加工的单一整体性认识,而是突出使用者对语块整体特性的感知。这种感知可能源于语块的整体心理表征,也可能源于语块的外在形式、功能、意义或其他突显特征。不管多词串是否能整体存取,只要使用者觉得它具有独特性,像单个词一样,就可以视其为语块。我们认为这一调整更符合目前的研究发现。而且,这一新界定比完全只基于交际功能观的界定更为合理。它仍然是从个体角度进行界定,既使语块的范畴更具包容性,也能解释为何语块一般具有预制性、易提取性和整体加工优势这些特征。我们认为,Wray(2019)的新界定的包容性体现在语块可包括三个部分的语言单位。一是语言社区通用的规约性用语,它们反映语块的交际属性,使用者基于规约性很容易感知其整体特性。对母语者来说,这类语块也是个体内语块,具有整体表征,因此在使用中也往往体现出整体加工优势。二是个体独有的具有整体表征和整体加工优势的块状用语,它们反映语块的整体性,但不一定具有交际性。三是被个体当作整体单一单元感知、看起来具有整体性但不具有整体加工优势的多词串,它们能反映语块的整体感知性,如个体外语块和语篇词束等。不同范畴的语块反映的是语言使用者对多词串的交际属性、整体加工属性以及整体感的多层面认知。从习得的角度看,被感知为一个整体但不具有整体存取优势的多词串随着使用或接触频率的增加,最终也能具有整体心理表征和加工优势。我们认为 Wray(2019)的新界定所涵盖的语块范畴包含了 Myles & Cordier(2017)所提出的语丛和加工单元两类语块,语块仍然可以作为通用术语使用,即使对二语习得研究来说也是如此。

总的来说,Wray(2019)的语块新定义既保留了语块范畴包容性广这一优点,也符合目前的语块加工研究发现,更符合基于使用的语块习得理论。该定义深化了对语块整体性的认识,即语块的根本属性仍是整体性,但这种整体性体现在多个层面,涵盖了不同范畴的语块。

五 关于语块界定的建议

很明显,目前对语块的认识不同导致对语块的界定也很不同。一些研究者反对语块的整体性而强调语块的交际功能和属性,并基于此进行语块界定。这也是学界一种比较有代表性的界定方法。比如知名语块研究专家 Siyanova-Chanturia & Pellicer-Sánchez (2019)基于语块并不一定是单一整体表征这一认识,在其编著的反映语块最新研究进展的 *Understanding Formulaic Language: A Second Language Acquisition Perspective*(《理解语块——二语习得视角》)一书中给出了一个非常宽泛、极具包容性的定义,以涵盖所有类型的语块:语块包括字母、单词、声音或其他元素串,它们可能是连续的或不连续的,具有任何可能的长度、大小、频率、组合程度、字面/比喻义、抽象和复杂度;语块不一定整体存取和加工,但一定具备语言社区或团体典型使用者所具有的某种程度的规约性或熟悉性,而且与交际意义紧密相关。很明显这一界定中语块的交际功能和属性是第一位的。在汉语界也有类似的界定思路,如"语块是由多词组成的,可以独立用于构成句子或者话语,可以实现一定语法、语篇或语用功能的最小的形式和意义的结合体"(马广惠 2011)。

此外,还有不少学者并不反对语块的整体性,但在界定中同时强调语块的整体性和交际性,或者把整体性置于交际性之下,认为交际性是语块的根本属性,比如,薛小芳、施春宏(2013)提出,"语块是由连续或不连续的词语或其他有义元素预先整合成模块的,形式、意义/功能相匹配的实体性语言交际单位",并认为一般意义上的语块所具有的交际属性包括预制性、整体性、中介性、层级性、共时性和动态性。

但是,基于前文的探讨,我们认为,对语块整体性的最新认识有助于分析目前文献中这些界定的不足,为语块的界定提供一些建议。首先,我们认为不优先考虑语块整体性,只基于交际功能界定块状语言现象,涵盖性明显不够。比如,Siyanova-Chanturia & Pellicer-Sánchez(2019)的定义虽然看似涵盖面很广,但由于强调"一定具备语言社区或团体典型使用者所具有的某种程度的规约性或熟悉性,而且与交际意义紧密相关"这一点,它仍然没有包括基于语料库研究发现的语篇词束类语块,或者个体独有的很多不用于"交际"的语块,或者Myles & Cordier(2017)所说的二语者的加工单元类语块。把这些形式固化、使用高频、意义独特或反映二语学习过程和特征的块状语言排除在语块研究范畴之外,并不利于我们全面考察各类语言现象,探讨语言本质。

其次,接受语块的整体性,但将其置于语块交际性之下的语块界定也存在问题。明确语块的交际性和整体性分别所指则易于看出问题是什么。以"语块是由连续或不连续的词语或其他有义元素预先整合成模块的,形式、意义/功能相匹配的实体性语言交际单位"这一定义为例,该定义从语块与构式的关系出发,认为语块也是一个语言交际单位,是一个形义对(构式)。首先,语言中存在着不用于"社群交际"的非规约性个体内语块或二语者的独特个体语块。因此,构式的交际性不完全等同于语块的交际性,两者的范畴不同。具有交际性功能的语块只是全体语块中的一部分,而非全部。具体来说,"语块的交际性"只能指那些交际使用中的语块的交际性,而非全部语块的交际性。其次,语块"整体性"与"交际性"各自所指的语块范畴不一致,前者大于后者。具有整体性的语块包含了上文所说的三类语块,交际性语块只是其中的一类。因此我们认为,同时包含语块整体性和交际性,但又认为语块都是语言交际单位的界定,相当于把语块是具有整体性的"语言单位"这一较大范畴缩减成具有整体性的"语言交际单位"这一较小范畴,容易对语块产生以偏概全的认识,使语块定义既不符合各类固化语言现象和人的语言使用体验,也不符合二语者语块学习的实际情况,同样不利于全面深入探讨语言中的块状语言现象。

综合来看,我们认为在语块研究领域,语块一词可以继续作为通用术语使用,且语块的界定应基于个体角度进行,突出语块的整体性本质属性,以确保语块一词能全面涵盖各类块状语言现象,并基于此深入探讨一语和二语语块习得的过程和复杂机制。

六　结　语

　　语块的整体性认识对了解语块本质及语块界定等问题有着重要影响。Wray(2002)早期基于语块单一整体表征的界定影响深远,拓展了对语块的认识,但不易解释某些语块加工现象。研究表明,语块可能存在着整体和成分的混合心理表征,整体表征的存在能够解释语块的整体加工优势现象。Wray(2019)基于语块整体性感知的界定更为符合最新的研究发现,也有助于拓宽对语块本质和范畴的认识。对于语块界定,研究者应充分考虑语块的整体性并基于个体角度进行,以确保语块范畴更具涵盖性,更适合二语习得研究的现象和需求。

注　释

① 文献中,formulaic language 用来指称语言中各类语块的集合,以及语块普遍存在这一现象,它已成为一个统称术语,而 formulaic sequence 则用于指称不同类型的具体子类语块(Wray 2019)。

参考文献

段士平(2008)国内二语语块教学研究述评,《中国外语》第4期。

江　新、李嬖聪(2017)不同语言水平和母语背景的汉语二语者语块使用研究,《解放军外国语学院学报》第6期。

孔令跃、史静儿(2013)高级汉语学习者汉语口语语块提取运用研究,《云南师范大学学报(对外汉语教学与研究版)》第3期。

马广惠(2011)词块的界定、分类与识别,《解放军外国语学院学报》第1期。

钱旭菁(2008)汉语语块研究初探,《北京大学学报(哲学社会科学版)》第5期。

王立非、张大凤(2006)国外二语预制语块习得研究的方法进展与启示,《外语与外语教学》第5期。

薛小芳、施春宏(2013)语块的性质及汉语语块系统的层级关系,《当代修辞学》第3期。

Arnon, I. & Christiansen, M. H. (2017) The role of multiword building blocks in explaining L1－L2 differences. *Topics in Cognitive Science*, 9(3), 621－636.

Arnon, I. & Priva, U. C. (2014) Time and again: The changing effect of word and multiword frequency on phonetic duration for highly frequent sequences. *The Mental Lexicon*, 9(3), 377－400.

Arnon, I. & Snider, N. (2010) More than words: Frequency effects for multi-word phrases. *Journal of Memory and Language*, 62, 67－82.

Bannard, C. & Matthews, D. (2008) Stored word sequences in language learning: The effect of familiarity on children's repetition of four-word combinations. *Psychological Science*, 19(3), 241—248.

Beck, S. D. & Weber, A. (2016) Bilingual and monolingual idiom processing is cut from the same cloth: The role of the L1 in literal and figurative meaning activation. *Frontiers in Psychology*, 7, 1350.

Biber, D. (2009) A corpus-driven approach to formulaic language in English: Multi-word patterns in speech and writing. *International Journal of Corpus Linguistics*, 14(3), 275—311.

Biber, D., Conrad, S. & Cortes, V. (2004) If you look at …: Lexical bundles in university teaching and textbooks. *Applied Linguistics*, 25(3), 371—405.

Buerki, A. (2016) Formulaic sequences: A drop in the ocean of constructions or something more significant? *European Journal of English Studies*, 20(1), 15—34.

Bybee, J. (2010) *Language, Usage and Cognition*. Cambridge: Cambridge University Press.

Cacciari, C. & Corradini, P. (2015) Literal analysis and idiom retrieval in ambiguous idioms processing: A reading-time study. *Journal of Cognitive Psychology*, 27(7), 797—811.

Cacciari, C. & Tabossi, P. (1988) The comprehension of idioms. *Journal of Memory and Language*, 27, 668—683.

Conklin, K. & Schmitt, N. (2008) Formulaic sequences: Are they processed more quickly than nonformulaic language by native and nonnative speakers? *Applied Linguistics*, 29(1), 72—89.

Edmonds, A. (2014) Conventional expressions: Investigating pragmatics and processing. *Studies in Second Language Acquisition*, 36, 69—99.

Ellis, N. C. (1996) Sequencing in SLA: Phonological memory, chunking, and points of order. *Studies in Second Language Acquisition*, 18, 91—126.

Forsberg, F. (2009) Formulaic sequences: A distinctive feature at the advanced/very advanced levels of second language acquisition. In Labeau, E. & Myles, F. (eds.). *The Advanced Learner Variety: The Case of French*, 173—197. Bern: Peter Lang.

Holsinger, E. (2013) Representing idioms: Syntactic and contextual effects on idiom processing. *Language and Speech*, 56(3), 373—394.

Howarth, P. (1998a) Phraseology and second language proficiency. *Applied Linguistics*, 19(1), 24—44.

Howarth, P. (1998b) The phraseology of learners' academic writing. In Cowie, A. P. (ed.). *Phraseology: Theory, Analysis, and Applications*, 161—187. Oxford: Oxford University Press.

Jespersen, O. (1924) *The Philosophy of Grammar*. London: George Allen & Unwin.

Jiang, N. & Nekrasova, T. M. (2007) The processing of formulaic sequences by second language speakers. *The Modern Language Journal*, 91(3), 433—445.

Kapatsinski, V. & Radicke, J. (2009) Frequency and the emergence of prefabs: Evidence from monitoring. In Corrigan, R., Moravcsik, E. A., Ouali, H. & Wheatley, K. (eds.). *Formulaic*

Language: Acquisition, Loss, Psychological Reality, and Functional Explanations, 499—522. Amsterdam: John Benjamins.

Kessler, R., Weber, A. & Friedrich, C. K. (2021) Activation of literal word meanings in idioms: Evidence from eye-tracking and ERP experiments. *Language and Speech*, 64(3), 594—624.

Kim, S. H. & Kim, J. H. (2012) Frequency effects in L2 multi-word unit processing: Evidence from self-paced reading. *TESOL Quarterly*, 46(4), 831—841.

Konopka, A. E. & Bock, K. (2009) Lexical or syntactic control of sentence formulation? Structural generalizations from idiom production. *Cognitive Psychology*, 58, 68—101.

Kyriacou, M., Conklin, K. & Thompson, D. (2020) Passivizability of idioms: Has the wrong tree been barked up? *Language and Speech*, 63(2), 404—435.

Mancuso, A., Elia, A., Laudanna, A. & Vietri, S. (2020) The role of syntactic variability and literal interpretation plausibility in idiom comprehension. *Journal of Psycholinguistic Research*, 49, 99—124.

Myles, F. (2004) From data to theory: The over-representation of linguistic knowledge in SLA. *Transactions of the Philological Society*, 102(2), 139—168.

Myles, F. & Cordier, C. (2017) Formulaic sequence (FS) cannot be an umbrella term in SLA: Focusing on psycholinguistic FSs and their identification. *Studies in Second Language Acquisition*, 39(1), 3—28.

Nesselhauf, N. (2003) The use of collocations by advanced learners of English and some implications for teaching. *Applied Linguistics*, 24, 223—242.

Pawley, A. (2001) Phraseology, linguistics and the dictionary. *International Journal of Lexicography*, 14(2), 122—134.

Schmitt, N., Grandage, S. & Adolphs, S. (2004) Are corpus-derived recurrent clusters psycholinguistically valid? In Schmitt, N. (ed.). *Formulaic Sequences: Acquisition, Processing and Use*, 127—151. Amsterdam: John Benjamins.

Sinclair, J. M. (1991) *Corpus, Concordance, Collocation*. Oxford: Oxford University Press.

Sinclair, J. M. (2004) The search for units of meaning. In Sinclair, J. M. (ed.). *Trust the Text: Language, Corpus and Discourse*, 24—48. London: Routledge.

Siyanova-Chanturia, A. (2015) On the "holistic" nature of formulaic language. *Corpus Linguistics and Linguistic Theory*, 11(2), 285—301.

Siyanova-Chanturia, A., Conklin, K. & Schmitt, N. (2011) Adding more fuel to the fire: An eye-tracking study of idiom processing by native and non-native speakers. *Second Language Research*, 27(2), 251—272.

Siyanova-Chanturia, A. & Pellicer-Sánchez, A. (2019) *Understanding Formulaic Language: A Second Language Acquisition Perspective*. New York: Routledge.

Snider, N. & Arnon, I. (2012) A unified lexicon and grammar? Compositional and non-compositional phrases in the lexicon. In Divjak, D. & Gries, S. (eds.). *Frequency Effects in Language Representation*, 127–164. Berlin: De Gruyter Mouton.

Sosa, A. V. & MacFarlane, J. (2002) Evidence for frequency-based constituents in the mental lexicon: Collocations involving the word *of*. *Brain and Language*, 83(2), 227–236.

Sprenger, S. A., Levelt, W. & Kempen, G. (2006) Lexical access during the production of idiomatic phrases. *Journal of Memory and Language*, 54, 161–184.

Tabossi, P., Fanari, R. & Wolf, K. (2009) Why are idioms recognized fast? *Memory & Cognition*, 37(4), 529–540.

Titone, D. A. & Connine, C. M. (1999) On the compositional and noncompositional nature of idiomatic expressions. *Journal of Pragmatics*, 31(12), 1655–1674.

Tremblay, A. & Baayen, H. (2010) Holistic processing of regular four-word sequences: A behavioral and ERP study of the effects of structure, frequency, and probability on immediate free recall. In Wood, D. (ed.). *Perspectives on Formulaic Language: Acquisition and Communication*, 151–173. London: Continuum.

Weinert, R. (1995) The role of formulaic language in second language acquisition: A review. *Applied Linguistics*, 16(2), 180–205.

Weinert, R. (2010) Formulaicity and usage-based language: Linguistic, psycholinguistic and acquisitional manifestations. In Wood, D. (ed.), *Perspectives on Formulaic Language: Acquisition and Communication*, 1–20. London: Continuum.

Wood, D. (2015) *Fundamentals of Formulaic Language: An Introduction*. London: Bloomsbury.

Wray, A. (2002) *Formulaic Language and the Lexicon*. Cambridge: Cambridge University Press.

Wray, A. (2008) *Formulaic Language: Pushing the Boundaries*. Oxford: Oxford University Press.

Wray, A. (2019) Why don't second language learners more proactively target formulaic sequences? In Siyanova-Chanturia, A. & Pellicer-Sánchez, A. (eds.). *Understanding Formulaic Language: A Second Language Acquisition Perspective*, 248–269. New York: Routledge.

作者简介

孔令跃,北京大学对外汉语教育学院副教授,博士,研究方向为心理语言学、汉语作为二语的习得与教学。Email:lingyue@pku.edu.cn。

句子语境对汉语语块加工影响研究

陈 肯

厦门大学国际中文教育学院/海外教育学院

提 要 语块是语言中普遍存在的成分,对人们的日常沟通交流和读写具有较大影响。以往研究探讨了单独呈现条件下的语块加工方式,但结果却未达成共识。本研究以汉语二语者和母语者为实验参与者,通过移动窗口技术范式,采用自控步速阅读判断任务,考察他们在句子语境下语块的加工情况。研究发现这两类参与者都是以整体加工方式来理解、认知及处理语块的,语境对二语者的语块加工具有促进作用,而这一作用却未体现在母语者身上。上述结果验证了语块加工的优势效应,且进一步指出语境在二语者语块加工与认知中的重要作用。

关键词 语块 句子语境 二语者 母语者 认知加工

一 引言

学习一门语言,二语者不仅需要掌握单个词语的意义及用法,而且还应知道如何将这些词语组合在一起进行使用(Wray 2002)。就二语者而言,他们可凭借目的语的搭配知识,生成符合规则的、可能的话语。但这些根据规则生成的话语,是否符合目的语社团使用习惯、是否如同母语者的话语方式,仍是当前的研究难题。在与母语者交流时,二语者面临的一个最为困难的任务,即分辨并正确理解母语者话语中出现的各类形式的语块。

语言学意义上的语块理论,发端于20世纪50年代心理学关于"组块"现象的研究。心理学意义上的组块,是指人类记忆在即时信息加工活动中所操作的单位,这些单位是由单个信息所组成的更大单位(Miller 1956)。通过组块这一信息加工方式,人类可以在相同的时间内加工更多的信息,从而增加单位时间内的信息加工量。在吸收有关成果后,Wray(2002)提出了现今使用较广且具可操作性的语块定义:一种预制的内部连续或不连续的词语序列,使用时从记忆中整体储存并提取,不受语法规则生成或分析的制约。语块具有习用性,可减轻使用者的加工压力,且在社会交际中大量出现,这些优势促使语块能够被人们成功理解与输出（钱旭菁 2008；孔令跃 2018）。

汉语语块是介于词与短语之间的一个语义完整的单位，其内部结构无法进一步拆分成更小的单位。目前语块分类研究较多，所获成果也较丰富（刘运同 2004；丁洁 2006；周健 2007；贾光茂、杜英 2008；钱旭菁 2008；薛小芳、施春宏 2013；王凤兰等 2017）。从汉语词语组合类型出发，采用基于语料库的途径，是较为客观、准确的语块分类方式。这一分类方式依据频率与搭配强度的计量分析，从语义、语法及语用三个角度划分语块类别[①]。语块在形式上的分类，也促进了其意义与使用上的探讨。

语块的意义无法从其内部构成的单个词语意义推导出来，且受限于具体的使用语境。形式不同但意义接近的语块，在使用语境上可能会有所差异。二语者在写作与交流时，如果错误地使用目的语语块的话，则会使得生成的话语无序、无效。因此，语块学习可以促进二语者与母语者的有效沟通，缩小语言使用差距。语块加工，即语块的表征与理解，是其得体运用的基础。然而，既有实证研究（Jiang & Nekrasova 2007；Conklin & Schmitt 2008；Tremblay & Baayen 2010；Jeong & Jiang 2019）在验证语块加工方式的时候，并未充分考虑语境的限制作用。语块存在于各语言之中，但现有研究多是围绕英语语块的加工展开，缺少对其他语言语块加工的研究。鉴于此，本研究以汉语二语者与母语者为对象，考察他们在句子语境下的语块加工情况。

二 语块加工研究

2.1 语块加工方式

语块加工是指语言使用者对语块意义的理解行为。从语块定义出发，其预制性和整体储存与提取，说明了人们在加工语块时，比非语块更快、更高效（Pawley & Syder 1983）。借鉴词汇加工研究的实验范式，研究者通过比较参与者在语块与非语块加工上的时间、正确率等信息，进一步验证了语块的加工优势效应（Ellis et al. 2008；Siyanova-Chanturia et al. 2011；Sonbul & Schmitt 2013）。此外，研究者使用干预训练方式，发现参加训练的二语者，能够延长对语块的记忆时间，并且能够记住更多的语块，而一般的短语却没有呈现出这种训练后的延时效应（Durrant & Schmitt 2009）。相较于英语语块加工研究，汉语语块加工实证研究还较少，但已有研究所获结论支持"语块整体加工假说"（易维、鹿士义 2013；吴继峰 2016；郑航等 2016；高珊 2017；江新、李璧聪 2017；郑航等 2020；Zheng et al. 2021）。由于在类型、结构、组合方式及书面呈现等方面，汉语语块有其自身特征，使用者对其的加工，可能会异于已知的拼音文字语块加工。尤其是在构成方面，汉语语块种类较多，每一类语块的加工是否会出现差异，不同形式的语块是否共享相似的加工机制,当前研究还较少。尽管如此,多数研究认为语块加工具有优势效应。

但是,语块是否就完全处于整体加工方式之中,仍存有疑问。虽然一些研究者认为,语块是作为统一的整体单位来进行加工的(Vihman 1982；Schmitt & Underwood 2004；Underwood et al. 2004；Tremblay et al. 2011；Conklin & Schmitt 2012；Siyanova-Chanturia 2015；Carrol & Conklin 2020；Lu & Wang 2022),但其实际的心理加工机制却不明确。二语语块加工研究正受到极大的关注,但"语块整体加工假说"却没有达成共识。回顾这些研究可以发现,实验材料、呈现方式及研究范式等都可能影响实验结果。在总结既有研究后,采用较为客观、准确、有效的操作方式,是再次进行实验并获得可信数据的基础。

2.2 语境效应在词语识别与加工中的作用

自然语言使用总是同语境相连。语境可为上下文词语提供重要的识别与理解渠道,而且也可作为实验变量。语境不仅可以成为词语识别的预测物,同时也具有一定的心理现实性。在语言的使用中,语境总是不可或缺的。语境对准确、快速理解语言具有不可替代的作用。语境对词语学习具有重要影响,不同类型语境、语境中不同的信息,都会对学习者的二语词汇加工产生作用(江新、房艳霞 2012；干红梅 2014；洪炜等 2017；王玮琦等 2021；van den Broek et al. 2018；Yi et al. 2022)。

以往单独呈现语块材料的实验,忽视了实际的语言使用情况。在句子语境中的汉语二语语块加工实验表明,中级阶段二语者可以利用语境信息,缩短语块阅读反应时,并且在意义判断上也有更高的准确度(郑航等 2016)。语境条件下的实验,不仅可以进一步验证语块加工方式,而且还可以探索语境在语块加工过程中的作用。

语块是一个存在于人类各语言中的词汇单位,需通过尽可能多的语种实验,才能说明其加工方式。现有研究参照的语种数较少,且已有实验多是单独呈现材料,对语境的影响作用关注度不足。因此,本研究主要包括下述三个问题:(1)汉语语块加工是否具有优势效应？(2)句子语境是否有助于汉语语块加工？(3)二语者与母语者在加工汉语语块时,有何异同？

三 研究设计

3.1 参与者

本研究共有两组参与者,分别为二语组和母语组。二语组为在华学习各类专业的国际生(12 男,18 女；年龄 23～29 岁),且均处于汉语高级阶段。母语组为在校大学生(15 男,15 女；年龄 18～23 岁),所学专业均不属于语言类专业。选取高级阶段二语者作为参与者,以便同母语者的数据结果进行对比,从中发现二者语块加工的异同。

3.2 实验材料

本研究首先选取语块与对应的非语块各 15 个。语块的选取源于已有实验材料和汉语教材。对应的非语块通过替换相应语块中的部分汉字获得。本研究区别语块与非语块的标准主要为频率与互信息两个客观数据。采用频率这一标准,是由于语块在现实社会交际中大量高频出现,这样更易于使得语块整体化、内部成分不可分;采用互信息这一标准,是因为构成语块的内部成分,相互之间组合紧密,彼此的依赖度较高。这两个标准,能为语块的选取提供可信的客观数据。基于 BCC 语料库,对语块和非语块的频率($t=8.30, df=14.0, p<.001, d=2.14$)与互信息($t=5.02, df=14.0, p<.001, d=1.30$)[2]进行计算,结果具有统计上的显著差异。同时,对替换部分的汉字笔画数($t=0.636, df=14.0, p=0.535, d=0.164$)计算后,未发现显著差异。

继而将语块与对应的非语块编入句子中。本研究共有 50 个句子,其中语块句 15 个,对应的非语块句 15 个,干扰句(不含语块与非语块的、合乎语法规则的、有意义的句子)20 个。语块句和对应的非语块句,共用相同的句子语境,即除研究所要观察的语块外,其余内容保持一致。为了探讨语境是否会影响语块加工,所有语块句和非语块句都是合乎语法规则且有意义的句子。研究所用语料在正式实验前均由不参与本项实验的母语者和高级阶段二语者进行了判读。研究者根据判读结果,更换了部分语料,以保证实验材料的可读性与可理解性。在确定好实验句后,语块句和非语块句的语境量化值经过计算($t=8.06, df=14.0, p<.001, d=2.08$)[3],在统计上具有显著差异。所有实验材料分成两组,语块句与其对应的非语块句不同时出现在一个组中[4]。

尽管两组语料在具体的刺激材料项目上有所不同,但这些语料在难度、频次和互信息等关键数据上,都保持了较好的同质性。因此,在实验操作过程中,这些刺激材料不会影响参与者的判断,保证了实验数据的客观性和有效性。上述刺激材料以拉丁方设计的排序方式出现。

3.3 操作程序

实验采用移动窗口技术范式,逐词呈现语料。参与者通过按键,依序阅读句子中的词语或语块。语块与非语块的阅读反应时,作为运算数据提取出来。为了确保参与者准确理解所有实验句的意思,他们在阅读完每一个句子后,都要完成一道理解题。如果答题的正确率在 70% 以下,其反应时数据将不会被采用。研究者会邀请其他参与者加入实验,以达数量要求。本研究的实验操作程序如图 1 所示。

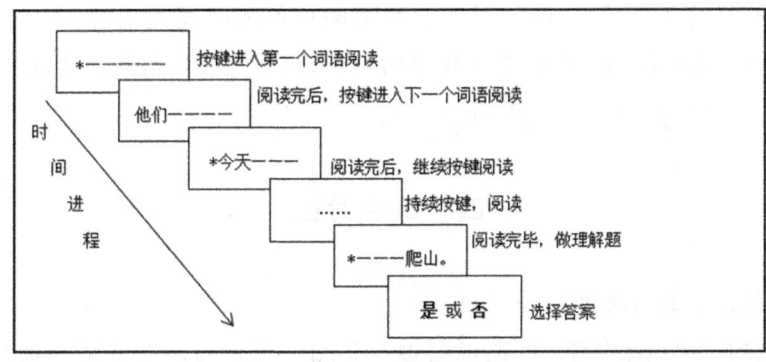

图 1 实验操作程序

3.4 数据结果

本研究的数据处理有两种方式:一是以语块与非语块的阅读反应时为因变量,考察参与者的语块加工情况;二是以语境为协变量,考察语境对参与者语块加工的影响作用。

抛开语境因素,单纯提取语块与非语块的阅读反应时,对这两类刺激材料平均值作单因素方差分析。此时,二语者语块和非语块反应时差异显著($F(1,28)=6.55$, $p<.05$, $\eta^2=0.190$),母语者两类刺激材料反应时差异显著($F(1,28)=3.25$, $p<.05$, $\eta^2=0.104$)。二语者与母语者的语块与非语块阅读反应时结果见表1。

表 1 语块与非语块阅读反应时(ms)结果

参与者反应时		语块	匹配非语块
二语者(N=30)	M	1015	1086
	Sd	66.1	84.7
母语者(N=30)	M	555	585
	Sd	51.4	41.0

从上述数据结果来看,若不考虑句子语境这一因素,单纯对比自控步速阅读过程中的语块和非语块反应时差异,语块加工优势效应得到验证。但使用单因素重复测量分析模型,是孤立地观察实验刺激材料的阅读反应时数据,没有将语境可能性这一因素较好融入影响参与者认知加工的分析中。因此,对上述数据结果的解读,就有可能出现以下两种情形:一是语块确实具有加工优势效应,支持"整体加工假说";二是语境可能性产生了影响,含有语块实验句的语境可能性恰好较大,从而促使参与者提高了加工速度。鉴于此,为了同时观测实验刺激材料类型(语块、匹配的非语块)和语境因素的共同作用,可将"语境可能性"作为协变量,将实验刺激材料类型作为固定因素,与反应时这一因变量作协方差分析。

当语境可能性作为协变量得到控制后,作为刺激材料的语块与非语块在反应时上的差异如下:二语者在句子语境下,两类刺激材料的阅读反应时差异显著($F(1, 27)=16.56$,$p<.001$,$\eta^2=0.318$);相反,母语者在句子语境下,两类刺激材料的阅读反应时差异不显著($F(1, 27)=1.32$,$p=0.260$,$\eta^2=0.025$)。

四 综合讨论

4.1 无语境条件下的语块加工

在不考虑句子语境条件下,单纯观察参与者阅读语块与匹配非语块的反应时,结果显示无论何种类型的参与者,其语块阅读反应时均小于匹配非语块阅读反应时。从这一结果来看,即使是在句子语境条件下,单纯考虑刺激材料的阅读反应时,无论是二语者还是母语者,都表现出了语块加工速度快于匹配非语块的加工速度。如同单纯呈现刺激材料那样,二语者和母语者在加工汉语语块时,同样表现出了一种趋同态势,即没有过多去拆分语块这一字符串的内部构造成分,而是在共时层面上整体加工这类结构。

上述结果同郑航等(2016)的实验结果一致。郑文通过设计无语境的词汇判断任务,考察二语者与母语者的语块加工情况,两类参与者的语块反应时明显快于非语块,验证了语块加工优势效应假说。语块是预制性的、整体性的语言使用单位,其形式与意义是早就固定好的,无论处于何种语境,语块的意义不会发生太大变化。不论是孤立出现的单个语块,还是出现在语境中的语块,只要是同一个语言使用单位,那它的意义就是事先预制好的。因此,使用者对处于句子语境中的语块识别、处理与认知加工,不会过多依赖句中所提供的语言信息与提示线索。

4.2 句子语境条件下的语块加工

在句子语境条件下,只有高级阶段二语者表现出语块加工的优势效应,而母语者却未有此效应。这一结果同郑航等(2016)的数据结果有一定差别。郑文以中级阶段汉语学习者为研究对象,考察二语者与母语者在有/无语境条件下的语块加工。在有语境的自控步速阅读实验中,郑文认为句子语境对反应时具有贡献,但母语组语块反应时速度优势消失,二语组反应时显著性缩短。本研究结果同样认为,句子语境条件下,母语组语块与非语块阅读反应时区别不明显;但高级阶段二语者反应时却显著性增加。出现这一差别的主要原因在于,郑文所选二语者为中级阶段,而本研究二语者均为高级阶段。同中级阶段相比,高级阶段二语者具有更强的汉语能力,他们对语境提供的语言信息与线索,更易感知并能较快将其运用于自身的汉语加工中。但高级阶段二语者语境语块加工结果,却显著不同于母语者。母语者对处于句子语境中的语块识别、处理与认知加工,不会过多依赖句中所提供的语言信息与提示线索。因此,母语者语境条件下的语块与非语块加工,不具有较大的反应时差异。相反,单独呈现的语块会对母语者的反应时带来较大影响。

尽管母语者不会像高级阶段二语者那样,过多使用句子提供的语言信息与提示线索,但这些信息与线索或多或少也会帮助母语者加工刺激材料。正是句子语境所提供的一系列解读线索,促使母语者加快了对非语块项目的识别、处理与认知加工,继而缩短了非语块与语块之间的心理加工时间。同时,由于语块具有预制性、整体性特征,仍会帮助母语者更加迅速地加工这些语言单位。因此,在阅读反应时的绝对值方面,仍是语块用时短于非语块。可见,句子语境这个重要因素,为母语者的非语块加工提供了较好的帮助,促使他们进一步缩小语块与非语块之间的加工时间差距。

同时,也可以观察到,刺激材料类型与阅读反应时之间的最大差异,体现在了母语者身上。当不考虑句子语境时,单独计算语块与匹配非语块的阅读反应时差异,母语者具有显著差异。但当这些刺激材料进入句子后,母语者的阅读反应时差异却不显著。这一结果说明,母语者在加工处理语块和非语块时,并未完全受到这些刺激材料所处句子语境的影响。在语块与非语块的心理加工方面,语境并不能为母语者提供更多的解读线索,反而使他们暂时失去了对这两类刺激材料类型区分的敏感度。只有当这些刺激材料单独呈现时,母语者才会意识到它们的差异。这种结果同二语者的加工情况很不同。从这一点上可以说明,即使是高级阶段二语者,也很难做到像母语者那样加工与处理汉语的语块与非语块。

此外,语境可能性或与刺激材料的类型存在相关性。对于二语者来说,语境可能性对语块阅读的促进作用,会比对非语块阅读的促进作用更为明显。然而,这一促进作用并未在母语者身上发现。也就是说,语境可能性对母语者的语块和非语块阅读,或具有同等作用。

4.3 跨语言背景语块加工对比

对比二语者和母语者的语言加工数据,不仅是二语加工研究中所需要的操作,还可借此深入探讨二语者与母语者之间是否"共享一套相似的语言加工与处理机制"。就本研究而言,跨语言背景下刺激材料的心理加工对比,同样可从两个方面入手分析。一是不考虑语境条件的刺激材料加工对比分析,二是考虑语境条件的刺激材料加工对比分析。

句子阅读过程中,在不考虑语境限制条件下,高级阶段二语者和汉语母语者在刺激材料心理加工方面,都呈现出了非语块的加工时间向语块的加工时间趋近的整体态势。由此可以看出,无论是语块还是非语块,如果出现在一定的句子语境中,都会比单独出现时所花费的心理加工时间更少,而且加工这两类刺激材料之间的时间差距也在缩小。因此，句子语境在一定程度上可以缩短语块和非语块的心理加工时间，句子语境所提供的语言信息和提示线索有助于阅读者识别、加工及处理刺激材料。

尽管二语者和母语者在句子语境下加工刺激材料的反应时呈现出相同的走向，但是对这两类参与者的阅读反应时做横向对比，则显现出了一定的差异。这说明，虽然高级阶段二语者的阅读时间可以不断逼近汉语母语者，甚至二者出现相同的阅读时间变化趋势，然而这一阶段的二语者始终无法完全像母语者那样，对所给出的语块和非语块进行相似的认知加工。这两类参与者各自拥有一套属于自己的语言认知加工与处理机制，在某些方面可以表现出相同的发展态势，但他们终究还是"各行其道"。此外，句子语境的出现进一步拉大了语块和非语块的阅读时长差异，促使参与者对语块的加工时间变得更短。尽管此时参与者对非语块的加工时间也明显缩短，但是句子语境使得语块加工时间缩短的程度大大超过非语块。由此可以发现，句子语境对语块阅读具有较大的促进作用，而这一促进作用大于对非语块阅读的促进作用。句子语境为参与者提供了较多的语块认知加工线索，可以促使他们减少对语块的识别与处理时间，从而加快语块的心理加工速度。同时，得益于句子语境的帮助，这两类参与者充分使用了实验句子材料所提供的信息线索，进一步缩小了二者在句中语块的阅读反应时时长差异，使得他们的语块阅读时间逐步接近。

尽管在句子语境的促进作用方面，这两类参与者显现出相同的结果，但他们在刺激材料的阅读反应时对比上，仍存在显著差异。高级阶段二语者在语境的使用上，虽然可以保持与汉语母语者相同的情形，但二者在阅读反应时上，却始终存在着不可逾越的"鸿沟"。因此，汉语二语者可以在目的语中不断趋近于母语者的某些语言行为表现，做出一些类似母语者的语言认知行为，可是他们终究不能像母语者那样加工和处理汉语。

五 结语

本研究以二语者和母语者为实验对象，通过考察他们在汉语句子语境中的语块加工，进一步探究了语块加工的优势效应，以及语境对语块加工的影响作用。本研究初步获得以下几项结论。第一，无论是母语者还是二语者，对汉语语块的心理加工均呈现出"整体加工"的态势，语块的加工优势效应是较为显著的。第二，语境对二语者的汉语语块认知加工具有一定的促进作用。这种促进作用对语块的影响要大于对非语块的影响。第三，即使是高级阶段的汉语二语者，也无法做到完全像母语者那样认知加工语块，尽管这两类参与者有着较为相近的实验数据走势。高级阶段二语者的中介语状态始终影响着他们对汉语的认知加工，要完全做到像母语者那样的语言认知加工行为，是较难的。

语块加工实验证明其整体加工方式的存在,这为语块教学提供了最为直接的证据。同时,语境所提供的语言信息有助于二语者快速、顺畅且准确地加工语块。在以往的语块教学研究中,存在语块的识别教学、课堂介入教学及认知教学等方法,这些教学方法同样是建立在实证研究基础之上的。在汉语二语教学领域,研究者相继提出了"定式教学法"(teaching in chunks)(靳洪刚 2016)和"语块法"(张博 2020)等关于语块的课堂教学方法。上述语块教学方法,都是在清晰认识语块加工方式后所开展的进一步应用探索。但是,现有的加工研究和教学方法研究,在一定程度上忽视了语境这一重要因素对二语者的影响。单独呈现的语块,由于没有语境的帮助,很难较好地开展讲解。二语者的语块加工受到语境影响,若将语块置于相应的句子语境下,通过前后语言信息的提示,则有利于提高二语者对其的感知与认识,从而提升语块的习得效率。这就要求教学者找到合适的语境条件,以此助推二语者的语块认知加工。接下来的相关应用研究,需更为重视语境在二语者语块理解、习得、产出及教材编写等方面的作用。

注　释

① 语义角度,指语块意义的整体性、凝固性、规约性及不可类推性等。语法角度,与结构紧密相关,且这一维度重在共现频率与搭配强度的计算。语用角度,关注语块实现的功能,包括话语信息组织、连贯的文本构建、元话语功能实现、人际意义表达等。

② 本研究使用 $MI = log_2 \dfrac{f(xy)N}{f(x)f(y)}$ 计算互信息值。XY 是由两个语言单位成分构成的语块,在同一语料库中检索,分别得到 XY 搭配出现的频次 $f(xy)$,以及 X 和 Y 单独出现的频次 $f(x)$ 和 $f(y)$。同时,查询或计算得到所使用语料库的规模大小,并以总词数 N 来计数。

③ 本研究为了顺利获得刺激材料的语境量化结果,依据 N 元语法模型,通过计算字符串中两个相邻语言单位条件概率的乘积来完成,计算公式为:$P(w_3|w_1,w_2) \approx P(w_2|w_1) \times P(w_3|w_2) = f(w_2|w_1) \times f(w_3|w_2) = \dfrac{C(w_1,w_2)}{C(w_1)} \times \dfrac{C(w_2,w_3)}{C(w_2)}$。该公式中的各分子均是相邻两个语言单位共现的频次,而分母则是其中某一个语言单位(某一个确定的词语)出现的频次。一般情况下,在同一语料库中,相邻两个语言单位共现的频次,总是小于其中某一个语言单位出现的频次。这样一来,分母的数值就会远远大于分子的数值,相除以后再进行乘法运算,从而导致最终的乘积将处于(0,1)这个范围之内。因此,研究者对此公式运算的数据,进行相应对数转换后,取 log 值作为其最终的语境量化结果,并使用 $log(3\text{-}gram)$ 来表示语境的可能性。

④ 实验材料见附录。

参考文献

丁　洁(2006)汉语口语习用语语块的特性及其重要意义,《湖北社会科学》第 7 期。

干红梅(2014)语境对汉语阅读过程中词汇学习的影响——一项基于眼动技术的实验研究,《汉语学习》第 2 期。

高 珊(2017)母语者和第二语言学习者汉语阅读中语块加工优势的眼动研究,《世界汉语教学》第 4 期。

洪 炜、冯 聪、郑在佑(2017)语义透明度、语境强度及词汇复现频率对汉语二语词汇习得的影响,《现代外语》第 4 期。

贾光茂、杜 英 (2008)汉语"语块"的结构与功能研究,《暨南大学华文学院学报》第 2 期。

江 新、房艳霞(2012)语境和构词法线索对外国学生汉语词义猜测的作用,《心理学报》第 1 期。

江 新、李璧聪(2017)不同语言水平和母语背景的汉语二语者语块使用研究,《解放军外国语学院学报》第 6 期。

靳洪刚(2016)从语言组块研究谈语言定式教学法,《国际汉语教育(中英文)》第 1 期。

孔令跃 (2018)对外汉语教学语块研究述评,《华文教学与研究》第 1 期。

刘运同(2004)词汇短语的范围和分类,《湖北社会科学》第 9 期。

钱旭菁(2008)汉语语块研究初探,《北京大学学报(哲学社会科学版)》第 5 期。

王凤兰、于屏方、许 琨 (2017)基于语料库的汉语语块分类研究,《语言与翻译》第 3 期。

王玮琦、易 维、鹿士义(2021)句子语境类型对汉语二语学习者伴随性词汇习得的影响,《世界汉语教学》第 3 期。

吴继峰(2016)频率和汉语水平对汉语二语者非习语语块加工的影响,《第二语言学习研究》第 2 期。

薛小芳、施春宏(2013)语块的性质及汉语语块系统的层级关系,《当代修辞学》第 3 期。

易 维、鹿士义(2013)语块的心理现实性,《心理科学进展》第 12 期。

张 博 (2020)"语素法""语块法"的要义及应用,《语言教学与研究》第 4 期。

郑 航、李 慧、王一一 (2016)语境中语块的加工及其影响因素——以中级汉语学习者为例,《世界汉语教学》第 3 期。

郑 航、张 妍、Melissa Bowles(2020)高级汉语学习者语块识解研究——来自有声思维法的启示,《世界汉语教学》第 3 期。

周 健(2007)语块教学在培养汉语语感中的作用,《第八届国际汉语教学讨论会论文选》(《第八届国际汉语教学讨论会论文选》编辑委员会编),142—150 页,高等教育出版社。

Carrol, G. & Conklin, K. (2020) Is all formulaic language created equal? Unpacking the processing advantage for different types of formulaic sequences. *Language and Speech*, 63(1), 95—122.

Conklin, K. & Schmitt, N. (2008) Formulaic sequences: Are they processed more quickly than nonformulaic language by native and nonnative speakers? *Applied Linguistics*, 29(1), 72—89.

Conklin, K. & Schmitt, N. (2012) The processing of formulaic language. *Annual Review of Applied Linguistics*, 32, 45—61.

Durrant, P. & Schmitt, N. (2009) To what extent do native and non-native writers make use of collocations? *International Review of Applied Linguistics in Language Teaching*, 47(2), 157—177.

Ellis, N. C., Simpson-Vlach, R. & Maynard, C. (2008) Formulaic language in native and second language speakers: Psycholinguistics, corpus linguistics, and TESOL. *TESOL Quarterly*, 42(3), 375−396.

Jeong, H. & Jiang, N. (2019) Representation and processing of lexical bundles: Evidence from word monitoring. *System*, 80,188−198.

Jiang, N. & Nekrasova, T. M. (2007) The processing of formulaic sequences by second language speakers. *The Modern Language Journal*, 91(3), 433−445.

Lu, X. & Wang, J. (2022) What does the processing of chunks by learners of Chinese tell us? An acceptability judgment investigation. *International Review of Applied Linguistics in Language Teaching*, 60(4), 1−28.

Miller, G. (1956) Human memory and the storage of information. *IRE Transactions on Information Theory*, 2(3), 129−137.

Pawley, A. & Syder, F. H. (1983) Two puzzles for linguistic theory: Nativelike selection and nativelike fluency. In Richards, J. C. & Schmidt, R. W. (eds.). *Language and Communication*, 191−226. London: Longman.

Schmitt, N. & Underwood, G. (2004) Exploring the processing of formulaic sequences through a self-paced reading task. In Schmitt, N. (ed.). *Formulaic Sequences: Acquisition, Processing and Use*, 173−189. Amsterdam: John Benjamins.

Siyanova-Chanturia, A. (2015) On the "holistic" nature of formulaic language. *Corpus Linguistics and Linguistic Theory*, 11(2), 285−301.

Siyanova-Chanturia, A., Conklin, K. & van Heuven, W. J. B. (2011) Seeing a phrase "time and again" matters: The role of phrasal frequency in the processing of multiword sequences. *Journal of Experimental Psychology: Learning, Memory and Cognition*, 37(3), 776−784.

Sonbul, S. & Schmitt, N. (2013) Explicit and implicit lexical knowledge: Acquisition of collocations under different input conditions. *Language Learning*, 63(1), 121−159.

Tremblay, A. & Baayen, H. (2010) Holistic processing of regular four-word sequence: A behavioral and ERP study of the effects of structure, frequency, and probability on immediate free recall. In Wood, D. (ed.). *Perspectives on Formulaic Language: Acquisition and Communication*, 151−173. London: Continuum.

Tremblay, A., Derwing, B., Libben, G. & Westbury, C. (2011) Processing advantages of lexical bundles: Evidence from self-paced reading and sentence recall tasks. *Language Learning*, 61(2), 569−613.

Underwood, G., Schmitt, N. & Galpin, A. (2004) The eyes have it: An eye-movement study into the processing of formulaic sequences. In Schmitt, N. (ed.). *Formulaic Sequences: Acquisition, Processing and Use*, 153−172. Amsterdam: John Benjamins.

van den Broek, G. S. E., Takashima, A., Segers, E. & Verhoeven, L. (2018) Contextual richness and word learning: Context enhances comprehension but retrieval enhances retention. *Language Learning*, 68(2), 546—585.

Vihman, M. M. (1982) Formulas in first and second language acquisition. In Obler, L. K. & Menn, L. (eds.). *Exceptional Language and Linguistics*, 261—284. New York: Academic Press.

Wray, A. (2002) *Formulaic Language and the Lexicon*. Cambridge: Cambridge University Press.

Yi, W., Lu, S. & Dekeyser, R. (2022) Orthographic, semantic, and contextual influences on initial processing and learning of novel words during reading: Evidence from eye movements. *Chinese Journal of Applied Linguistics*, 45(2), 194—219.

Zheng, H., Bowles, M. A. & Packard, J. L. (2021) NS and NNS processing of idioms and nonidiom formulaic sequences: What can reaction times and think-alouds tell us? *Applied Psycholinguistics*, 43(2), 363—388.

附录:实验材料

句子编码	语境句	log(3-gram)
FS-1	这道菜的味道与我做的菜相比,真是**差不多**。	−5.14
NFS-1	这道菜的味道与我做的菜相比,真是**差远了**。	−6.80
FS-2	我不喜欢坐**出租车**,它的空间太小了。	−5.92
NFS-2	我不喜欢坐**小汽车**,它的空间太小了。	−6.85
FS-3	发生了这件事后,他十分**对不起**他的朋友。	−7.48
NFS-3	发生了这件事后,他十分**看不起**他的朋友。	−8.12
FS-4	有人**打电话**说,那个牌子的香水要降价了。	−5.62
NFS-4	有人**打广告**说,那个牌子的香水要降价了。	−7.48
FS-5	如果你对音乐**感兴趣**,那就去这所学校读书。	−7.66
NFS-5	如果你对音乐**没兴趣**,那就去这所学校读书。	−8.66
FS-6	爷爷来了,你最好不要**开玩笑**。	−4.96
NFS-6	爷爷来了,你最好不要**开空调**。	−7.28
FS-7	他们今天**看起来**不错,下午准备去爬山。	−7.04
NFS-7	他们今天**看天气**不错,下午准备去爬山。	−9.27
FS-8	这个地方**看上去**还挺好的,我们明天就来这儿吧。	−6.39
NFS-8	这个地方**看表演**还挺好的,我们明天就来这儿吧。	−7.80

续表

句子编码	语境句	$log(3\text{-}gram)$
FS-9	爸爸说今天**没关系**,可以出去玩。	−8.42
NFS-9	爸爸说今天**没作业**,可以出去玩。	−9.02
FS-10	面对他这样的人,你怎么就**忍不住**呢?	−5.21
NFS-10	面对他这样的人,你怎么就**忍得了**呢?	−8.54
FS-11	父亲身体不好,他**舍不得**这些东西。	−7.59
NFS-11	父亲身体不好,他**吃不得**这些东西。	−10.12
FS-12	听说大米价格要上涨,但**事实上**并没有这样的消息。	−6.40
NFS-12	听说大米价格要上涨,但**报纸上**并没有这样的消息。	−8.70
FS-13	下课后,我们一起去学校**图书馆**看书吧。	−5.55
NFS-13	下课后,我们一起去学校**图书室**看书吧。	−6.60
FS-14	这位先生是一位很**有意思**的医生。	−5.15
NFS-14	这位先生是一位很**有经验**的医生。	−6.25
FS-15	我的脚受伤了,是老师用**自行车**送我回的家。	−6.47
NFS-15	我的脚受伤了,是老师用**奔驰车**送我回的家。	−8.96

注:"FS"为含有语块的句子,"NFS"为含有匹配非语块的句子。$log(3\text{-}gram)$为语境可能性。黑体显示项目即为语块与匹配非语块的目标项。

作者简介

陈肯,厦门大学国际中文教育学院/海外教育学院助理教授,国家语言资源监测与研究教育教材中心研究员,研究方向为专门用途中文、二语习得与认知加工、国际中文教材史。Email:chenken@xmu.edu.cn。

面向日本汉语学习者的"××家"日汉对比研究

髙田美樱子

北京大学对外汉语教育学院

提　要　日语中存在大量与汉语同形的表人派生词。本文以日本汉语学习者的视角，基于从现代日语书面语均衡语料库（BCCWJ）中提取的三音节"××家"表人派生词，进行了日汉对比研究。从数量、类别和语义三个方面考察了日语和汉语中"××家"类同形派生词的异同。研究发现，汉语中的"××家"派生词在数量和类别上均不如日语丰富，主要原因有以下三点：首先，日汉"××家"对行业的划分不同，日语的行业划分更为细致；其次，日汉"××家"的语义范围存在差异；最后，日语中"××家"具有较强的能产性和生成周遍性。此外，日汉"××家"派生词在语义上也存在显著差异，日语中的"××家"可以表示"具有某种特征的人"，而汉语中的"××家"更强调某人在某领域的成就或贡献。

关键词　日本汉语学习者　表人后缀　"××家"　日汉对比

一　引言

"在汉语的词缀中，名词后缀是数量最多，开放性也最强的一类，而名词后缀中又以指人的数量最多"（杨信川1997）。"家"是日汉同形后缀[①]，日语中存在大量的"××家"[②]类派生词，日汉语义相近，对于日本汉语学习者来说更容易混淆。我们使用HSK动态作文语料库，对日本汉语学习者的由"×家"构成的表人派生词的偏误进行了整理，发现偏误主要集中在由表人后缀"家"构成的三字词上。日本学习者受到母语负迁移的影响，有直接将日语汉字词用到汉语中的倾向，这一点在三音节表人派生词"××家"的偏误中尤为突出。

关于日汉对照的表人派生词研究，"×家"和"×者"都是其中的重点。当前，日汉表人后缀的对比研究较少，现有研究主要集中在"×家"和"×者"上，对于日汉"××家"差异的探讨略有涉及，主要关注两个方面。一是对日汉"×家"是否对应的探讨。翟东娜（2003）从词典中收集了部分以"家"为词尾的汉语和日语词汇，从形态和语义方面研究了中日两国词汇中"×家"的对应情况，如都存在"艺术家""评论家""美食家"等。研也发现汉语的"×家"与日语「～者」[3]对译的情况，如"科学家"与「科学者」、"物理学家"与「物理学者」。二是对日汉"×家"的异同研究。田云怡（2015）在前人研究的基础上，使用现代日语书面语均衡语料库和国家语委现代汉语平衡语料库开展了系统全面的考察，发现在现代汉语和日语词汇中三音节的"××家"数量最多。在词性方面，汉语"××家"的词根部分是动词略多于名词，而日语的「～家」的词根部分以名词居多。在汉语中像"姑娘家""老人家"这样完全语法化的"×家"的用法在日语中不存在。该研究并未分析日汉"×家"的语义差异。日汉表人派生词"××家"的对比研究需深入挖掘。本文将采用语料库的真实语料，全面对比分析日汉"××家"的异同，以期为日本汉语学习者提供参考。

二 日汉"××家"同形派生词的语义分类及对应情况

本文使用的语料库为『現代日本語書き言葉均衡コーパス』[4]（现代日语书面语均衡语料库，Balanced Corpus of Contemporary Written Japanese，以下简称BCCWJ语料库）、国家语委现代汉语平衡语料库[5]（以下简称国家语委语料库）和北京大学CCL语料库[6]（以下简称CCL语料库）。本文将三音节"××家"作为研究对象，首先在BCCWJ语料库中检索"××家"，对提取出的"××家"进行筛选与整理，然后将提取出的日语派生词分别在国家语委语料库和CCL语料库中进行检索，最后对检索结果进行归类分析。

2.1 日语"××家"的语义分类

在BCCWJ语料库中，以后缀「～家」构成的派生词为对象，设定"词根"为检索条件，对该类派生词的词根类型进行统计。结果显示，可识别词根的派生词共计30,044条，其中以"汉语词"[7]为词根的数量最多，占比高达77.29%。由此可见，日语中由表人后缀「～家」组成的派生词大多数都是汉语词，详见表1。

表1 BCCWJ语料库中以「～家」为后缀的派生词词根类型分布

词根	数量（占比）
汉语词+家	23286（77.29%）
专有名词[8]+家	6182（20.52%）
和语词[9]+家	370（1.23%）
外来词[10]+家	177（0.59%）
记号（英文、数字）+家	15（0.05%）
混合词[11]+家	14（0.05%）

根据语料库的检索结果，词根为名词的「～家」派生词共计29,889条，可见日语中「～家」派生词的词根多为名词。进一步利用语料库的筛选功能，剔除「徳川家」「田中家」

等表家族的专有名词,仅保留以普通名词为词根、以「～家」为表人后缀的派生词,最终获得语料23,430条。

在上述23,430条语料中,共识别出1,129个不同的派生词。对其出现频次进行归类整理后发现,出现频次在100次以上的派生词共有35个,50次以上的为51个。此外,出现频次在1,000次以上的派生词有3个,分别为「専門家」「政治家」和「投資家」。具体派生词频次及数量详见表2。

表2　BCCWJ语料库中「～家」派生词频次及数量

频次	数量
1000次以上	3
500次以上	8
400次以上	11
100次以上	35
50次以上	51

注：低频次包含高频次。

我们筛选出了日语中较为常用的、出现频次为14次以上的100个三音节派生词。100个常用的日语派生词中,有8个常常与其他名词一起搭配使用,如「料理研究家」「人権運動家」「音楽愛好家」,这一类不常独立使用的派生词,我们暂不做讨论。我们将余下的92个日语派生词作为日语中常用的"××家"。

田村泰男(2010)将日语中由表人后缀「～家」构成的派生词分为两大类。第一类,词根是与学问、技术、手艺或政治、经济等方面相关的词汇,表示从事该领域、职业的人或专门从事某一领域的专家。第二类,表示在某件事上具有比较明显的特征或倾向的人。我们在前人研究的基础上,将这两类进一步进行细分。对日语派生词的语义判断主要依据『大辞泉』,并结合词典释义和语感判断进行分类。发现日语"××家"可以分为两大类四小类。第一大类表示从事某职业或某领域的专家,可以再分为两小类。①词根部分为具体的职业或事业,工作内容一目了然,如「漫画家」「小説家」等。「小説家」在词典中的释义是以写小说为职业的人。「小説家」的工作内容就是"写小说",该派生词隐含了动词"写",可以通过人们对词根部分的理解,解释其事业或职业。②词根部分为抽象的领域,工作内容比较模糊、不太清晰,如「芸術家」「歴史家」等。「歴史家」在词典中的释义是专攻历史研究的学者,我们并不能根据对词根部分的理解,说明其工作内容。第二大类表示有某种特征或倾向的人,根据提取出的派生词也可以细分为两小类。①对某人的印象、特征的描述。某人物的性格、特点,如「努力家」(不断努力的人)、「自信家」(很有自信的人)。

②具有某种兴趣、爱好的人或是喜爱、厌恶什么的人，如「美食家」（指讲究吃喝，喜欢吃奢侈美味的人）、「旅行家」（经常旅行的人、喜欢旅行的人）、「愛煙家」（喜欢抽烟的人）。按照四种分类标准，日语中常用的92个"××家"可以划分为以下四类，详见表3。

表3 常用的日语"××家"及语义分类

语义	分类标准	日语派生词（92个）
词根是与学问、技术、手艺或政治、经济等方面相关的词汇，表示从事该领域、职业的人或专门从事某一领域的专家	1.具体从事的职业、做什么事情的人（44个，47.83%）	評論家、作曲家、小説家、建築家、音楽家、写真家、批評家、漫画家、彫刻家、演出家、法律家、演奏家、劇作家、脚本家、落語家、銀行家、実演家、登山家、美術家、陶芸家、酪農家、作詞家、格闘家、翻訳家、洋画家、著述家、舞踊家[12]、文筆家、声楽家、版画家、柔道家、書評家、林業家、園芸家、著作家、武道家、酒造家、工芸家、修復家、造園家、設計家、空手家、篤農家、染織家
	2.从事某抽象领域工作的人（21个，22.83%）	政治家、投資家、芸術家、思想家、歴史家、資本家、起業家、実業家、活動家、企業家、革命家、宗教家、探検家、事業家、発明家、実務家、冒険家、戦略家、投機家、教育家、文芸家
表示在某件事上具有比较明显的特征或倾向的人	3.具有某种性格、特点的人（21个，22.83%）	資産家、理論家*、野心家、努力家、自信家、楽天家、浪費家、篤志家、夢想家、好事家、素封家、名望家、勉強家、倹約家、財産家、雄弁家、空想家、理想家、情熱家、人情家、社交家
	4.具有某种兴趣、好恶的人（6个，6.51%）	収集家、美食家*、愛犬家、愛煙家、旅行家*、読書家

注：日语派生词按照频次排列，*表示该派生词日汉类别不同。

从表3可以看出，在日语"××家"类派生词中，最多的是表示具体从事的职业、做什么事情的人的"××家"派生词，共44个，在我们提取出的派生词中占47.83%。而表示具有某种兴趣、好恶的人的"××家"派生词最少。

2.2 汉语"××家"的语义分类

我们分别在国家语委语料库和CCL语料库中检索这些日语派生词对应的汉语同形派生词，将同时出现在两个语料库中且我们认为在汉语中是常用的"××家"类派生词作为我们的研究对象。我们在语料库搜索结果的基础上，请五位汉语母语者进行主观的判断，去除了有三位以上的母语者认为不常用的派生词。经过筛选，结果见表4。

表4 常用的汉语"××家"类同形派生词及语义分类

语义	分类标准	汉语派生词（39个）
词根是与学问、技术、手艺或政治、经济等方面相关的词汇，表示从事该领域、职业的人或专门从事某一领域的专家	1.具体从事的职业、做什么事情的人（17个，44%）	评论家、作曲家、小说家、批评家、音乐家、美术家、漫画家、雕刻家、演奏家、剧作家、银行家、翻译家、舞蹈家、声乐家、版画家、园艺家、工艺家
	2.从事某抽象领域工作的人（20个，51%）	政治家、投资家、艺术家、思想家、历史家、资本家、实业家、活动家、企业家、革命家、宗教家、探险家、发明家、冒险家、战略家、教育家、文艺家、理论家*、美食家*、旅行家*
表示在某件事上具有比较明显的特征或倾向的人	3.具有某种性格、特点的人（2个，5%）	野心家、梦想家
	4.具有某种兴趣、好恶的人（0个）	—

注：汉语派生词按频次排列，*表示该派生词日汉类别不同。

我们在国家语委语料库和CCL语料库中检索92个常用的日语"××家"，发现汉语中的同形派生词有39个。为了后续的对比分析，我们按照和日语派生词相同的框架，进行了分类。对汉语派生词的语义判断依据《现代汉语词典》（第7版），结合了词典释义和语感判断。发现汉语中的"××家"类同形派生词主要集中在表示从事某一领域、职业的人或专门从事某一领域的专家，取得一定成就的人。而表示在某件事上具有比较明显的特征或倾向的人这一语义的汉语派生词很少。

进一步分析得出的数据，可以发现92个常用的日语"××家"中表示"具体从事的职业、做什么事情的人"的派生词共44个，约占总数的一半，是所有分类中数量最多的。而汉语中的同形派生词数量较少，共17个。"从事某抽象领域工作的人"的日汉同形派生词数量几乎相同。日语中"表示在某件事上具有比较明显的特征或倾向的人"类派生词共27个，此类汉语同形派生词仅有2个。日汉同形派生词"××家"的对比情况见表5。

表5　日汉"××家"对比

"××家"	1. 具体从事的职业、事情	2. 抽象领域工作	3. 性格、特点	4. 兴趣、好恶
日语	○	○	○	○
汉语	△	○	×	×

注：○表示有一定数量存在；△表示存在但是数量不多；×表示数量很少，几乎不存在。

接下来，我们将根据上述结果进行详细的对比分析，尝试归纳出日汉"××家"的差异。

三　日汉同形的"××家"类派生词的对比分析

在"××家"的四个语义类中，"××家"的第一大类，表示从事某一领域、职业的人或专门从事某一领域的专家，我们发现这类词可以分为具体的职业和抽象的领域两类。"××家"的第二大类表示在某件事上具有比较明显的特征或倾向的人。在日语中这一类派生词数量颇多，而汉语中为数不多。

3.1　具体从事的职业、做什么事情的人

这一类的日语派生词一共44个，整体呈现出分类细致、具体且指向明确的特点。而汉语常用的对应表达有17个，在数量上少了很多。通过对比分析，我们发现日语常用但汉语不使用的"××家"主要集中在以下三类，见表6。

表6　在汉语中不使用的"××家"

类别	派生词举例
艺术创作与表演类	写真家、演出家、脚本家、実演家、洋画家、文筆家
养殖、制造与传统技艺类	酪農家、林業家、酒造家、修復家、造園家、染織家、篤農家
日本特有文化类	落語家、格闘家、柔道家、武道家、空手家

①艺术创作与表演类：此类词汇指从事文艺创作或实际表演活动的个体。如：「实演家」指实际登台进行表演的人，包括演员、舞蹈家、演奏家、歌唱家等；「文筆家」是从事写作工作的人；从事绘画创作的「画家」按表现形式细分为「洋画家」（西洋画、油画）、「版画家」（版画、木刻）、「劇画家」③（连环画）、「南画家」（南宗画）、「童画家」（儿童画）等。此外，「脚本家」和「戯曲家」分别指撰写影视剧脚本及舞台剧剧本的创作者，皆可归类为「劇作家」（从事戏剧脚本或剧本创作的人）。而在现代汉语中，此类职业通常统一称为"剧作家"，细分用语较少见。②养殖、制造与传统技艺类：此类词汇主要涉及农业、手工制造及传统工艺职业。如：「酪農家」指从事奶牛饲养与乳制品生产的人；「篤農家」意指热衷农业、积极投身农耕活动的农户；「酒造家」为传统酿酒技艺的从业者；「染織家」指从事染色与织布工作的人；「修復家」指专门从事文物、艺术品等的修复工作的人。此类词汇多用于强调从业者在专业技能与手工艺方面的造诣，而汉语则多以"匠人"一类词语描述，鲜见以"××家"表述。③日本特有文化类：该类词汇反映日本传统文化或武道体系中的从业者或技艺传承者，如「落語家」（从事落语表演的艺人）、「空手家」（空手道专家）、「柔道家」（柔道专家）等。

3.2　从事某抽象领域工作的人

这一类日汉派生词的对应情况与第一类词根部分相比，显然词根部分表示比较抽象、笼统的领域的日汉同形派生词更多。这一类的日语派生词一共21个，在两个汉语语料库中都存在的派生词有17个，数量差异不大。其中有2个在汉语中不常使用的日语派生词分别是「起業家」（"创业家"）和「実務家」（从事实际业务的人），词根部分均为和语词。在这一类中，我们还发现有三个派生词日汉分类不同，分别是"理论家""美食家"和"旅行家"。这三个派生词在汉语中都属于"从事某抽象领域工作的人"，而在日语中「理論家」指擅长或是喜欢理论的人，属于"具有某种性格、特点的人"，"美食家""旅行家"属于"具有某种兴趣、好恶的人"。

3.3　具有某种性格、特点的人

日汉"××家"的差别在这一类中是最明显的。这一类常用的日语派生词一共21个，而汉语中较为常用的仅有2个，分别是"野心家"和"梦想家"。日语"××家"大多是对某人的印象、特征的描述。因此在日语中"性格+家"的派生词数量较多，此类派生词可用来直接形容一个人，有褒贬义，如：「樂天家」（乐观的人）、「努力家」（不断努力的人）、「自信家」（有自信的人）、「浪費家」（铺张浪费的人）、「勉強家」（热爱学习的人）、「倹約家」（节约的人）、「情熱家」（热情的人）、「人情家」（有人情味的人）等。我们发现在日语中，这一类派生词具有周遍性，任何同类的描述人的性格或是特征的词语都可以组成"××家",如「妄想家」、「嫉妬家」、「非情家」(非情:冷酷无情、麻木不仁的)等词在词典或是网络中都查无说明,很有可能是因临时需要加上表人后缀「～家」,形容某一个人物。而汉语中这一种情况非常少。

3.4 具有某种兴趣、好恶的人

这一类日语派生词我们提取出6个,而在汉语中都不常用。在日语中,「愛好家」前接某事物,可以表示喜欢、热爱某事物的人;「愛用家」前加某物,可以表示喜爱使用某物的人。我们发现在日语中「愛」加名词,可以组成表示个人喜爱的某物,如:「愛犬」(心爱的狗)、「愛妻」(心爱的妻子)、「愛書」(爱读的书、喜欢读的书)等。此外,日语中有一类词语是直接将喜爱、厌恶某事物的思想感情用来描述某一个人的特征。这一类词汇具有周遍性,同类的词都可以加上表人后缀「～家」,如:喜欢喝××饮品的人可以说是「××愛飲家」,爱护鸟类的「愛鳥家」,喜欢养狗的「愛犬家」等。除了有深爱妻子的「愛妻家」,也有对应的怕老婆的「恐妻家」;嗜好吸烟的「愛煙家」和讨厌别人吸烟的「嫌煙家」。在日语中这一类词汇有不停泛化的趋势,会因为需要描述某人的特征,临时性地组成一个词语。我们在日语语料库中还发现了出现频率不太高的「愛猫家」、「愛酒家」、「愛陶家」(热爱陶艺的人)等。而汉语中我们没有搜索到相关的词汇。

四 日汉同形"××家"类派生词差异分析

通过对比日语和汉语中"××家"类同形派生词,可以发现汉语中的"××家"派生词没有日语这么丰富。日语"××家"类派生词可以分为四类,其中有两类是汉语中不常用或是较少的。从数量和类别来看,汉语"××家"类派生词都较少。汉语"××家"类派生词与日语"××家"相比数量较少的原因主要表现在以下四个方面。

4.1 行业细分不同

日语"××家"有对行业进行细分的特点。有一部分职业,在汉语中对这些职业的认同度还不高,没有专有名词。但是社会中确实存在靠这个维持生计的人,在日语中使用「～家」,表示专门研究或从事这一方面工作的人。有一些职业比较抽象,让人难以想象具体的工作内容,如「格闘家」(格斗)、「剣道家」(剑道)、「武道家」(武道)、「空手家」(空手道)、「柔術家」(柔术)、「砲術家」(火炮技术)等,离我们认知的职业较远,比较抽象。也有较为具体的「養蜂家」、「料理家」、「美容家」、「栽培家」等。再如:日语中「装丁家」是指设计书籍封面、扉页的人,负责一本书外观的整体设计;「寄稿家」是应要求写一篇文章或论文将其发送给出版社,在报纸或刊物上发表的人;「古筆家」指古代笔迹的鉴定专家。由此可见,日语对职业的划分都非常细,只要是存在的职业都有一个专门的职业名称。在我们提取的日语"××家"派生词中，尤其是艺术创作与表演类和养殖、制造与传统技艺类划分较细，而汉语中一般只有在社会中认同度极高的职业，或是抽象的领域才使用"××家"表示。

4.2 语义范围不同

除了职业，日语"××家"有很多表示在某件事上具有比较明显的特征或倾向的人。「～家」在日语中还能表示在某方面有特长的人、具有某种特点的人、拥有某种兴趣爱好的人、喜爱或厌恶某事物的人。性格特点、兴趣爱好都可以加上「家」构成派生词，这一类在汉语中并不常见。虽然汉语中也有表示某人性格特征的，如"野心家"等，但这一类属于边缘义项，汉语"××家"的原型义项主要还是表示在某方面有卓越成就的人。因此汉语"××家"很少用来表示仅在某件事上具有比较明显的特征或倾向的人。而日语中"性格+家"的派生词数量较多，此类派生词可用来直接形容一个人，既有褒义的「努力家」（不断努力的人），也有贬义的「毒舌家」（说话刻薄的人）等。而汉语"××家"中很少有带贬义的派生词。

4.3 日汉"××家"心理距离不同

汉语"××家"的主要义项是表示"在某方面取得一定成就的人"（张未然2016），我们认为"××家"在汉语中是一种荣誉的象征，代表着名誉和社会地位，给人一种高高在上的感觉。我们以日汉同形词"艺术家"为例，日语我们使用了『大辞泉』，汉语使用了《现代汉语词典》（第7版）查询该词义项。我们发现日语「芸術家」指从事艺术作品创作的人，而汉语"艺术家"是指"从事艺术创作或表演而有一定成就的人"，强调"一定成就"，例（1）、例（2）中的"艺术家"分别与"负有盛名的""著名"搭配。

(1) 晚会组织者把全国不少负有盛名的[艺术家]、歌舞演员都请来了，各出新招，创新意，精彩纷呈。

(2) 著名[艺术家]老舍的《茶馆》，极其生动地展现了近代茶馆的情景，反映了旧时代的风貌。

观察汉语语料发现由表人后缀"家"构成的派生词前多接"著名的""最有名的""出色的""一流的""高明的""负有盛名的""世界最伟大的"等词语。因此，汉语"××家"的派生词主要表示从事该领域、职业的人或专门从事某一领域的专家。张未然（2016）从识解差异的角度进行了解释，认为说话人识解由表人后缀"家"构成的汉语派生词时，用的是高仰视视角，与说话人的心理距离远。

再以日汉同形词"政治家"为例，汉语中的"政治家"是指"有政治见识和政治才能并从事政治活动的人，多指国家的领导人物"，汉语"政治家"仅是少数的有巨大成就、受人尊敬并在国家或政党中担任最高级别职务的领导人，如例（3）所示。

（3）1972年1月6日，这位无私无畏、坚持真理的杰出党和国家领导人，卓越的［政治家］、军事家和外交家，在北京逝世。

而日语「政治家」有2个义项。①以政治为职业，专业从事政治工作的人。通常指议会成员。②善于在争端中进行协调，会巧妙地运用策略、有手腕的人。汉语"××家"强调"一定成就"，一般都是功成名就的、被人尊敬的，在专门领域内达到顶级水准的人才有资格被称为"××家"。而在日语中并不强调这一点，仅默认为是有一定成就的人，从事这个行业的人也可以称「～家」。尤其是日语中描述某人物特征的「～家」，任何人都可以套上「～家」的称号。如日语「理論家」除了可以指擅长或是喜欢理论的人，也指只讲理论，不实践、不行动的人。

在汉语中，"××家"更是一种身份，居于高位。因此汉语"××家"很少用来表示仅在某件事上具有比较明显的特征或倾向的人。而日语的「～家」因为可以描述人的特征，使"××家"与说话人的心理距离并不是很遥远，造成了日语「～家」的能产性很强，可以大量类推。和领域、性格、喜好相关的词语都可以临时性地加上「～家」，形成一个名词描述某人物。而汉语中并不存在这种情况，我们认为汉语"××家"的能产性受到了心理距离的限制。

4.4 能产性不同

日语"××家"的能产性很强。与汉语相比，日语的"××家"具有生成周遍性。在常用的日语"××家"中"具体从事的职业、做什么事情的人"约占整体的半数。词根部分只要是和某职业、工作内容相关的名词即可与表人后缀「～家」构成表人派生词，如：养蜂的人是「養蜂家」，从事园艺工作的人是「園芸家」，造酒的人是「酒造家」。词根可以是任何与工作内容相关的词语，如：「写真」（照片）与表人后缀「～家」构成「写真家」，「空手」（空手道）与表人后缀「～家」构成「空手家」等，可以无限生成。此外，日语的"××家"可以描述人物的特征，与说话人的心理距离并不是很遥远，因此造词的随意度也很大，可以大量类推。如「努力」与表人后缀「～家」组成「努力家」（不断努力的人）、「愛犬」（心爱的狗）与表人后缀「～家」组成「愛犬家」（喜欢养狗的人）等。任何描述人的性格或是特征的词语都可以组成"××家"。由此可见，在日语中与工作领域、性格、喜好相关的词语都可以组成"××家"。这就导致了日本汉语学习者在学习汉语时，有生造"××家"类派生词或直接将日语派生词使用到汉语中的倾向。

五　结语

通过对比日语和汉语中由表人后缀"家"构成的三音节派生词，我们发现日语"××

家"的类别和数量都更丰富。日语"××家"可以分成四类，分别是：①具体从事的职业、做什么事情的人；②从事某抽象领域工作的人；③具有某种性格、特点的人；④具有某种兴趣、好恶的人。而汉语"××家"主要集中在前两类，表示具体从事某一职业或从事某一领域工作，并取得一定成就的人。

造成日汉"××家"派生词数量不同的原因，可以总结为以下四个方面。（1）汉语中不存在此类表达方式。日语"××家"有很大一部分是表示在某件事上具有比较明显的特征或倾向的人，如「努力家」「自信家」等，而在汉语中数量很少。（2）汉语中使用其他的形式代替。日语"××家"在表示具体从事的职业、事情时划分得非常细，存在的职业都可以使用"××家"。而汉语中会使用其他形式表示，如日语的「建築家」「設計家」，在汉语中为"建筑师""设计师"。（3）词根部分为和语词的情况。「落語家」是日本单口相声演员，「酒造家」是造酒的人，「情熱家」是热情的人等。（4）日语"××家"的能产性更强。与汉语相比，日语的"××家"能产性更强，造词的随意度也很大。日语的"××家"可以描述人物的特征，与说话人的心理距离并不是很遥远，因此日语"××家"的能产性很强。与工作领域、性格、喜好相关的词语都可以组成"××家"。

汉语"××家"派生词在构词的结构方面与日语相似，差异主要体现在语义上。我们发现即使是日汉同形派生词在语义上也存在细微的差别，造成差别的原因有两点：（1）日语派生词"××家"除了表示"从事该领域、职业的人"，同时还可以表示"具有某种特征的人"；（2）汉语派生词"××家"更强调某人物"有一定成就或贡献"。日本汉语学习者在掌握这些差异的前提下，可以快速地掌握汉语"××家"派生词。

注　释

① 本文并不探究汉语"家"、日语「～家」属于后缀还是类后缀，统称为"表人后缀"。
② 本文以三音节的派生词为研究对象，文中记作"××家"。文中记作"×家""×者"时没有限制。
③ 为区分日汉同形词，本文在描述时，日语使用「　」，汉语使用""，如日语「～家」、汉语"××家"。
④ BCCWJ语料库网址：https：//chunagon.ninjal.ac.jp/bccwj-nt/search。
⑤ 国家语委现代汉语平衡语料库网址：http：//corpus.zhonghuayuwen.org/CnCindex.aspx。
⑥ 北京大学CCL语料库网址：http：//ccl.pku.edu.cn：8080/ccl_corpus/index.jsp。
⑦ 汉语词：一般由汉字构成，并且用音读的方式发音的词汇。现在也有相当数量的汉语词是日本创造的。
⑧ 专有名词：一般为人名、地名、国名、书籍名、歌曲名、公司名称、组织名称等。
⑨ 和语词：指日本固有的词汇。一般用平假名或汉字的训读表示。
⑩ 外来词：狭义的外来词主要指的是日本室町时代以后接受的主要来自欧美的词汇。一般用片假名表示。
⑪ 混合词：由"汉语词""和语词"和"外来词"融合而成的词汇。

⑫ 对于日语与汉语的汉字写法有区别，而意义没有任何区别的派生词，我们也作为日汉同形词处理。如日语「舞踊家」，汉语是"舞蹈家"。

⑬ 此处列举的「劇画家」「南画家」「童画家」「戯曲家」等派生词，虽未达到本研究所设定的出现频次14次以上的高频词标准，但作为「～家」类派生词的语义细分实例，具有一定的代表性，能够较为清楚地展现日语中「～家」类派生词在特定语义领域的细致划分特征，故作为补充例证引用。

参考文献

田云怡（2015）《后缀"–家""–者"的用例分析和中日对比研究》，北京外国语大学硕士学位论文。

杨信川（1997）名词后缀的语义等级，《修辞学习》第3期。

翟东娜（2003）"文学者"与"文学家"——谈谈日汉语后缀"者"和"家"，《日语知识》第5期。

张未然（2016）《基于认知形态学的汉语类词缀构词研究》，北京大学博士学位论文。

中国社会科学院语言研究所词典编辑室（2016）《现代汉语词典》（第7版），商务印书馆。

田村泰男（2010）「人を表す名詞を派生する造語成分について」，広島大学留学生センター紀要（20），11—21。

作者简介

髙田美櫻子，北京大学对外汉语教育学院博士研究生，主要研究方向为语言对比、汉日对比。Email：takadami030@163.com。

图文信息整合下的回指消解

——汉语母语者和二语者的对比研究

张辰怡

剑桥大学理论与应用语言学系

提　要　多媒体学习研究表明,图文结合有助于第二语言习得。然而,图文信息确切的整合过程尚未得到充分探讨,特别是图片是否以及如何影响回指消解仍不清楚。个体差异,比如工作记忆容量和阅读视觉语言的水平,在这一过程中的影响也仍然未知。本研究旨在通过两项实验,研究母语为英语的汉语二语者在回指消解过程中如何整合文本和图像信息。本研究比较了汉语母语者和汉语二语者对汉语复杂时间从句中的显性代词和零元素的理解。汉语母语者更倾向于认为显性代词指代对象为句外成分,而汉语二语者则倾向于将其解释为句子主语。对于零元素,两组被试都认为其指代句中主语成分,但是汉语二语者有着更为刻板的理解。这些结果表明汉语二语者在回指消解习得中易受母语迁移的影响。这为研究被试在图文信息整合下的回指消解奠定了基础。在图文整合时,汉语母语和二语被试并未表现出差异。当图文信息一致时,两组被试都达到了更高的准确性。当图片出现在文本之后时,两组被试处理含显性代词的句子表现优于含零元素的句子;而当图片出现在文本之前时,两组被试处理含零元素的句子表现优于含显性代词的句子。这表明图片会影响回指消解,并且这一影响可以被二语者习得。本实验亦调查了个体差异对回指消解和图文整合加工的影响。汉语母语者的表现与其视觉语言阅读熟练度正相关,而汉语二语者的表现则受到二语水平的影响。另外,视觉空间和言语工作记忆容量对此认知过程均有显著影响。

关键词　回指消解　汉语二语者　多媒体学习　图文整合　工作记忆

一　引言

　　长期以来,文本阅读理解一直是心理语言学研究的重要问题,已有的研究使用了多种范式对此进行了全面研究,包括各种语言的母语者和二语者,也包括语言障碍人群(van Dijk & Kintsch 1983; Long et al. 1990; Garrod & Sanford 1994; Kim et al.

2004；Noble & McCandliss 2005；Ricketts 2011；Linck et al. 2014；Coloma et al. 2020)。然而，在阅读中，读者不仅会遇到文本信息，还会遇到来自图片、视频和其他视觉形式的信息。本研究旨在探究读者如何整合来自图片和文字的信息，并在整合图文信息的同时完成回指消解，从而为语言教育提供建议。

关于文本阅读理解，结构构建框架(Gernsbacher 1995)提出，阅读理解的目标是构建关于文本的概念表征。实现这一目标涉及两个处理阶段。在第一阶段，读者根据最初接收到的信息，奠定文本理解的基础。在第二阶段，读者基于映射和转移两个认知过程，将新接收的信息整合成连贯的心理模型。映射是指将与前置信息相关的信息映射到先前建立的基础上。而当新遇到的信息与前置信息不相关时，读者则会转而构建新的结构，也即转移。映射和转移这两个过程又是由两种处理机制完成的，即增强和抑制。读者可以通过增强机制提高相关、连贯信息的激活水平，而通过抑制机制降低不相关信息的激活水平。

当读者同时遇到文字和图片信息时，有理由认为来自这两种码态(codality)(Clark & Salomon 1986)的信息也可以以类似的方式进行整合。越来越多的证据表明，跨码态的信息处理共享相同的机制，不同码态下的语义处理共享神经网络(van Doren et al. 2010；Shinkareva et al. 2011)。然而，这些研究使用了功能核磁共振的研究方法，将文本和图片分别置于不同的任务中，而图文信息整合过程本身并没有在这些研究中得到体现。

然而，在教育学领域，图片常被用于促进文本的理解和学习。其中最具影响力的理论，即多媒体学习理论认为，图片和文字的同时呈现可以促进学习(Mayer 2005)。这一理论也得到了实验数据的支持：图片和文字信息的融合确实可以促进阅读理解(Wassenburg et al. 2020)，但是当呈现的图片与文字有冲突时，就会造成阅读理解的困难(Schüler 2017；Scharinger et al. 2020)。在针对二语者的研究中，也有学者发现，和文字排布紧密的图片更能促进阅读理解，而与文字分离的图片则会导致更差的理解(Yum et al. 2021)。但是，以往的研究往往专注于图片对文本记忆的影响，而图片如何影响更为具体和精确的语言处理过程仍未可知。

因此，本研究选择回指消解作为研究材料，探究回指消解下的图文信息整合加工机制。回指是文本中两个实体之间的语言关系，其中照应词被用于指代文本中的另一个实体(Mitkov 2005)。确定照应词所指对象的过程称为回指消解。有意思的是，已有的对于回指消解的研究，往往使用了图片作为实验刺激，例如图片验证任务(Tsimpli et al. 2004；Sorace & Filiaci 2006)、标题任务(Tsimpli et al. 2004)、视觉世界范式(Cunnings et al. 2017)或句子－图片匹配决策任务(Kaltsa et al. 2015)。这些任务都需要对图像进行处理。然而,这些研究的重点只是回指消解的表现,认为图像理解是简单和直接的。本研究希望揭示具体的图片和文字信息在回指消解时的整合机制。

但是,必须承认的是,汉语的回指消解仍存在争议。在汉语中,零元素和显性代词均可以作为句子主语。本文主要讨论复杂时间状语从句中的回指消解,如例句(1)所示。在这类句子中,零元素往往指代主句中的主语成分,而显性代词则往往指代句外成分。但是,对于这一回指消解模式的解释仍存在争议。

(1)她$_{?i/?j/k}$/e$_{i/?j/?k}$过马路的时候,奶奶$_j$向女孩$_i$挥手。

其中,最广为学者接受的理论是,此类句中的显性代词受严格的句法规则限制,不能指代主句中的宾语或主语成分(Huang 1998)。而此类句子中的零元素,并非零主语语言中的零主语,而是主题链中被删去的主题(Zhao 2014),因此必须指代篇章主题,在大部分情况下,也即句中的主语成分。以往针对汉语母语者的回指消解研究也支持了这一观点(Zhao 2014;Su 2020)。

而另一派理论,即新格莱斯语用理论下的回指消解理论(Huang 1991)则提出,汉语中的回指关系可以完全使用语用理论来解释,尤其是使用方式准则和信息量准则,即语言使用者不应随意使用特殊的表达方式,而应使用尽可能简洁的表达方式。根据这一理论,由于汉语中的零元素是更为简洁的表达方式,也应当是默认情况下使用的表达方式,因此常常指代篇章主题。而显性代词则是特殊的表达方式,当它出现在本可以使用零元素的地方时,也就暗示了其指代的并非篇章主题,而是句外的成分。

有意思的是,在英语中并不存在类似的零元素,而英语中的显性代词在大多数情况下承担了指代篇章主题的工作。鉴于英语和汉语的回指消解之间的巨大差异,以英语为母语的汉语学习者能否成功习得汉语的回指消解也引起了一些学者的兴趣。Zhao(2014)的研究表明,汉语二语者可以习得汉语中零元素的消解,但却无法习得汉语中显性代词的指代。但由于该实验并未将句中宾语作为可选的指代对象之一,得到的结果可能存在一定的片面性。本研究希望将句中的宾语成分也纳入考虑范围,进一步为汉语母语者和二语者的回指消解处理提供更全面的证据。

除此之外,现有研究中另一悬而未决的问题是被试间的个体差异将如何影响回指消解的处理。本研究希望探究工作记忆容量和二语水平对回指消解处理的影响,以及视觉语言流利度对图文信息整合的影响。尽管阅读和语言处理的相关模型往往强调工作记忆的关键作用(Zwaan & Radvansky 1998;Gernsbacher & McKinney 1999;Schnotz 2014),但是已有的研究尚未直接证明工作记忆容量与回指消解处理表现的相关性。同时,对二语者来说,实时的二语处理需要更多的认知资源,因而面临着更大的挑战

(Clahsen & Felser 2006)。随着二语水平的提高,二语者是否能够更好地完成回指消解的处理仍有待探讨。

而在图文信息整合方面,一项值得研究的个体差异是视觉语言(visual languages)(Cohn 2013)的熟悉程度,即阅读视觉语言的频率和水平。视觉语言指使用视觉元素(例如颜色、形状和图案)来传达含义的语言形式。图片、漫画、视频等都是常见的视觉语言。近年来的研究表明,理解视觉语言的能力是逐渐发展的,并且与阅读视觉语言的熟练度呈正相关(Cohn 2020)。但是,视觉语言流利度是否也会影响图文信息的整合加工仍有待研究。

二 研究设计

2.1 研究问题

问题1:母语为英语的汉语二语学习者能否完全习得汉语中的显性代词和零元素?

假设1:母语为英语的汉语二语学习者可能会习得零元素,而不能习得显性代词。

问题2:图片信息如何影响汉语母语者和二语者的回指消解?

假设2:母语者和二语者都会受到图片信息的影响,并且能整合图文信息以完成回指消解。但是,被试的表现会受到实验条件的影响。在预期修改条件下,被试需要修改偏好的回指消解结果,因此和预期一致条件相比,被试的正确率会更低。

问题3:个体差异对图文信息整合下的回指消解有何影响?

假设3:回指消解的表现预计与被试的工作记忆容量,尤其是视觉空间工作记忆容量、视觉语言流利度和二语水平呈正相关。

2.2 实验对象

本研究包括汉语母语者和汉语二语者两组被试,每组被试均有24人。被试均未报告任何语言或视觉障碍。在实验开始前,被试均签署了电子知情同意书。本实验已获得剑桥大学现代与中世纪语言与语言学系的伦理批准。被试在实验完成后获得了报酬。

除正式实验外,被试还完成了以下一系列额外的测试,以评估其个体差异。

1. 言语工作记忆测试:2-back任务

本实验采用2-back任务以评估被试的言语工作记忆容量[①]。在这个任务中,一系列刺激逐一呈现在屏幕上。被试需要判断每个刺激是否与其2个试次前的刺激相同。若相同,被试需按下m键进行响应。若不相同,被试应该避免按下任何键。参考先前使用2-back任务的研究(Kane et al. 2007),每个刺激呈现500 ms,接着是2500 ms的空白屏幕。刺激以白色显示在黑色背景上。每个被试进行60个试次,均匀分为3个组块,其中

1/3 的试次需要反应,并随机分布于所有试次中。在正式实验前,被试需完成一个练习块,在练习块中提供了关于反应准确性的反馈,但在实验块中不提供反馈。

为了更精确地激活言语工作记忆系统的语言组成部分,并防止一些被试依赖视觉形式来存储和更新刺激,本次任务中的刺激是字母而不是数字。这些字母经笔者精心选择,以确保它们不仅在英语中使用,而且还出现在汉语拼音系统中。

根据先前的研究(Zhang & Mueller 2005),基于被试的命中率(即被试正确响应的试次的百分比)和误报率(即被试错误按下按钮的百分比)计算了复合 A'(A-prime)分数。A'分数越高,被试犯的错误就越少,即漏掉响应和按键错误越少,言语工作记忆容量就越大。

2. 视觉空间工作记忆测试:反向柯西跨度任务(Backward Corsi Span Task)

本实验选择反向柯西跨度任务以测量被试的视觉空间工作记忆容量(Corsi 1973)。在这个任务中,屏幕上展示九个方块,其中一些方块会在响铃声后逐个变成别的颜色(参见图1)。被试需要记住方块变色的顺序。在一定数量的方块变色后,另一声响铃提示被试按照与变色顺序相反的顺序点击刚刚变色的方块,也即他们需要从最后一个变色的方块开始。一旦他们点击了所有变色的方块,他们需要点击屏幕底部的一个绿色框,表示他们已经完成了本试次。

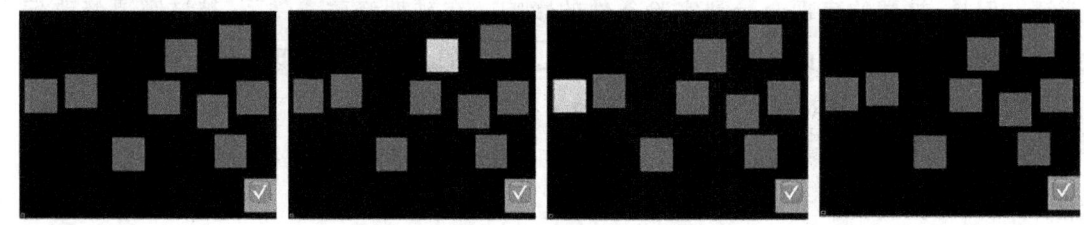

图1 反向柯西跨度任务示意图

在这个任务中,变色方块的数量从2开始,随成功试次增多递增。在这个任务中,变色方块的最大可能数量是9。如果被试在两个连续试次中均犯错,测试自动结束。视觉空间工作记忆容量,即反向柯西跨度,被定义为被试能够准确完成的最大数量。每一试次均没有时间限制。

为了避免任务中的训练效应,本任务未提供练习试次。

3. 视觉语言流利度(Visual Language Fluency Index,VLFI)

为了评估被试对视觉语言的接触和熟悉程度,本研究采用了 Cohn(2014)设计的定量 VLFI 问卷[②]。该问卷要求被试在七度量表上(1=从不,7=总是)选择他们阅读各种视觉语言的频率,包括漫画书、条状漫画、图像小说和日本漫画等,以及观看电影和动画的频率。他们还被要求在五度量表上评价自己理解这些视觉语言的水平以及他们的绘画技能(1=低于平均,5=高于平均)。汉语母语者完成了笔者翻译的中文版本(见本文附录)。参考 Cohn(2014),笔者计算了被试的视觉语言流利度。

4. 二语水平

汉语二语者还完成了一项完形填空测试,以测试他们的汉语二语水平。完形填空测试不仅可以测量语言表现,还可以测量语言能力(Oller 1973)。完形填空测试可以测量二语者的词汇和句法知识,以及二语者的语用期望(参见 Yuan 1993;Chung & Ahn 2019)。测试结果及被试的统计信息报告见表1。

表1 被试信息及认知测试结果

统计信息	汉语母语者	汉语二语者
男(占比)	15(62.50%)	14(58.33%)
女(占比)	9(37.50%)	10(41.67%)
年龄(标准差)	34.75(10.13)	28.67(9.73)
教育水平(标准差)	4.79(0.98)	4.92(1.02)
经济社会地位(标准差)	3.17(1.69)	4.42(0.93)
言语工作记忆容量(标准差)	0.85(0.09)	0.82(0.17)
视觉空间工作记忆容量(标准差)	4.79(1.61)	5.67(2.16)
视觉语言流利度(标准差)	7.11(4.23)	11.74(10.37)
二语水平(标准差)	—	23.33(6.74)

2.3 实验材料

本实验共有24对句子作为实验材料。每个句子由两个分句组成,其中时间状语从句总是位于主句之前。主句总是以名词短语作为主语,并带有一个名词作为宾语,而从句的主语则是一个显性代词或一个零元素,如:

(2)在他/e 跑步的时候,警察朝小偷儿吹哨。

此外,还构建了24个填充项。这些填充句与目标刺激具有相同的句子结构,但包含了性别信息以消除回指消解的歧义。这些项目还起到注意力检查的作用。在正式实验之前,8位汉语母语者检查了这些句子语法是否正确并且易于理解(尽管存在歧义)。

以例句(2)为例,每个句子都与3幅图片配对,每幅图片包含3个人像,即主句中的主语、宾语,以及潜在的句外指代对象。3幅图片中只有1幅在进行从属分句中描述的动作,分别标注为主语图片、宾语图片和句外图片(参考图2)。

图 2　实验二中图片材料示例[以例句(2)为例]

在实验开始前,图片的有效性经由8位汉语母语者以五度量表进行评估。只有得分超过4的图片才被用于本实验。

基于汉语回指消解的规则,本实验构建了两个条件。第一个条件是预期一致条件,在该条件下,句子中的回指消解结果得到图片信息的加强。第二个条件是预期修改条件,在该条件下,被试必须依据图片信息修改句子回指消解的结果。图片和句子的组合情况详见表2。

表 2　实验二中图片和句子的组合情况

图片	显性代词	零元素
主语图片	预期修改条件	预期一致条件
宾语图片	预期修改条件	预期修改条件
句外图片	预期一致条件	预期修改条件

采用3×3的拉丁方设计,图片和文字的组合分为3个实验列表,以保证每个被试在每个实验中只看到每个句子1次和3张图片中的一张。在正式实验之前向被试展示了1个示例试次和5个练习试次,以确保被试正确理解了实验指示。

2.4　实验流程

本实验中有两种呈现顺序,即"文字-图片"和"图片-文字"。以"文字-图片"实验为例,详细的流程如表3所示。

表 3　"文字-图片"实验流程及示例

刺激类型	刺激示例	呈现时长	测量变量	认知过程
文字	在他/e 跑步的时候,警察朝小偷儿吹哨。	直至被试按键反应	阅读时长	回指消解
理解问题	谁在跑步? 1.警察 2.小偷儿 3.其他人	直至被试按键反应,最多6000 ms	选择,阅读时长	—

续表

刺激类型	刺激示例	呈现时长	测量变量	认知过程
图片		直至被试按键反应	阅读时长	监测初始回指消解结果
理解问题	谁在跑步？ 1.警察 2.小偷儿 3.其他人	直至被试按键反应,最多6000 ms	选择,阅读时长	增强/修改/抑制初始回指消解结果

在每个试次中,屏幕中央首先呈现一个持续 800 ms 的注视点,以引导被试的注意力。在"文字－图片"实验中,被试首先阅读句子并在理解句子后尽快按下空格键。在被试按键反应后,屏幕上显示理解问题,要求被试判断谁在执行从句中描述的动作,也即完成回指消解。该问题有三个选项,被试只能选择其一。在被试按下相应的数字键做出判断后,图片在屏幕上呈现,被试需监测其最初的推断。最后,被试再次判断谁在执行该动作。为了做出判断,被试需要同时考虑文本和图片信息。

显然,这一实验流程需要被试利用工作记忆资源,储存并处理回指消解的结果。为了消除工作记忆容量对实验结果的影响,在另一实验块中,被试首先看到图片,再看到文字,即"图片－文字"顺序。其他流程与"文字－图片"顺序相同。

三 结 果

3.1 汉语母语者和二语者的回指消解

"文字－图片"顺序下依据文字的回指消解为研究汉语母语者和二语者的回指消解及个体差异对这一过程的影响提供了实验证据。笔者以两组被试的选择作为因变量,以语言背景作为自变量,使用 R(R Core Team 2021;版本:4.1.2)[③]中的 nnet 包(Venables & Ripley 2002;版本:7.3－16)拟合了多类别逻辑回归模型。按下无效键、反应时间比平均值大 3 个标准差或短于 300 ms 的试次被排除在分析之外(汉语母语组,N=44;汉语二语组,N=43)。

实验结果见图 3 和图 4。汉语母语者对照应解析表现出不同的偏好(参见图 3 和图 4)。对于显性代词,模型的残差偏差为 2199.34,赤池信息量准则(AIC)值为 2207.34,表明模型与数据拟合良好。汉语母语组倾向于选择句外成分作为显性代词指称($\beta=0.73$, SE$=0.10$, $p<.001$),而句子主语和宾语之间没有区别($\beta=-0.05$, SE$=0.12$, $p=.67$)。汉语二语组则倾向于选择句子主语(与句子宾语相比,$\beta=-1.06$, SE$=$

$0.17, p<.001$;与句外成分相比,$\beta=-1.72, SE=0.15, p<.001$)。

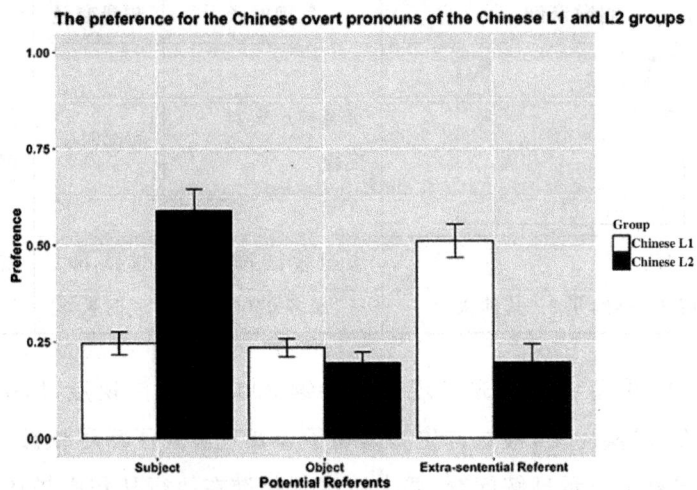

图3 汉语母语者和二语者对汉语显性代词理解的偏好(误差线代表标准误差)

对于零元素,模型再次与数据拟合良好,残差偏差为2081.47,AIC值为2089.47。汉语母语者更喜欢以句中主语作为零元素的指称(与句中宾语相比,$\beta=-0.90$,SE$=0.11$, $p<.001$;与句外成分相比,$\beta=-0.53$,SE$=0.10$, $p<.001$)。然而,这种主语偏好对于汉语二语者来说甚至更为强烈(与句中宾语相比,$\beta=-0.36$,SE$=0.16$,$p=.02$;与句外成分相比,$\beta=-1.12$,SE$=0.16$,$p<.001$)。

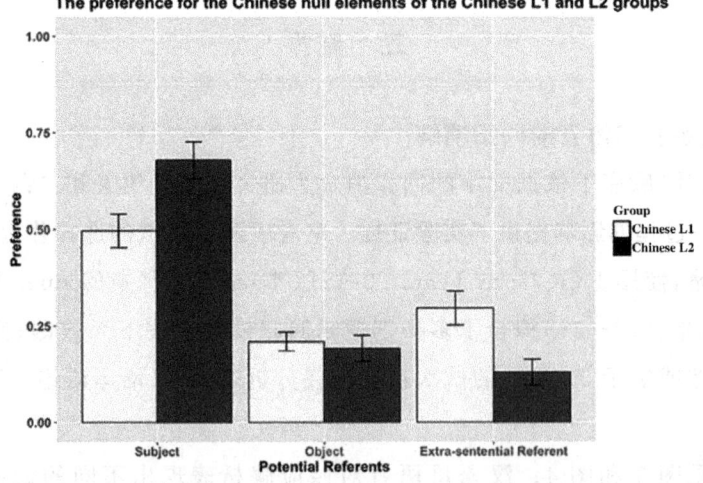

图4 汉语母语者和二语者对汉语零元素理解的偏好(误差线代表标准误差)

为了检查个体差异的影响,笔者进一步建立多类别逻辑回归模型,以每组的选择作为因变量,以言语工作记忆容量、视觉空间工作记忆容量和二语组的汉语水平作为自变量。

模型显示,汉语母语组的选择受到视觉空间工作记忆容量的影响。具有较高视觉空间工作记忆容量的汉语母语者不倾向于选择句子宾语作为零元素的指称($\beta=-0.20$,SE$=0.07$,$p=.005$)。

对于汉语二语组,言语和视觉空间工作记忆容量都显著预测了被试的选择。更具体地说,具有较高言语工作记忆容量的汉语二语者表现出更强的以句子主语作为显性代词和零元素的指称的偏好(对于显性代词,与句中宾语相比,$\beta=-2.29$,SE$=0.72$,$p=.001$;与句外成分相比,$\beta=-1.57$,SE$=0.66$,$p=.02$;对于零元素,与句中宾语相比,$\beta=-1.91$,SE$=0.71$,$p=.007$;与句外成分相比,$\beta=-2.36$,SE$=0.81$,$p=.004$)。同时,具有较高视觉空间工作记忆容量的汉语二语者更少选择句外成分作为两种代词的指称(对于显性代词,$\beta=-0.18$,SE$=0.05$,$p=.001$;对于零元素,$\beta=-0.30$,SE$=0.07$,$p<.001$)。另外,二语水平也对二语者的选择产生了影响。具有较高汉语水平的被试倾向于将显性代词理解为句外成分($\beta=0.05$,SE$=0.02$,$p=.005$),而将零元素理解为句子宾语($\beta=-0.05$,SE$=0.02$,$p=.001$)。

3.2 图文信息整合下的回指消解

为了研究图文信息整合下的回指消解,笔者进一步测量并分析了被试在第二次决策任务中的准确率和反应时间。只有第一个决策任务正确的试次才包含在第二个选择的准确性的分析中。笔者使用 R(R Core Team 2021;版本:4.1.2)中 lme4 包拟合了混合效应逻辑回归模型(Bates et al. 2015;版本:1.1.33)。

如图 5 所示,在"文字-图片"实验中,汉语母语者和二语者的最终准确率受到实验条件($\beta=-1.29$,SE$=0.38$,$p<.001$)和指代类型($\beta=1.35$,SE$=0.57$,$p=.02$)影响。实验条件也与指代类型有显著的交互作用($\beta=-1.68$,SE$=0.62$,$p=.007$)。被试组别对结果无显著影响。

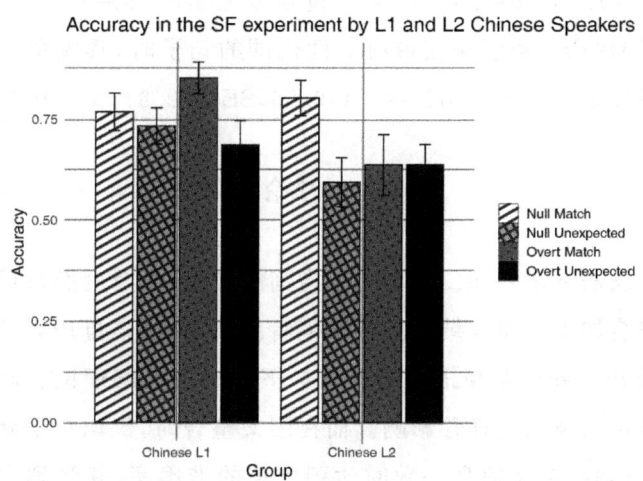

图 5　汉语母语者和二语者在"文字-图片"顺序实验中的准确率

在"图片-文字"实验中,实验条件($\beta=-1.75$,SE$=0.41$,$p<.001$)和指代类型($\beta=-1.05$,SE$=0.47$,$p=.03$)均对被试准确率存在显著影响。同时,实验条件和指代类型之间存在显著交互作用($\beta=1.89$,SE$=0.56$,$p<.001$)。被试组别对结果无显著影响(参见图 6)。

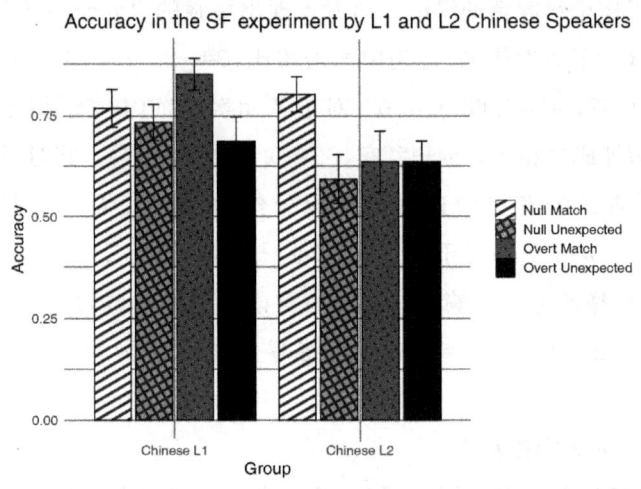

图 6 汉语母语者和二语者在"图片-文字"顺序实验中的准确率

为了研究个体差异对图文信息整合加工的影响,笔者分别以两组被试在两种指代类型下的反应时为因变量,以实验条件、被试的言语工作记忆容量、视觉空间工作记忆容量、视觉语言流利度和二语者的汉语水平为自变量,建立了混合效应线性回归模型。

结果表明,汉语母语者在阅读包含零元素的句子时,其反应时受实验条件和视觉语言流利度间的交互影响($\beta=-102.48$,SE$=36.06$,$p=.01$)。

汉语二语者的反应时受到二语水平的显著影响(当句子包含显性代词时,$\beta=-204.73$,SE$=81.05$,$p=.02$;当句子包含零元素时,$\beta=-233.16$,SE$=122.74$,$p=.068$)。同时,当汉语二语者阅读带有显性代词的句子时,其视觉空间工作记忆容量也与实验条件存在显著的交互作用($\beta=-199.56$,SE$=92.91$,$p=.004$)。

四 讨论

本研究调查了汉语母语者和二语者的回指消解处理,以及两类被试能否在这一过程中完成图文信息整合加工。研究结果支持了笔者的假设:汉语母语者的回指消解模式支持 Huang(1991)提出的新格莱斯语用理论指导下的回指消解理论。而汉语二语者的回指消解模式则受其母语英语的迁移影响。而在图文整合时,汉语母语者和二语者不存在显著差异,两组被试均在图文信息一致时达到更高的准确率,并受到实验条件与指代类型的交互影响。在"文字－图片"实验顺序下,被试在显性代词条件下的正确率更高,而在"图片－文字"实验顺序下,被试在零元素条件下的正确率更高。同时,本实验也揭示了显著的个体差异对此加工机制的影响。这些结果将在本章节内进行讨论。

　　首先要解决的问题是汉语母语者对回指消解的偏好。虽然现有的理论对汉语回指消解的解释仍存在争议,但是两派理论均同意,在复杂时间状语从句且从句位于主句之前时,汉语中的显性代词倾向于指代句外成分,而零元素倾向于指代主句中主成分。当前实验结果支持了汉语母语者的这一回指消解偏好。然而,这种偏好明显弱于预期,仅在50%左右。这一结果与之前研究报告的结果不同(Zhao 2014;Su 2020)。例如,在Zhao(2014)中,超过60%的汉语母语者完全拒绝将分句主语作为显性代词的指称。而在Su(2020)中,以汉语为母语的人对分句中显性代词与句中主语成分的共指阅读的接受率为0。出现这一区别的原因可能在于,之前的两项研究均提供了句子阅读的场景;而在本研究中,目标句子是单独呈现的,从而允许对回指的解释有更多的自由。需要指出的是,如果显性代词的解释是由句法规则决定的,那么这种实验设计上的差异不应该影响回指消解的理解。然而,如果回指消解是受语用规则指导的,不同语境和读者之间的解释则可能会有很大差异。同时,在本研究中,被试在完成句子理解后才进行判断回答,并被要求尽快做出选择。这种方法可能导致工作记忆系统的负担更大。这意味着当认知需求较高时,汉语回指消解中语用学知识先于句法分析。综上所述,本研究对 Huang(1998)的主张,即汉语中显性代词的理解受句法规则限制,提出了挑战。相反,我们的结果与 Huang(1991)一致:汉语中的回指消解是由语用规则决定的。

　　其次,正如预期的那样,汉语二语者在回指消解中表现出与汉语母语者不同的模式,这与之前的研究结论一致(Zhao 2014),并进一步支持了 Tsimpli & Roussou(1991)的理论:二语者容易受到迁移错误的影响,将其母语规则迁移到二语阅读中,因而"错误分析"二语中的数据。在本研究中,以英语为母语的汉语二语者对显性代词的理解表现出强烈的主语偏好,这与他们母语中的理解一致,而与汉语母语者的偏好不同。同时,值得注意的是,并非所有迁移效应都是负面的。当母语的知识与二语的数据一致时,就会发生正向迁移,促进二语习得。这一现象在本研究中也有体现。汉语二语者在理解零元素时,对从句主语表现出高于汉语母语者的偏好。由于英语中不存在零元素,而汉语中没有明显的时态标记或词形变化,以英语为母语的汉语二语者很可能错误地将汉语从句视为与英语中的分词类似的非有限结构,认为必须将从句主语作为施事者。因此,本实验中的汉语二语者表现出对汉语零元素的高度约束和高于汉语母语者的主语偏好。

　　再次,在第二次决策任务中,两组被试均实现了高于机会水平的正确率,且两组被试间不存在显著差异,证明了汉语母语者和二语者均可以实现回指消解时的图文信息整合处理。同时,该实验结果进一步揭示了图文信息整合过程中的监控、增强和修正过程。不论在何种呈现顺序、何种回指类型中,图文信息一致时,被试都达到了更高的正确率。这与之前关于单一文字模态下的推理处理研究结果一致(Pérez et al. 2015、2016),也与"图片—语音"多模态研究的结果一致(Pérez et al. 2020)。因此,我们可以进一步得出结论:来自图片的信息可以验证并增强从文本中得到的信息,亦可作为文本处理的语境信息,促进回指消解的处理。但是,如果图片信息与句中回指消解的一般偏好不一致,被试的正确率则显著降低。这进一步证明了图片会影响基于文本的回指消解处理。在图文信息不一致的条件下,被试必须依据图片信息对句中的回指消解进行修改。这一修改过程对认知资源的需求更高,也就导致了被试正确率的降低。

同时,被试的正确率还受到指代类型及指代类型与实验条件的交互影响。在"文字—图片"的呈现顺序下,两组被试对显性代词的理解正确率更高,且这一差异在预期一致条件下更为显著。然而,在"图片—文字"的呈现顺序下,两组被试对零元素的理解正确率更高,且这一效应在非预期一致条件下更为显著。这一有趣的现象进一步揭示了两种指代类型的不同加工机制。依据 Huang(1991)提出的新格莱斯语用理论指导下的回指消解理论,零元素是回指的默认选项,通常指代句子中的成分,因而需要较少的认知资源进行处理。相反,显性代词需要更多的认知资源,因为它并非汉语中的默认选项,而必须依据语用原则,指代句子中主语以外的成分。因此,这一结果可能是由被试在处理显性代词时,认知资源需求更高、图文信息整合表现更差导致的。具体来说,在"文字—图片"的呈现顺序下,被试首先完成回指消解,将其储存在工作记忆系统中,再根据图片信息对已建立的回指消解推理进行增强或修改。值得注意的是,相比这一处理,图片处理更为直接、所需的认知资源更少,而由于本实验中的正确答案与图片信息一致,所以如果被试只根据图片信息完成第二次决策,也会达到更高的正确率。而在"图片—文字"的呈现顺序下,在非预期一致条件下,被试首先处理图片信息并将其储存于工作记忆系统中,再阅读句子并结合图片信息进行回指消解,且必须抑制偏好的回指消解模式。这是需要更多认知资源的处理过程。因此,在处理更具挑战性的显性代词时,被试可能无法保持图片信息的激活,导致其忽视了图片信息,而依据文本信息完成对显性代词的理解。这也进一步导致了被试在非预期一致条件下对显性代词的图文整合正确率更低。

另外,本研究揭示了显著的个体差异对回指消解及图文信息整合处理的影响。与假设一致,二语者的回指消解正确率受其二语水平的正向影响。之前的研究也证明了二语水平的类似效果(Keating et al. 2011;Prentza & Tsimpli 2013;Ivanova-Sullivan 2014;Castro et al. 2016)。本研究结果与之前的研究一起证明了回指消解的习得是一个逐渐发展的过程。

除了二语水平外，被试的认知能力也对回指消解及图文信息整合处理产生了显著影响。其中之一就是工作记忆容量。有意思的是，汉语母语者的表现不受其言语工作记忆容量的影响；相反，关键的影响因素是他们的视觉空间工作记忆容量。具有较高视觉空间工作记忆容量的汉语母语者在回指消解及图文信息整合中均具有优势。这与本研究的假设相符。汉语的书写系统为表意文字，与字母文字相比，处理汉字涉及更多的视觉空间处理（Luo et al. 2013）。事实上，之前的研究表明，视觉空间处理能力可以预测中文处理的表现，如汉字识别（McBride-Chang & Suk-Han Ho 2005）和阅读习得（Yang & Meng 2020）等。也有研究表明汉语使用者具有更高的视觉空间工作记忆容量（Chen et al. 2009），并且在视觉空间任务中表现更好（Meuter & Ehrich 2012）。本研究结果进一步表明，视觉空间工作记忆容量对汉语的回指消解处理同样至关重要。

同时，汉语二语者的图文信息整合表现也受到视觉空间工作记忆容量的影响。这同样与假设一致：图文信息整合时的回指消解处理依赖工作记忆系统，需要消耗认知资源。但是，这一处理对母语者而言并不是一个非常具有挑战性的过程，因而汉语母语者的图文信息整合并不受视觉空间工作记忆容量的影响。而汉语二语者，则必须积极利用视觉空间工作记忆资源，在完成图文信息整合的同时，进行回指消解的任务。

言语工作记忆容量的影响与本实验的预期相悖。虽然以往的研究报告，言语工作记忆容量更高的人群能够更好地进行阅读理解相关的任务（Seigneuric et al. 2000；Linderholm & van den Broek 2002；McVay & Kane 2012），但本研究发现，言语工作记忆容量更高的汉语二语者反而表现出更强的母语迁移效应。这一观察结果与已有的研究结果相矛盾。先前的研究发现，具有较高言语工作记忆容量的二语者往往能够更好地抑制其母语干扰（French & O'Brien 2008；Hummel 2009；Trude & Tokowicz 2011；Martin & Ellis 2012；Verhagen & Leseman 2016）。一个可能的解释是，言语工作记忆容量较高的读者更擅长保留和处理工作记忆系统中的信息，包括母语的语言知识和阅读策略。因此，当言语工作记忆容量较高的汉语二语者在阅读汉语时，他们更容易受到被激活的母语知识的干扰和影响。另一个相关的解释可能是，具有较高言语工作记忆容量的人群更有可能在语言学习中使用更具分析性或基于规则的方法（Tagarelli et al. 2011；Denhovska et al. 2015），因此他们可能在阅读二语时更依赖对语法规则的了解。然而，当其母语和二语语法显著不同时，这种方法可能会导致更严重的母语负迁移效应。

最后，本研究还探究了视觉语言流利度对图文信息整合的影响。具体来说，视觉语言阅读经验更多、水平更高的汉语母语者在图文信息整合中更具优势。这一发现进一步强化了Cohn（2020）的主张：视觉语言的理解并不是理所当然的，而是必须由读者习得的。更重要的是，本研究将这一主张延伸至图文信息整合领域：视觉语言流利度同样影响图文信息整合。显然,在阅读漫画等视觉语言时,文本信息和图像信息往往同时呈现,读者需要将这两种形式的信息整合起来才能成功完成阅读理解。换句话说,就像学习一门语言一样,读者必须学习并训练图文信息的整合处理机制。

本研究的发现对语言教育具有重要的实际意义。本研究观察到了显著的母语迁移效应,提示语言教师需要意识到学生在习得新语言的过程中可能面临来自母语知识的潜在挑战。因此,教师培训计划应强调理解语言及其基本结构之间差异的重要性。教师需要深入了解语言之间的结构差异,以帮助制定针对学习者的有效教学策略。这些知识将使教师能够预测潜在的母语迁移错误并利用可能发生的正向迁移,设计相应的教学活动。

在使用图片等多媒体资源进行语言教学方面,本研究也提出了建设性的意见。教师可以充分利用图片资源,而非单一使用文字来进行教学,这可以促进学习者对知识的理解。但是,教师必须保证这些图片的信息与文本是一致的,否则可能会适得其反。同时,由于学习者对图片理解的熟练度也会影响图片对文本学习的助力程度,教师可以在低年级时使用简单一些的图片,逐步提升图片的复杂程度。教师也必须提供足够的支持,帮助学生理解图片,尤其是语言水平较低或对图片理解不好的学生。

虽然本研究得出了丰富的成果,笔者也必须承认本研究尚存在一些缺陷。本研究采用了行为实验的方法,以正确率和反应时间为因变量。这些变量虽能反映被试的认知过程,但显然仍不够精确。后续实验应使用具有更高时间精度的方法,例如脑电实验或眼动追踪技术,进一步研究以提供更清晰的答案。

五 结论

本研究调查了汉语母语者和二语者的回指消解处理,以及在处理回指消解过程中的图文信息整合加工,并得到了有趣的结果。首先,对于汉语回指消解的争议,我们的结果支持新格莱斯语用理论指导下的回指消解理论(Huang 1991),证明了汉语中零元素和显性代词的理解均受到语用规则的限制。其次,关于二语回指消解,本研究结果与 Tsimpli & Roussou (1991)的理论一致:二语者容易受到母语迁移的影响,因为他们"错误分析"了二语数据以使其与迁移的母语知识兼容。在同时面对来自图片和文字的信息时,汉语母语者和二语者均在图文信息一致时达到更好的理解效果,证明读者可以将图片信息作为回指消解的语境,并且依据图片信息增强或修改针对文本的回指消解结果。

就个体差异而言,本研究证明了二语水平、视觉空间工作记忆容量、视觉语言流利度对汉语回指消解及图文信息整合的积极影响。同时,也揭示了言语工作记忆容量与母语迁移效应间的正向关系,这可能与言语工作记忆容量更高的二语者更容易受到母语知识激活的影响、更倾向于依赖语法规则处理二语数据有关。

注 释

① 需要注意的是,尽管 2-back 任务被广泛用于测试言语工作记忆容量,但这一任务的可靠性在最近的研究中受到了讨论。一些学者认为该任务可能反映更高级的认知过程,如识别和信息更新(Jaeggi et al. 2010)。尽管如此,出于当前研究目的,笔者仍将 2-back 任务的结果称为被试的言语工作记忆容量。

② Cohn (2014) 定量 VLFI 问卷下载网址:http://www.visuallanguagelab.com/resources.(访问日期:2014 年 4 月 30 日)

③ R Core Team. (2021) R: A language and environment for statistical computing. R Foundation for Statistical Computing. https://www.r-project.org/.(访问日期:2025 年 6 月 10 日)

参考文献

Bates, D., Mächler, M., Bolker, B. M. & Walker, S. C. (2015) Fitting linear mixed-effects models using lme4. *Journal of Statistical Software*, 67(1), 1—48.

Castro, T., Rothman, J. & Westergaard, M. (2016) Comparing anaphora resolution in early and late Brazilian Portuguese-European Portuguese bidialectal bilinguals. *Revista Española de Lingüística Aplicada*, 29(2), 429—461.

Chen, Z.-Y., Cowell, P. E., Varley, R. & Wang, Y.-C. (2009) A cross-language study of verbal and visuospatial working memory span. *Journal of Clinical and Experimental Neuropsychology*, 31(4), 385—391.

Chung, E. S. & Ahn, S. (2019) Examining cloze tests as a measure of linguistic complexity in L2 writing. *Language Research*, 55(3), 627—649.

Clahsen, H. & Felser, C. (2006) Grammatical processing in language learners. *Applied Psycholinguistics*, 27(1), 3—42.

Clark, R. E. & Salomon, G. (1986) Media in teaching. In Wittrock, M. C. (ed.). *Handbook of Research on Teaching* (3rd ed.), 464—478. New York: MacMillan.

Cohn, N. (2013) *The Visual Language of Comics: Introduction to the Structure and Cognition of Sequential Images*. London: Bloomsbury.

Cohn, N. (2020) Visual narrative comprehension: Universal or not? *Psychonomic Bulletin & Review*, 27(2), 266—285.

Coloma, C. J., De Barbieri, Z., Quezada, C., Bravo, C., Chaf, G. & Araya, C. (2020) The impact of vocabulary, grammar and decoding on reading comprehension among children with SLI: A longitudinal study. *Journal of Communication Disorders*, 86, 106002.

Corsi, P. M. (1973) Human memory and the medial temporal region of the brain. *Dissertation Abstracts International*, 34(2-B), 891.

Cunnings, I., Fotiadou, G. & Tsimpli, I. (2017) Anaphora resolution and reanalysis during L2 sentence processing: Evidence from the visual world paradigm. *Studies in Second Language Acquisition*, 39(4), 621-652.

Denhovska, N., Serratrice, L. & Payne, J. (2015) Acquisition of second language grammar under incidental learning conditions: The role of frequency and working memory. *Language Learning*, 66(1), 159-190.

French, L. M. & O'Brien, I. (2008) Phonological memory and children's second language grammar learning. *Applied Psycholinguistics*, 29(3), 463-487.

Garrod, S. C. & Sanford, A. J. (1994) Resolving sentences in a discourse context: How discourse representation affects language understanding. In Gernsbacher, M. A. (ed.). *Handbook of Psycholinguistics*, 675-698. New York: Academic Press.

Gernsbacher, M. A. (1995) The structure-building framework: What it is, what it might also be, and why. In Britton, B. K. & Graesser, A. C. (eds.). *Models of Text Understanding*, 289-311. Hillsdale, NJ: Erlbaum.

Gernsbacher, M. A. & McKinney, V. M. (1999) Comprehension: A paradigm for cognition. *American Scientist*, 87(6), 568.

Huang, C.-T. J. (1998) *Logical Relations in Chinese and the Theory of Grammar*. New York: Garland Pub.

Huang, Y. (1991) A neo-Gricean pragmatic theory of anaphora. *Journal of Linguistics*, 27(2), 301-335.

Hummel, K. M. (2009) Aptitude, phonological memory, and second language proficiency in nonnovice adult learners. *Applied Psycholinguistics*, 30(2), 225-249.

Ivanova-Sullivan, T. (2014) Anaphora resolution in globally ambiguous contexts. In Ivanova-Sullivan, T. (ed.). *Theoretical and Experimental Aspects of Syntax-Discourse Interface in Heritage Grammars*, 125-141. Boston: Brill.

Jaeggi, S. M., Buschkuehl, M., Perrig, W. J. & Meier, B. (2010) The concurrent validity of the N-back task as a working memory measure. *Memory*, 18(4), 394-412.

Kaltsa, M., Tsimpli, I. & Rothman, J. (2015) Exploring the source of differences and similarities in L1 attrition and heritage speaker competence: Evidence from pronominal resolution. *Lingua*, 164, 266-288.

Kane, M. J., Conway, A. R. A., Miura, T. K. & Colflesh, G. J. H. (2007) Working memory, attention control, and the N-back task: A question of construct validity. *Journal of Experimental*

Psychology: Learning, Memory, and Cognition, 33(3), 615—622.

Keating, G. D., VanPatten, B. & Jegerski, J. (2011) Who was walking on the beach? Anaphora resolution in Spanish heritage speakers and adult second language learners. *Studies in Second Language Acquisition*, 33(2), 193—221.

Kim, S., Lee, J. & Gernsbacher, M. A. (2004) The advantage of first mention in Korean: The temporal contributions of syntactic, semantic, and pragmatic factors. *Journal of Psycholinguistic Research*, 33(6), 475—491.

Linck, J. A., Osthus, P., Koeth, J. T. & Bunting, M. F. (2014) Working memory and second language comprehension and production: A meta-analysis. *Psychonomic Bulletin & Review*, 21(4), 861—883.

Linderholm, T. & van den Broek, P. (2002) The effects of reading purpose and working memory capacity on the processing of expository text. *Journal of Educational Psychology*, 94(4), 778—784.

Long, D. L., Golding, J. M., Graesser, A. C. & Clark, L. F. (1990) Goal, event, and state inferences: An investigation of inference generation during story comprehension. *Psychology of Learning and Motivation*, 25, 89—102.

Luo, Y. C., Chen, X., Deacon, S. H., Zhang, J. & Yin, L. (2013) The role of visual processing in learning to read Chinese characters. *Scientific Studies of Reading*, 17(1), 22—40.

Martin, K. I. & Ellis, N. C. (2012) The roles of phonological short-term memory and working memory in L2 grammar and vocabulary learning. *Studies in Second Language Acquisition*, 34(3), 379—413.

Mayer, R. E. (2005) Cognitive theory of multimedia learning. In Mayer, R. E. (ed.). *The Cambridge Handbook of Multimedia Learning*, 31—48. New York: Cambridge University Press.

McBride-Chang, C. & Suk-Han Ho, C. (2005) Predictors of beginning reading in Chinese and English: A 2-year longitudinal study of Chinese kindergartners. *Scientific Studies of Reading*, 9(2), 117—144.

McVay, J. C. & Kane, M. J. (2012) Why does working memory capacity predict variation in reading comprehension? On the influence of mind wandering and executive attention. *Journal of Experimental Psychology: General*, 141(2), 302—320.

Meuter, R. F. I. & Ehrich, J. F. (2012) The acquisition of an artificial logographic script and bilingual working memory: Evidence for L1-specific orthographic processing skills transfer in Chinese-English bilinguals. *Writing Systems Research*, 4(1), 8—29.

Mitkov, R. (2005) Anaphora Resolution. In Mitkov, R. (ed.). *The Oxford Handbook of Computational Linguistics*, 266—283. Oxford: Oxford University Press.

Noble, K. G. & McCandliss, B. D. (2005) Reading development and impairment: Behavioral, social, and neurobiological factors. *Journal of Developmental & Behavioral Pediatrics*, 26(5), 370—378.

Oller, J. W. (1973) Cloze tests of second language proficiency and what they measure. *Language Learning*, 23(1), 105—118.

Pérez, A., Cain, K., Castellanos, M. C. & Bajo, T. (2015) Inferential revision in narrative texts: An ERP study. *Memory & Cognition*, 43(8), 1105—1135.

Pérez, A., Joseph, H. S. S. L., Bajo, T. & Nation, K. (2016) Evaluation and revision of inferential comprehension in narrative texts: An eye movement study. *Language, Cognition and Neuroscience*, 31(4), 549—566.

Pérez, A., Schmidt, E., Kourtzi, Z. & Tsimpli, I. (2020) Multimodal semantic revision during inferential processing: The role of inhibitory control in text and picture comprehension. *Neuropsychologia*, 138, 107313.

Prentza, A. & Tsimpli, I. (2013) The interpretability of features in second language acquisition: Evidence from null and postverbal subjects in L2 English. *Journal of Greek Linguistics*, 13(2), 323—365.

Ricketts, J. (2011) Research review: Reading comprehension in developmental disorders of language and communication. *Journal of Child Psychology and Psychiatry*, 52(11), 1111—1123.

Scharinger, C., Schüler, A. & Gerjets, P. (2020) Using eye-tracking and EEG to study the mental processing demands during learning of text-picture combinations. *International Journal of Psychophysiology*, 158, 201—214.

Schnotz, W. (2014) Integrated model of text and picture comprehension. In Mayer, R. E. (ed.). *The Cambridge Handbook of Multimedia Learning* (2nd ed.), 72—103. Cambridge: Cambridge University Press.

Schüler, A. (2017) Investigating gaze behavior during processing of inconsistent text-picture information: Evidence for text-picture integration. *Learning and Instruction*, 49, 218—231.

Seigneuric, A., Ehrlich, M.-F., Oakhill, J. V. & Yuill, N. M. (2000) Working memory resources and children's reading comprehension. *Reading and Writing*, 13(1), 81—103.

Shinkareva, S. V., Malave, V. L., Mason, R. A., Mitchell, T. M. & Just, M. A. (2011) Commonality of neural representations of words and pictures. *NeuroImage*, 54(3), 2418—2425.

Sorace, A. & Filiaci, F. (2006) Anaphora resolution in near-native speakers of Italian. *Second Language Research*, 22(3), 339—368.

Su, Y.-C. (2020) Backward/forward anaphora in child and adult Mandarin Chinese. *Language Acquisition*, 27(2), 187—216.

Tagarelli, K. M., Mota, M. B. & Rebuschat, P. (2011) The role of working memory in implicit and explicit language learning. *Proceedings of the Annual Meeting of the Cognitive Science Society*, 33(33), 2061—2066.

Trude, A. M. & Tokowicz, N. (2011) Negative transfer from Spanish and English to Portuguese pronunciation: The roles of inhibition and working memory. *Language Learning*, 61(1), 259—280.

Tsimpli, I. & Roussou, A. (1991) Parameter-resetting in L2? *UCL Working Papers in Linguistics*, 3, 149—169.

Tsimpli, I., Sorace, A., Heycock, C. & Filiaci, F. (2004) First language attrition and syntactic subjects: A study of Greek and Italian near-native speakers of English. *International Journal of Bilingualism*, 8(3), 257—277.

van Dijk, T. A. & Kintsch, W. (1983) *Strategies of Discourse Comprehension*. New York: Academic Press.

van Doren, L., Dupont, P., de Grauwe, S., Peeters, R. & Vandenberghe, R. (2010) The amodal system for conscious word and picture identification in the absence of a semantic task. *NeuroImage*, 49(4), 3295—3307.

Venables, W. N. & Ripley, B. D. (2002) *Modern Applied Statistics with S* (4th ed.). New York: Springer.

Verhagen, J. & Leseman, P. (2016) How do verbal short-term memory and working memory relate to the acquisition of vocabulary and grammar? A comparison between first and second language learners. *Journal of Experimental Child Psychology*, 141, 65—82.

Wassenburg, S. I., de Koning, B. B., Bos, L. T. & van der Schoot, M. (2020) Inspecting a picture before reading affects attentional processing but not comprehension. *Educational Psychology*, 40(1), 4—21.

Yang, X. & Meng, X. (2020) Visual processing matters in Chinese reading acquisition and early mathematics. *Frontiers in Psychology*, 11, 462.

Yuan, B. (1993) Directionality of difficulty in second language acquisition of Chinese and English. University of Edinburgh.

Yum, Y. N., Cohn, N. & Lau, W. K.-W. (2021) Effects of picture-word integration on reading visual narratives in L1 and L2. *Learning and Instruction*, 71, 101397.

Zhang, J. & Mueller, S. T. (2005) A note on ROC analysis and non-parametric estimate of sensitivity. *Psychometrika*, 70(1), 203—212.

Zhao, L. X. (2014) Ultimate attainment of anaphora resolution in L2 Chinese. *Second Language Research*, 30(3), 381—407.

Zwaan, R. A. & Radvansky, G. A. (1998) Situation models in language comprehension and memory. *Psychological Bulletin*, 123(2), 162—185.

附录 视觉语言流利度量表中文翻译版本

1. 在休闲娱乐时,您现在是否有以下习惯或爱好?请在下表选择您做这些事的频率(数字越大表明越频繁,其中"1"表示"从不","4"表示"有时","7"表示"总是")。

习惯/爱好	1	2	3	4	5	6	7
看只有文字的书籍							
看电影							
看动画片/动漫							
看漫画书(如《父与子》《史努比》)							
看短篇漫画(如杂志上的四宫格/长条漫画)							
看以漫画形式呈现的小说(如《图解红楼梦》)							
看日本漫画							
画漫画							

2. 在成年以前,您是否有以下习惯或爱好?请在下表选择您做这些事的频率(数字越大表明越频繁,其中"1"表示"从不","4"表示"有时","7"表示"总是")。

习惯/爱好	1	2	3	4	5	6	7
看只有文字的书籍							
看电影							
看动画片/动漫							
看漫画书(如《父与子》《史努比》)							
看短篇漫画(如杂志上的四宫格/长条漫画)							
看以漫画形式呈现的小说(如《图解红楼梦》)							
看日本漫画							
画漫画							

3. 您觉得与同龄人相比,自己在阅读漫画方面的频率、经验和水平如何?

时间	低于平均	略低于平均	平均	略高于平均	高于平均
现在					
在成年以前					

4. 您觉得与同龄人相比,自己在画画儿方面的频率、经验和水平如何?

时间	低于平均	略低于平均	平均	略高于平均	高于平均
现在					
在成年以前					

5. 您几岁开始看漫画？
_____

6. 您几岁开始画画儿？
_____

作者简介

张辰怡，剑桥大学理论与应用语言学系博士，研究实验室负责人，主要研究方向为心理语言学、神经语言学及二语习得。Email：cz344@cam.ac.uk。

对外汉语听力理解任务中的障碍和学习策略研究

范诗青　阎　瑞　Monica Masperi

法国格勒诺布尔-阿尔卑斯大学 LIDILEM 实验室

提　要　第二语言的听力理解涉及声音链的各个层次，要求听者运用复杂的认知与元认知策略。在此背景下，法国汉语学习者面对汉语听力理解任务时，因汉语作为单音节、音调语言，其音节、音调与形态之间的复杂交互，使得他们完成这一任务尤为艰难。相比之下，关于英语的听力理解研究较为丰富，而针对汉语的研究仍较为匮乏。本研究旨在探讨欧洲共同语言参考标准（CEFR）A2 初级水平的 28 名法国汉语学习者在汉语听力理解过程中的表现。方法上，我们采用了"Bornage Libre"工具，该工具集成于"Claroline Connect"开源学习管理系统，通过振荡图形式展示汉语口语语料库。学习者可以在摘录的声音波形图中选取某些区域，突出显示影响他们认知与元认知反应的要素，这些要素可能成为听力理解过程中的障碍或助力。此过程在没有文字辅助的情况下进行，学生还可在"评论"字段中注明他们遇到的问题类型。此外，本研究还通过定性问卷调查，深入分析学生在听力理解过程中遇到的困难，以及他们在听力理解过程中运用的认知策略和元认知意识。

初步结果验证了我们所用汉语口语语料库的有效性，并确定了学习者在听力过程中所遇到的主要困难。具体而言，学习者在语音流中识别词汇存在障碍，在句法、音调及汉语句子分割方面尤为明显。本研究还发现，增强学习者的语言元意识有助于他们更有效地运用听力理解策略，从而更好地理解全文意义。这些发现为了解学习者在语用能力上的差距提供了参考，有助于提升他们的元认知意识及策略运用，最终提高其汉语听力理解能力。

关键词　对外汉语　听力理解　听力障碍　听力策略　元认知意识

1. Introduction

Listening comprehension in L2 involves difficulties at different levels of the sound chain, mobilizing complex cognitive and metacognitive strategies in the listener. A number of studies have focused on the perception and segmentation of continuous speech in L2 (Bagou & Frauenfelder 2002, 2008, 2018; Santiago 2012; Yang 2015) advocating giving a prominent role to the oral dimension (perception, comprehension, production) from the very beginning of L2 learning (Germain & Netten 2014). We note that research into listening comprehension is based, in particular, on non-tonal languages, such as English (Su & Liu 2012; Hadijah & Shalawati 2018; Lin & Huang 2021), Italian (Biagiotti et al. 2021), German (Weirich et al. 2019), etc. However, this area of research in L2 Chinese or Chinese as a Foreign Language (hereafter CFL) remains largely unexplored. Guo (2012, 2014, 2020) has investigated the difficulties of French-speaking learners in listening comprehension of CFL. Lack of vocabulary can be a major difficulty for learners of CFL. On the other hand, Guo argues that listening comprehension is a very complex process, and a single factor, such as oral vocabulary recognition, cannot play a decisive role. However, cognitive and metacognitive strategies while listening to Mandarin remain little explored.

The purpose of this study is to investigate the listening comprehension process in Chinese among 28 French-speaking learners at the CEFR (Common European Framework of Reference for Language, 2018) A2 level (elementary). A corpus of oral texts was created, and a bounding tool was used to identify the difficulties encountered by these learners in the listening process, as well as their listening and learning strategies.

First, we discuss existing research on the difficulties French-speaking learners have in listening to Chinese as a foreign language, as well as their learning strategies during L2 listening tasks. We then present our corpus and the experiment carried out with French-speaking learners before analyzing the students' comments and the results of the questionnaires. Finally, these analyses allow us to propose some didactic avenues for teaching CFL. In particular, we ask the following questions: What difficulties do French-speaking learners have in the listening comprehension activity? What are their learning strategies?

2. Difficulties and Learning Strategies in Listening Comprehension in CFL

2.1 Listening Comprehension in L2

Listening comprehension is a challenging task that involves complex processes: decoding and segmentation, recognizing words and word groups, grammatical analysis, and interpretation of meaning. In L2, due to limited linguistic knowledge, learners may not be able to recognize certain sounds, words, or structures, thus hindering their ability to integrate and interpret meaning (Zoghlami & Hilton 2021). This poses a significant challenge in L2, even for advanced learners. Studies (Cutler 2012; Zoghlami 2016; Wang & Treffers-Daller 2017) agree that difficulties in listening comprehension stem from three aspects: vocabulary, segmentation, and the "situation model" (semantic and discursive meaning).

The competence of listening comprehension plays a fundamental role in language acquisition. However, despite its undeniable importance, this language skill struggles to receive the recognition it deserves in L2 acquisition research.

2.2 The Difficulties Associated with Listening Comprehension in CFL

Before discussing the difficulties associated with listening comprehension in CFL for French-speaking learners, it is important to present the specifics related to the phonology of Chinese, focusing on syllables and tones, to highlight the challenges these learners face.

Compared to European languages, the syllable structures of Chinese are limited. In Mandarin Chinese, we can distinguish two largest sizes of syllabic structures because the majority of Chinese words are monosyllabic: CGVV (a consonant, a glide, a long vowel or a diphthong) and CGVC (a consonant, a glide, a vowel and a nasal consonant) (Duanmu 2007), which causes the issue of homophones, the source of confusion among beginner learners.

Additionally, Mandarin Chinese employs four main tones—high, rising, falling-rising, and sharp falling—to distinguish meaning, a concept that is foreign to French speakers. This tonal aspect can lead to difficulties in both perception and production, as mispronouncing tones can result in completely different meanings. French speakers, unaccustomed to using pitch to convey meaning, often struggle to hear and reproduce tones accurately. Mastering Chinese pronunciation and tones requires extensive practice and feedback, using tools such as phonetic transcription and audio recordings. This phonological background sets the stage for a deeper understanding of the listening comprehension difficulties explored in Guo's work.

Guo (2014) conducted a six-month observational experiment on eight randomly selected Chinese learners at the A2 level (according to the CEFR, 2001) at the

Language Services Center (LSC) of the University of Grenoble Alpes (UGA). The eight learners were native speakers of French under the age of 25. All of them had studied Chinese for 144 hours. Their performance in listening activities was observed, and the most important factors affecting the quality of their listening comprehension were summarized and analyzed. Guo distinguished three main categories of difficulty: lexical capacity (45.58%), discourse decoding capacity (35.35%), and the application of inference strategies (14.88%). In the first category, some learners are unable to make the link between audible speech and semantic meaning, while others are unable to recognize words they have previously learned in a listening activity. In the second category, Guo calculated all the problems encountered by learners in areas such as errors in listening to sounds and the inability to determine phonetic form and apply the inference strategy. The third category of listening was caused by learners' use of inferential strategies. Guo found that some learners have interrupted their listening activities because they are unable to apply the strategy, while others show semantic deviations in their listening comprehension due to incorrect application of the strategy. Similarly, Poizat et al. (2018) studied and analyzed seven aspects of French speakers' errors in learning Chinese: phonetics, listening, Chinese characters, lexicon, grammar, discourse, and cultural communication. Poizat's research aimed to understand the specific challenges faced by French speakers and to provide insights into how these difficulties can be mitigated. For instance, in phonetics, French speakers often struggle with sounds like "zh", "ch", and "sh", which do not exist in French, leading to frequent mispronunciations. In terms of listening, the tonal nature of Chinese poses significant difficulties, as mentioned earlier.

One of Poizat's (2018) key findings, which aligns with Guo's (2014) conclusions, is that lexical errors account for the largest proportion of language mistakes made by French speakers (Poizat, 2020). These lexical errors often arise from direct translations of French words into Chinese, leading to incorrect word usage and misunderstandings. For example, a common error is the misuse of measure words[①], which are essential in Chinese but have no direct equivalent in French.

Guo's and Poizat's work allowed us to understand the main difficulties of French speakers in listening comprehension tasks. However, unlike their studies, which observed subjects' performance in listening activities, our study uses the Bornage Libre tool to determine whether learners are aware of their performance in the listening process.

2.3 Strategies for Learning and Listening Comprehension Teaching in CFL

The last 50 years have seen the development of different types of pedagogical approaches to general L2 listening, including text-oriented instruction, communication-oriented instruction, learner-oriented instruction and the metacognitive-oriented approach (Vandergrift & Goh 2012).

The text-oriented approach focuses on decoding sounds and recognizing words and sentences. It primarily uses imitation and memorization for sound, word, and grammar practice. The communication-oriented approach focuses on the sub-skills of listening and, therefore, promotes the development of various taxonomies of listening sub-skills, such as understanding main ideas, identifying specific details, making inferences, and recognizing discourse markers. The learner-oriented approach emphasizes the use of listening strategies, especially cognitive strategies. Finally, the metacognitive-oriented approach, proposed by Vandergrift & Goh (2012), emphasizes the executive role of metacognition and aims to develop learners' metacognitive knowledge and control over the entire listening process.

Regarding the teaching of listening comprehension in CFL, Cai (2018) pointed out that early pedagogical approaches typically have text-oriented characteristics and emphasize the recognition of various elements of spoken language (initials, endings, tones, syllables, accents, pauses, and intonations). Later approaches focused on the development of listening sub-skills, which still occupy a central position in today's Chinese listening class. Under the influence of cognitive psychology and general studies of L2 listening, attention then turned to strategy training in listening instruction. As a result, experimental studies have been conducted to examine the effectiveness of teaching specific types of strategies in the classroom, such as the monitoring strategy and the inferencing strategy (Mao & Ren 2004; Yang 2009).

However, systematic approaches focusing on strategies or metacognition have not yet emerged in the field of listening in CFL. Studies conducted by Collet et al. (2014) have shown that training in the mobilization of listening comprehension strategies can have positive effects on the development of receptive second language skills. Like Collet et al. (2014), we consider that sustained training in the mobilization of adequate strategies in oral comprehension can benefit not only the development of receptive skills in L2 but, more broadly, any cognitive process engaged during a learning activity. Moreover, as Zoghlami & Hilton (2021) indicate, to solve problems related to accessing meaning, simply teaching strategies is not enough; learners need to be accustomed to processing oral language in real time, highlighting the importance of regular and individual oral training.

In the following section we present the constitution of our corpus, the Bornage Libre tool and the experiment carried out with 28 French-speaking learners.

3. Methodology

Our methodology is based on a listening corpus of A2 Chinese, and we conducted a listening experiment with 28 students in April 2023 at the LSC at UGA. In the following text, we will present the construction of our oral corpus, the Bornage Libre tool, and the experimental procedure.

3.1 Construction of the Oral Corpus

Firstly, in order to compile our oral corpus, we took into consideration some references, frameworks, and methods to define the themes, vocabulary, and linguistic competences at A2 level. Our major framework was the CEFR (2018), which is widely recognized and utilized in language proficiency assessments. For our study, the A2 level is characterized by the ability to understand and communicate in simple and routine tasks that require a direct exchange of information on familiar themes and activities. It also involves the ability to describe in simple terms aspects of the learner's background and immediate environment. Moreover, the framework of the European Benchmarking Chinese Language (EBCL) was used to ensure that the criteria for the A2 level were appropriately tailored to the unique aspects of the Chinese language, such as its tonal system and character-based writing. It offers specific benchmarks for Chinese language proficiency that align with the CEFR levels. Some certification tests, such as HSK (Hanyu Shuiping Kaoshi) and DCL (Diplôme de Compétence en Langue), which provide detailed descriptions of language competencies at various levels, have also been consulted. It is also important to know the A2 level course program to better target our public, so we also referred to some manuals for the Chinese A2 class used by the LSC, such as "你说呢", "你说吧", and "15 minutes pour se mettre au chinois (15 minutes to learn Chinese)". We analyzed and compared the reference vocabulary for the Chinese A2 level and identified the themes and vocabulary with the highest frequency of repetition. Based on these resources, we determined the themes to be explored during the listening comprehension experimentation, including "Introducing Yourself", "Family Status", "Personal Experiences", "Seasons and Weather", and "My Day".

When compiling the corpus, we gave priority to authentic resources[②]. The use of authentic documents reduces the gap between the "authentic" language and the "language of the methods" (Gilmore 2007). Moreover, being able to measure oneself against authentic resources is a motivating factor in itself for learners (Kilickaya 2004) and helps to improve inference skills (Gilmore 2007). However, ad hoc documents were also created when we were unable to identify authentic resources for certain themes or when we were unable to obtain copyright for certain authentic documents. We therefore tried to produce texts that were close to those that could be found in real communicative contexts. The oral texts also met the following criteria, which correspond to level A2 and allow for easy understanding: length of between 30 and 60 seconds[③]; very good sound quality; absence of elements that could represent biases in comprehension (i.e., socio-cultural and pragmatic implication, very marked diatheme, diaphasic or diastratic variations).

3.2 Experimental Tools: Bornage Libre and MALQ

Our corpus consists of 28 audio files, all recorded on the Caroline Connect platform. All these listening tasks have no written mediation. The proposed comprehension tasks will be based on a series of digital listening comprehension tools designed and produced as part of the IDEFI Innovalangues project (ANR-11-IDFI-0024), integrated into a platform, and tested in a series of exploratory studies conducted in ecological situations (Biagiotti & Quaranta 2018; Masperi et al. 2019; Masperi et al. 2020; Masperi et al. 2021; Marcoccia 2022). As the main tool, Bornage Libre allows the listener to select one or more zones within a sound extract presented in the form of an oscillogram, and to highlight directly on the waveform those elements that trigger cognitive and metacognitive reactions during the listening-comprehension process. These may be language elements that hinder this process, or, on the contrary, facilitate it. The listener also has the option of specifying the nature of the obstacle encountered using a "comment" field (Masperi et al. 2020).

Furthermore, to obtain more in-depth information about students' cognitive and metacognitive abilities and their performance in the listening process, we designed a questionnaire that asked participants to self-assess the strategies they used, as well as their general feelings during the Chinese listening task. Our questionnaire was based on "The Metacognitive Awareness Listening Questionnaire" (MALQ), which represents five domains of metacognitive awareness in L2 listening: problem solving, planning and evaluation, mental translation, directed attention, and self-awareness. Research has shown that metacognitive awareness is positively related to respondents' listening comprehension performance. The MALQ (Vandergrift et al. 2006) is also used by researchers and trainers to assess the metacognitive development of L2 learners and as a guide for learners to reflect on their own use of strategies and personal knowledge.

3.3 Experimental Procedure

Our experiment was conducted at the LSC at UGA. For the last 20 years, the demand for Chinese courses in LANSOD (Languages for Specialists of Other Disciplines)[①] has been high in French universities. By focusing on oral skills and communicative challenges, learners are encouraged to develop their ability to understand and express themselves orally, which is essential for their language progression in a professional or academic context. By implementing activities that emphasize oral communication, learners are better prepared to interact effectively in real-life situations where oral comprehension is essential.

The 28 subjects were 10 females and 18 males. They have chosen Chinese as their LANSOD language course (2 hours/week). Only one was of Moroccan nationality, and his mother tongue was Arabic, while the other 27 subjects' mother tongue was French. Each person knows three or more languages. Their ages ranged from 18 to 24. All learners passed the SELF[②] test, which allows them to join the appropriate A2 level group. Only two of them had been to China, but none of them had long-term experience of living in China. The primary goal of our study was to assess whether the A2 audio setup aligned with the Chinese proficiency level of local French students. Additionally, we aimed to explore the difficulties they encountered in the Chinese listening task and to identify their listening strategies.

The Chinese comprehension test lasted about 1 hour, with a 15-minute presentation of the test procedure, the tool and the platform, a 40-minute audio listening session, and a 5-minute questionnaire at the end. First, we provided the learners with the context in French, the participants' native language, which helps to ensure they understand the overall situation and can focus on comprehending the Chinese audio. This method reduces cognitive load and enhances their ability to process the new language. And then they listened to the Chinese recording for the first time without interruption. For the second listening, participants had to use the Bornage Libre tool to mark areas they found difficult, adding precise comments on lexical, syntactic, grammatical, semantic, or phonetic issues. While these categories were the primary focus, learners were also allowed to specify any other types of difficulties they encountered to ensure that all potential barriers to comprehension were captured, giving a full picture of the challenges faced by participants. We also gave them examples of comments in French to guide them in writing comments such as "It's difficult for me to segment these sound streams", "The tone of the third word here is difficult to understand", "I've heard this word spoken before but I can't remember what it means", "I understand all the words but I don't understand the meaning of the sentence", etc. At the end of the experiment, the participants were asked to give their comments about "Please provide your feedback on the listening comprehension exercise" in a questionnaire.

Instead of having the students listen to all 28 recordings at once, we selected only ten for each test. This decision was made to account for the length of the experiment and to mitigate the influence of student fatigue, lack of patience, and short attention span. We conducted a total of four tests: the first two included the largest number of participants, while the next two involved a relatively smaller number of students who participated voluntarily.

3.4 Data Collection and Analysis

Before presenting the results, it is important to provide an overview of the type and amount of data collected, as well as the methods used for analysis. We collected both quantitative and qualitative data from the listening comprehension tasks, which are included in: Comments on Difficulties (detailed comments provided by the participants using the Bornage Libre tool, categorized into lexical, syntactic, grammatical, semantic, and phonetic difficulties, etc.), and Feedback on Listening Experience (participants' overall feedback on the listening comprehension exercise, which included their perceptions of difficulty, clarity, and relevance of the audio content). The dataset comprised responses from 28 participants, with each participant completing tasks for multiple audio segments.

Regarding the data analysis, through a combination of quantitative and qualitative methods, we aimed to gain a comprehensive understanding of the difficulties encountered and strategies adopted by the participants in listening comprehension. We analyzed the distribution of difficulty types reported by participants. We qualitatively analyzed the comments provided by the participants. This involved coding comments according to predefined categories (lexical, syntactic, semantic, phonetic) and identifying recurring themes and patterns. We used inter-coder reliability checks to ensure consistency in the coding process. Two independent coders[⑥] analyzed the comments and resolved discrepancies through discussion to reach consensus. In addition, we analyzed the data with the help of the ELAN tool, which allows us to visualize both the sound stream and the comments.

We will summarize the frequency of each category of obstacles reported in the Results section, providing percentages, as well as describing the specific learning strategies used by the participants.

4. Results

4.1 Categories of Learners' Obstacles in Chinese Listening

We constructed a grid concerning the categories of learners' obstacles. This grid, used for this study, allows us to categorize precisely the difficulties encountered by students when listening to Chinese (see the following Table 1).

Table 1 Categories of Obstacles Encountered

Categories	Definition
Lexicon	Vocabulary unknown to the student.
Semantic	When the student has not understood the general meaning of a sentence or expression, without pointing out the lexicon.
Flow (F)	When an excessive rate of speech impedes comprehension.
Flow-(F-)	When a slower speech rate hinders comprehension, or when a speaker's diathematic phonological variation hinders comprehension.
Phonetic accent	When the speaker's accent interferes with comprehension.

(Continued)

Categories	Definition
Articulation	When the student is unable to locate words due to the "diathematic" phonological variations, i.e., variations in the pronunciation of a community of speakers. This variation depends on geographical location (not language register).
Tone	When the student is unable to distinguish the tone of a word.
Phonology	When the student has difficulty recognizing certain phonemes, or has an erroneous perception of the phonetic transcription (pinyin) of what he or she has heard.
Pronunciation	When the pronunciation of certain phonemes interferes with comprehension.
Segmentation	When the student is unable to separate the sound stream into lexical units.
Syntax	When the student does not understand the function/meaning of words according to their placement within the sentence, or when particular grammatical structures are unknown.
Perception	When the student is unable to distinguish a word or its pronunciation, or when the student elides it in the commentary.
Information density	When the student understands but is unable to assimilate information because there is too much of it in a short space of time.
Fatigue	Fatigue accumulated during a listening comprehension session can be an obstacle.
Frustration	When comprehension difficulties lead to frustration and the desire to give up, which can interfere with comprehension later on.
Extra-language	Anything that hinders comprehension of the audio but is not part of the Chinese text: background sounds, the French context, etc.
Weak link between pronunciation and semantics	When students recognize words but have not retained their meaning.
Attention	Students sometimes lose concentration, and cannot always refocus, causing loss of comprehension.
Others	When the student's comment is too vague to be validly categorized, or any other types of difficulties not covered by the above categories.

We can distinguish the main categories: oral comprehension, with phonology, perception, pronunciation, phonetic accent, tone, articulation and homophones, which will enable us to classify quite precisely the students' comments relating to this orality, which will vary according to the speaker, and its comprehension, and sometimes its restitution by the student.

Rate of flow, segmentation and information density are all part of this "oral" aspect of the difficulties, but from a more mechanical point of view, it's a question of taking into account the rhythm of the language and understanding it.

The lexicon, semantics, syntax and the weak link between pronunciation and semantics are linked to learning Chinese in general; these are categories that call on the work done by the student beforehand, the words and structures they learned. Morphology has been abandoned in favour of a single syntax category because of the beginner's level of the students and the nature of the Chinese language.

An "extra-language" category was created to deal with comments about the French context presented before listening to the audio, or other sounds, sometimes interfering, that are not language in the audio (music, rain noises, etc.).

The positive and F-(low rate of speech) categories are therefore not obstacles. However, as the students frequently wanted to give good points, it seemed necessary to take them into account and compare them with the obstacles.

Finally, the categories of frustration, fatigue and attention depend directly on the student's state of mind when listening. Sometimes, comprehension, or rather the lack of it, is not directly linked to the language but to the student himself/herself. It is interesting to note these factors to see if they increase with the number of audios listened to: students have to make a major effort to understand Chinese, and we need to pay attention to their ability to sustain their attention.

As mentioned above, we designed the experiment with the length of the test in mind, selecting only ten listening audios per test for students to complete the difficulty markers. Since the number of students completing the task varied from audio to audio, it was not feasible to analyze the data on a per-student basis. We also considered the impact of these variations when interpreting the results and drawing conclusions about the effectiveness of the listening tasks and the strategies employed by the students. Table 2 shows the general number of students completing each audio segment:

Table 2 Number of Students Listening to the Audio

Audio 1	19	Audio 8	8	Audio 15	6	Audio 22	8
Audio 2	11	Audio 9	14	Audio 16	15	Audio 23	13
Audio 3	22	Audio 10	6	Audio 17	8	Audio 24	12
Audio 4	25	Audio 11	11	Audio 18	18	Audio 25	11
Audio 5	22	Audio 12	18	Audio 19	13	Audio 26	13
Audio 6	8	Audio 13	8	Audio 20	8	Audio 27	11
Audio 7	19	Audio 14	11	Audio 21	19	Audio 28	11

However, we counted the total number of comments as well as the categorization of their comments into barriers: there were 830 comments for 28 audios, representing 1209 obstacles (43.2 obstacles/audio). We also grouped certain categories of obstacles to establish a domain of difficulties. For example, fatigue, attention, and frustration are various aspects of the student's state of mind. Similarly, problems of perception, pronunciation, phonology, articulation, phonetic accent, tone, and homophones are all related to the sounds of Chinese.

We have therefore been able to establish a classification of the most frequently encountered obstacles:

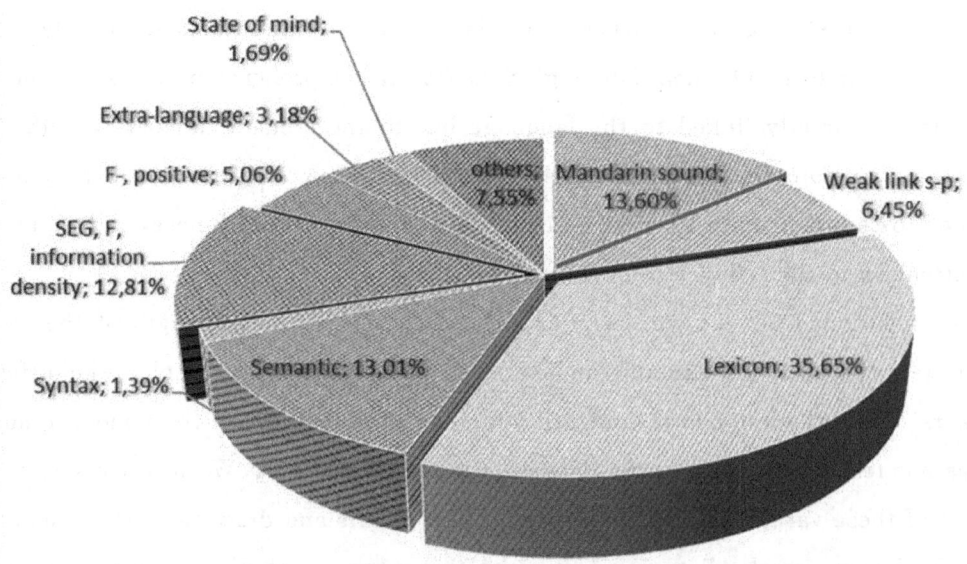

Figure 1 Rate Distribution of Listening Obstacles

35.65% related to lexicon;

13.60% related to Mandarin sound (pronunciation, phonology, articulation, accent, tone, perception, homophones);

13.01% related to semantic;

12.81% related to segmentation, flow, and information density;

7.55% related to others;

6.45% related to weak link between semantic and pronunciation;

5.06% related to positive and Flow-;

3.18% due to elements outside the Chinese language;

1.69% related to state of mind (frustration + attention + fatigue);

1.39% related to syntax.

As we have seen, the lexicon is the main CFL obstacle encountered by students of A2 Chinese; however, it is not necessarily an end in itself, as the context in particular can help us to understand the overall meaning, which is why semantics is a less frequent CFL obstacle, albeit an important one. However, it is important to note the "default obstacles" aspect filled by the categories of lexis and semantics. When students are unable to identify clearly where their difficulty lies, they will point to a lexical or semantic problem, as in Comment 1:

"I don't know these words", circling the whole sentence "wǒ lái shuōshuo Běijīng de sìjì" (Translation: I'll tell you about the four seasons in Beijing) (Student 2)

This is particularly true of long sentences with a particular syntax: many comments end with the whole sentence and then talk about an unknown lexicon because the students cannot always see that it is the syntax that is failing them. As might be expected, there was sometimes a gap between what the students themselves perceived as their difficulties and what they actually had (see Comments 2,3,4,5). Consequently, when they circled one or more sentences without indicating the word in question, we analyzed the components of the sentence to identify errors of which the students themselves were unaware.

Sound-related barriers are not all presented in the same way by students: phonology is rarely pointed out by the students themselves but rather spotted via a false pinyin transcription for example.

Phonetic accents and articulation are fairly well spotted by students, but are also sometimes used as a scapegoat for a segmentation or phonology problem, as in Comments 2 and 3:

"I find the speech rate fast and the accent quite difficult to understand. I can't understand it from the start", circling the words "zhè shì wǒ dì-yī cì" (Translation: It's my first time) (Student 3)

"This accent is a bit special, making it more difficult to understand the words", circling the words "zhèr méiyǒu" (Translation: There's no … here) (Student 12)

There were extremely few comments about tones, which at first glance seem counterintuitive. However, likely, students did not realize their difficulty lay in homophones, as demonstrated by Comments 4 and 5:

"I understand that she doesn't want to go to Taiwan, but I'm not really sure she said that", circling "tài wǎn le" (Translation: It's too late. ≠Táiwān)(Student 9)

"My big phone, see", circling "wǒ dǎkāi shǒujī yí kàn" (Translation: I opened my cell phone to see) (Student 18)

Due to their relatively limited language proficiency, vocabulary instruction rarely addresses homophones and is typically organized by theme. If students identify the theme of the audio, they will associate recognized phonemes with familiar words that fit the theme. Consequently, this issue is seldom pointed out by the students themselves. This observation highlights a limitation of our study, particularly in the selection of audio contexts. While we aimed to provide a representative sample of A2-level listening materials, the variability in vocabulary and context may have introduced factors that affected the participants' performance.

Speech rate is also a common problem, and one that depends on individual sensitivities: for example, we can find side by side a negative comment about speech rate, and another congratulating ourselves on the fact that everything is easy to understand thanks to a moderate speech rate. In the same way, the flow of speech will also conceal problems that fade into the background when the main difficulty is to grasp everything that has been said quickly.

Segmentation, for its part, suffers perhaps from the opposite problem, and is not mentioned directly in some comments: students sometimes have the impression of being faced with a new word, when in fact they are dealing with several words that they have understood as a single one. It is often coupled with flow.

Information density is another difficulty that often goes hand in hand with speed. Students are quite attentive to this element, and readily welcome an audio where the pauses between "blocks" or words are apparent, as they have plenty of time to analyze what they have just heard without having to go straight on to the next part.

Despite the difficulties in paying attention or giving up when the audio is too difficult, highlighted by the questionnaire accompanying the audios, the students' state of mind did not seem to slow them down too much in their comprehension, or at least they did not notice it. However, it could be argued that certain "ALL" comments, or in general those that close the entire audio by making an extremely succinct remark or saying "I didn't understand", are a sign of abandonment on the part of the student. This remains purely speculative, but the significant difference in this category between the audios and the questionnaire could mean that students are not necessarily very attuned to their state of mind during exercises of this type.

As we have seen, positive comments often concern the flow or density of information, but students will also notice when an audio poses no problem for them, that they have understood the vocabulary, that the recording was clear. The sense of success experienced seems to be quite significant. Finally, it is also worth noting that in some audios, background music or other soundscapes can be very detrimental to comprehension.

Unfortunately, many comments were rather vague, or delimited several sentences or even the whole audio, making them difficult to categorize; many were placed in the "others" category.

Furthermore, the lexicon category is the most represented, and it would be interesting in the future to analyze it in greater depth, using sub-sections concerning the nature/function of the unknown word, its frequency of use, etc. Here, the comments do not allow for this precision, as they sometimes limit several words, or do not target unknown words, but rather a lack of overall meaning.

4.2 Usage of Learning Strategies

Almost all students used listening strategies more or less spontaneously, and only one of the 28 subjects did not use any obvious listening strategies. Among the subjects who used strategies, the most common ones are shown below:

Table 3 Proportions of Listening Comprehension Strategies

Listening comprehension strategies	Proportions
Translation strategy	34.78%
Pinyin transcription strategy	32.17%
Context-dependent prediction strategy	20.87%
Focus on and attention on key words	7.39%

Additionally, 4.78% of the strategies were related to the positive impact that the students experienced after using the strategies. Next we will analyze each strategy and give detailed examples[①].

4.2.1 Translation strategy (34.78%)

Many students tend to use the translation strategy to explain what they hear. A correct translation shows that they understand the meaning of the sentence. For the most part, their translation strategy worked well. Some students like to analyze the whole audio with long comments at the end. See Comments 6 and 7:

"Zai qiang (wall) shang 70 ci xie nianhua (New Year photos) hua duilian (couplets). Gei xiaohai (children) mai hen duo haochi de dongxi, ni hui mai xie xin (new) yi (clothes), tebie (especially) shi hongse (red) de yifu. Zhongguoren wanshang chi nianyefan. Xihuan chi jiaozi (dumplings) nanfangren (southerners) xihuan shi tangyuan haiyou ge zhong guogan (dried fruit)." (Student 23)

"I understood that the character had gone hiking with Xiao Lang, and that they had taken a lot of photos. The girl then asked him if it was possible to get the photos. Xiao Lang told her that they could use WeChat for that. Xiao Lang thought that WeChat was a very practical application for sending photos. I didn't understand the Facebook/WhatsApp part, but I think Xiao Lang meant that WeChat is an application like Facebook/WhatsApp, but it's the one used by the Chinese. Finally, he mentioned that on WeChat, it's possible to have a group of friends." (Student 21)

4.2.2 Pinyin transcription strategy (32.17%)

Some students were able to segment the phonetic stream, perceiving and identifying phonemes correctly, even if they did not know the meaning of the word or phrase (phonetic and semantic connections had not yet been established). More importantly, they were able to pinpoint their difficulties. See Comments 8, 9, 10, 11:

Obstacles in phonology: "I find the 'r' sound quite difficult to recognize and reproduce orally (probably because there is no equivalent sound in the French language). However, the context and the rest of the sentence help me to understand the dialogue." (Student 28)

Obstacles in the lexicon: "Shandongren? Shi shenme?" (Shāndōngrén shì shénme= What is Shandongren?; Shāndōng=one of China's northern provinces; Shāndōngrén= people of Shandong) (Student 18)

Obstacles in the lexicon: "I don't know what yisheng means" (yīshēng=doctor) (Student 16)

Obstacles in the lexicon: "I didn't understand the last word after haimeiyou… (biye?)" (bìyè=to complete one's studies; to obtain one's degree) (Student 16)

However, not all students were able to transcribe the phoneme correctly. They tried to use the pinyin transcription strategy to link semantics to pinyin, but unfortunately encountered difficulties with poor pinyin rendition right from the start. See Comments 12, 13, 14:

Incorrect rendition of "shí": "I understand the phonetics, but I don't know the meaning of this sentence, ta meitian dou … (shefen manglu?)", circling "tā měi tiān dōu shífēn mánglù" (Translation: He was very busy every day) (Student 5)

Incorrect restitution of "jiù": "I understood with several listenings the wo duo zai jia. I mistakenly understood cai instead of zai. She goes a little too fast", circling "wǒ jiù zài jiā" (Translation: I'm at home) (Student 5)

Incorrect restitution of "cái": "wanshang zai … chi? I don't know if she's talking about eating because I understood shi instead of chi", circling "wǎnshàng cái huíjiā" (Translation: He goes home in the evening; chī 吃=to eat) (Student 7)

According to some learners, the pinyin tool is indispensable for accessing meaning, as seen in Comments 15 and 16:

"She articulates well and doesn't go too fast. I'm still missing the pinyin to understand better, I think." (Student 12)

"Indeed, I still find it hard to understand the meaning of Chinese words without any precise context and without them being accompanied by the written transcription." (Student 11)

In fact, Chinese characters are composed of three parts: form, sound, and meaning. It is "form" that expresses "meaning" through "sound", or "shape" that relates to the morphemes or words of a language through "sound". This is the key to writing, as it relates to morphemes or words in a language through "sounds". If students rely too heavily on pinyin or writing to access semantics, they have not yet developed a "reflex arc" and are not yet accustomed to directly linking the signified and signifier of a word. They have yet to transcribe sound streams into pinyin in their minds. At this stage, their auditory cognitive process may take even longer.

4.2.3 Context-dependent prediction strategy (20.87%)

Most students naturally tried to use the prediction strategy according to the context of the text, as seen in Comments 17 and 18:

"I didn't quite understand the enumerations at the beginning of the dialogue, but the rest of the audio helped me to make sense of it. So it was about the length of the seasons in this case."(Student 28)

"I've heard this term before but I can't remember what it means, but I guessed by listening to the rest of the audio"(Student 28), and so on.

Sometimes they are even able to check their guesses against the context of the text to make sure they are correct, such as in Comment 19:

"I didn't understand the word. It sounds like jiejie (sister) but it's not true in this context"; "At first I thought it was a place because of 来 but thanks to the next sentence I corrected my understanding."(Student 28)

The Comment 20 associated with the sentence "又好吃又便宜(yòu hǎochī yòu piányi)"(Translation: both delicious and cheap) shows that the student knows how syntax works, anticipates and identifies the nature of a word.

"I don't understand the translation of this adjective."(Student 14)

In the comment 21, regarding the sentence "我是高中生 wǒ shì gāozhōngshēng＝I am a high school student", this student understands the structure "wǒ shì＝I am…". CFL learners have been so familiar with the phrase "wǒ shì Zhōngguórén/Fǎguórén＝I am Chinese/French" since the first lesson, so when they hear "wǒ shì", they naturally assume that, in the phrase "wǒ shì gāozhōngshēng", it is followed by nationality. Whereas the word "gāozhōngshēng" belongs to an identity/profession.

"I don't know this nationality!"(Student 2)

On the other hand, we noticed an interesting phenomenon in one of our students. At first, he did not understand the meaning of the structure "从几月到几月(cóng jǐ yuè dào jǐ yuè)" (Translation: from month to month), but as the structure was repeated in the text, he gradually became certain that his prediction was correct, as can be seen in Comment 22:

Obstacle: "from March to May and I didn't understand the end (it's spring?)"

Hypothesis: "July to August (is it summer?)"

Affirmation: "September to November is autumn"

4.2.4 Focus on and attention on key words (7.39%)

When students perceive vocabulary as the most frequent obstacle to listening comprehension, they try to solve the problem on their own, focusing on what they already know, as seen in Comments 23 and 24:

"I clearly have a lack of vocabulary throughout the extract, but I manage to make sense by focusing on the words I know." (Student 4)

"I have trouble distinguishing the words I don't know." (Student 7)

Sometimes, as we have seen in various comments, this is not enough to reconstruct a meaningful sentence, as seen in Comment 25:

"Same as before, the speed is good and I can identify certain words in isolation, but I lack a lot of vocabulary to make sense of the extract on my own."(Student 13)

But at other times, it enables them to make sense of what they hear, which is crucial at the start of the audio. For example, even if details may be lost, the theme, the context of the audio will be useful to them when other unfamiliar words arrive later in the listening, and they will be able to put in place the context-based listening strategy we saw above.

4.2.5 Others (4.78%)

Appropriate pauses help students listen and break up sound streams into several units of meaning to better understand the text, as seen in Comments 26 and 27:

"The sentences are well spaced out. It's much easier to understand by splitting up the extract." (Student 9)

"I think I've understood everything because there are lots of pauses between sentences." (Student 2)

What's more, the clear articulation and tone help learners to spot phonemes more easily, as seen in Comment 28:

"The tones are very clear, especially the 3rd, which is actually very easy to spot." (Student 21).

Repetition can have the same effect, as seen in Comment 29:

"The extract is clearer than those before, but the vocabulary is better known; as there is a lot of repetition, it goes better."(Student 25)

And sometimes a second listen can correct some misunderstandings, thanks to what comes after, as seen in Comment 30:

"I understand what she's saying thanks to the previous listening. She speaks softly even though I'm missing some vocabulary."(Student 6)

In addition, a slow rate of speech allows learners to follow the audio and think a little more. Especially when we hear a lot of numbers, we need more time to react to what they represent, as seen in Comments 31 and 32:

"It's hard to remember the numbers. The audio is a bit fast for me. (remember?)" (Student 3)

"For the audio in general, I had to listen to it in 0.8. Otherwise I can't keep up." (Student 9)

A good speed certainly helps students to concentrate, as seen in Comment 33:

"Overall, I had a few passages to listen to again because I understood it, but it was a bit fast. I think, however, that this is a good speed to concentrate."(Student 16)

Nevertheless, it's difficult to concentrate on translating in a noisy environment, because the background music distracts us. See Comment 34:

"To understand Chinese, I concentrate and transcribe the words I understand into French in my head. With music, I can hear the words, but I find it hard to ignore the music and retranscribe into French."(Student 8)

By analyzing and providing detailed examples of these listening strategies, we can see that whether it is through translation, phonetic transcription, contextual prediction, focusing on key words, or other positive influence strategies, each method offers unique advantages to aid language learning and comprehension.

4.3 Metacognitive Awareness and Strategies

In addition to the above listening strategies that students used while listening to

Chinese, we also observed that some students were able to identify their problems and difficulties. Students used metacognitive strategies consciously or unconsciously. As in Comment 35:

"I understood that the person was talking about life in Shanghai: for example, shopping in a supermarket is very expensive. But after that part, I didn't understand much: a word problem, I think. Or difficulty understanding when several similar sounds follow each other (e.g., sh-j-zh-…)." (Student 15)

According to the MALQ (Vandergrift et al. 2006), our analysis will focus on the following five aspects:

With regard to problem solving, we have noticed that students do not have the reflex to draw on their knowledge to identify difficult passages.

With regard to planning and evaluation, a large majority of students do not plan their listening, either through a listening plan or by anticipating the themes they may encounter. They do not even have an objective in mind while listening.

In terms of mental translation, the results show that a very high proportion of students translate a lot of words or phrases, or even translate word by word. This may indicate a limited level of competence in the target language and an over-reliance on translation. It could also be a sign of poor oral comprehension and difficulty processing information in real time.

As for directed attention, more than half of the students cannot regain their concentration when their minds wander while listening to Chinese.

Finally, as for personal knowledge, most students see listening in Chinese as a challenge.

Nevertheless, all the students who took the listening test and answered the questionnaire gave a positive opinion of listening with the Bornage Libre tool. What's more, the test also brought emotional benefits to the students. Some students were delighted to take the listening test and felt that what they had learned during the semester was valid and that they were able to understand some Chinese. This gave them a lot of confidence and encouragement.

In summary, our initial findings serve two primary purposes: first, validating our Mandarin Chinese oral corpora while highlighting significant challenges faced by students. These challenges include difficulties in word recognition within audio streams, as well as obstacles related to syntax, phonological tones, and segmentation of Chinese words and sentences.

Second, the integration of the Bornage Libre tool into listening comprehension tasks, as a tool that reveals difficulties and allows for the identification of strategies, not only promotes students' awareness of their listening barriers, but also provides teachers with insights into these challenges. As a result, teachers can help students strengthen their metacognitive awareness and cognitive strategies, thereby improving overall listening comprehension.

5. Conclusions

This study initiated the creation of an A2-level corpus of oral Chinese texts, with selected excerpts forming a new pedagogical corpus for experimental use in our dissertation. Initial findings categorized common learner difficulties, shedding light on learning approaches and factors affecting listening comprehension. In addition, student feedback indicated that using the Bornage Libre tool enhanced meta-linguistic awareness and emotional engagement. Many reported increased confidence in understanding Chinese, validating their semester's learning efforts. Many began to make a list of things to work on in their future Chinese learning.

Key findings suggest that future studies should prioritize audio quality for clear articulation, appropriate speech rate, and minimal background noise to optimize linguistic focus. Considerations also point to minimizing confusion by providing contextual cues in French rather than character names. In addition, the variability in vocabulary and context may have introduced factors that affected the participants' performance. This suggests a need for careful consideration of context and vocabulary selection in future studies to better address such nuances.

In the future, clear instructions will guide students to provide accurate feedback and avoid vague comments that hinder analysis. Notably, student engagement remained consistent over approximately ten audio samples per test, indicating an optimal workload.

However, challenges remain, particularly an over-reliance on pinyin and translation during Mandarin listening exercises, suggesting a need for improved learning strategies. Future research will explore the teaching of learning strategies and the reinforcement of listening training with the Bornage Libre tool.

注 释

① In Chinese, a numeral cannot usually quantify a noun by itself; instead, the language relies on classifiers, commonly also referred to as measure words, such as "个(gè)","位(wèi)","只（zhī)".

② The expression "authentic resources" is used here to refer to written and audiovisual materials that have not been designed for pedagogical purposes (Nunan 1988).

③ We chose the duration of the oral texts to be 30 and 60 seconds based on the CEFR (2018) and similar frameworks. Short audio segments are suitable for assessing listening comprehension at the A2 level to ensure easy understanding of the audio, as they match the learners' limited attention spans and processing capacities. We also considered practical factors, such as maintaining participant engagement and ensuring that the task duration was appropriate for a classroom setting or an experimental session.

④ These courses refer to language courses intended for students whose major is not language, but another discipline such as literature or chemistry.

⑤ Test de positionnement en langues SELF (Système d'Évaluation en Langues à visée Formative). Designed as an assessment tool, it allows LANSOD sector learners to be directed towards level-specific groups. https://self.univ-grenoble-alpes.fr/.

⑥ This research was funded by the LIDILEM lab at UGA (Stage d'Excellence 2023) and we had an intern to help with the data.

⑦ These examples are drawn from our collected data, where each student's comments were anonymized and assigned a numerical identifier (e.g., Student 1, Student 2, etc.).

参考文献

Guo, J.(2012)如何提高听力教学中词汇学习的效率,《国际汉语学报》第 2 期。

Guo, J.(2014)法国汉语学习者听力理解困难分析,《海外华文教育》第 2 期。

Guo, J.(2020)汉语听力理解过程中正字法信息(汉字字形和拼音形)的激活现象——以母语为法语的学习者为例,《汉语国际教育学报》第 1 期。

Mao, Y. & Ren, L. (2004)监控训练在速成汉语中高级听力教学中的应用,《语言教学与研究》第 3 期。

Bagou, O. & Frauenfelder, U. H. (2002) Alignement lexical et segmentation de la parole. *Revue française de linguistique appliquée*, 7, 67-82.

Bagou, O. & Frauenfelder, U. H. (2008) Segmentation cues in lexical identification and in lexical acquisition: Same or different? *Proceedings of Interspeech*, 2008, 2831-2834.

Bagou, O. & Frauenfelder, U. H. (2018) Lexical segmentation in artificial word learning: The effects of converging sublexical cues. *Language and Speech*, 61(1), 3—30.

Biagiotti, T., Cervini, C. & Masperi, M. (2021) Tracciare la competenza linguistica in italiano L2: cosa ci rivela SELF in comprensione orale. *Mediazioni*, 32, 97—133.

Biagiotti, T. & Quaranta, G. (2018) Approcher les textes par les notions de "genres" et de "types de discours". Colloque international des Etudiant·e·s chercheur·se·s en DIdactique des langues et Linguistique, CEDIL'18, May 2018, Grenoble, France.

Cai, W. (2018) Chinese listening comprehension: Research and pedagogy. In Ke, C. (ed.). *The Routledge Handbook of Chinese Second Language Acquisition*, 279—298. Oxfordshire: Routledge.

Collet, G., Leybaert, J., Serniclaes, W., Deltenre, P., Markessis, E., Hoonhorst, I. & Colin, C. (2014) Les entraînements auditifs: des modifications comportementales aux modifications neurophysiologiques. *L'Année psychologique*, 114, 389—418.

Council of Europe (2001) *Common European Framework of Reference for Languages: Learning, Teaching, Assessment*. Strasbourg: Council of Europe Publishing.

Council of Europe (2018) *Common European Framework of Reference for Languages: Learning, Teaching, Assessment—Companion Volume with New Descriptors*. Strasbourg: Council of Europe Publishing.

Cutler, A. (2012) *Native Listening: Language Experience and the Recognition of Spoken Words*. Cambridge: MIT Press.

Duanmu, S. (2007) *The Phonology of Standard Chinese* (2nd ed.). New York: Oxford University Press.

Germain, C. & Netten, J. (2014) Comment enseigner à communiquer oralement dans une L2/LÉ? In de Serres, L., Ghillebaert, F., Mather, P. & Bosch, A. (eds.). *Aspects culturels, linguistiques et didactiques dans l'enseignement-apprentissage du français à un public non francophone*, 19—33. Québec: l'Association internationale des études québécoises.

Gilmore, A. (2007) Authentic materials and authenticity in foreign language learning. *Language Teaching*, 40(2), 97—118.

Hadijah, S. & Shalawati, S. (2018) Enhancing English language learners' listening comprehension through listening strategies instruction. *J-SHMIC: Journal of English for Academic*, 5(1), 124—142.

Kilickaya, F. (2004) Authentic materials and cultural content in EFL classrooms. *The Internet TESL Journal*, 10(7), 1—6.

Lin, Y. & Huang, Y. (2021) The investigation of the listening strategies teachers instruct and the listening strategies students use. *Journal of Language Teaching and Research*, 12(4), 557—565.

Marcoccia, E. (2022) Gli ostacoli alla comprensione dell'orale in italiano L2: studio su un gruppo di studenti francofoni di italiano. Mémoire de master, Università degli studi di Modena e Reggio Emilia.

Masperi, M., Biagiotti, T., Barletta, M., Mazzarella, L. & Zanini-Gobelin, R. (2020) Appréhender l'oral à travers l'oral: outils d'assistance à la perception du texte authentique en L2. Une étude exploratoire. Colloque Prune, Perspectives de Recherche sur les usages du Numérique dans l'éducation 2020, Jun 2020, Poitiers, France.

Masperi, M., Biagiotti, T. & Canelas-Trevisi, S. (2021) Écouter la "voix" du texte: modélisation d'une approche de l'oral en L2 au sein d'un environnement numérique. *Bulletin suisse de linguistique appliquée*, 2, 221—245.

Masperi, M., Biagiotti, T., Quaranta, G. & Barletta, M. (2019) Appréhender la diversité langagière et culturelle au fil des textes et des discours : une entrée par la notion de "genre", *ILCEA* [En ligne], 37, mis en ligne le 04 novembre 2019, consulté le 04 juin 2025.

Nunan, D. (1988) *The Learner-Centered Curriculum: A Study in Second Language Teaching*. New York: Cambridge University Press.

Poizat, G. H. (2020) Erreurs lexicales des apprenants francophones: analyse et stratégies d'enseignement. In *Didactique du chinois dans les pays et régions francophones*, 2—32. Paris, Beijing: [s. n.].

Poizat, G. H., Bao, Y., Zeller, P., Li, L. & Guo, J. (2018) *Analyse des erreurs des francophones dans l'apprentissage du chinois*. Paris: You Feng.

Santiago, F. (2012) La didactique de la prononciation de L2 et la perception auditive: vers une nouvelle approche. *Synergies Mexique*, 2, 57—70.

Su, S. & Liu, C. (2012) Teaching listening comprehension skills: A test-orientated approach. *Journal of Language Teaching and Research*, 3(3), 458—465.

Vandergrift, L. & Goh, C. C. M. (2012) *Teaching and Learning Second Language Listening: Metacognition in Action*. New York: Routledge.

Vandergrift, L., Goh, C. C. M., Mareschal, C. & Tafaghodtari, M. H. (2006) The metacognitive awareness listening questionnaire: Development and validation. *Language Learning*, 56(3), 431—462.

Wang, Y. & Treffers-Daller, J. (2017) Explaining listening comprehension among L2 learners of English: The contribution of general language proficiency, vocabulary knowledge and metacognitive awareness. *System*, 65, 139—150.

Weirich, S., Bachinger, A., Trendtel, M. & Krelle, M. (2019) Listening comprehension tests in Germany and Austria: Research report and critical review. *L1-Educational Studies in Language and Literature*, 19(3), 1—26.

Yang, C. (2009) A study of metacognitive strategies employed by English listeners in an EFL setting.

International Education Studies, 2(4), 134—139.

Yang, Y. (2015) De la perception auditive à la communication langagière: approche interactive en compréhension et expression orales pour l'enseignement du français. *Synergies Chine*, 10, 77—87.

Zoghlami, N. (2016) La compréhension de l'anglais oral (L2): processus cognitifs et comportements stratégiques. *Recherche et pratiques pédagogiques en langues de spécialité* [*En ligne*], 35(1), mis en ligne le 30 janvier 2016, consulté le 04 juin 2025.

Zoghlami, N. & Hilton, H. (2021) La compréhension de l'oral en langue étrangère. In Leclercq, P., Edmond, A. & German, E. S. (eds.). *Introduction à l'acquisition des langues étrangères*, 145—161. Louvain-la-Neuve: De Boeck Supérieur.

作者简介

范诗青,格勒诺布尔-阿尔卑斯大学 LIDILEM 实验室博士生,主要研究中文听力教学以及听力认知过程。Email:shiqing.fan@univ-grenoble-alpes.fr。

阎瑞,格勒诺布尔-阿尔卑斯大学中文副教授,主要研究中法词汇对比、二语习得。Email:yan.rui@univ-grenoble-alpes.fr。

Monica Masperi,格勒诺布尔-阿尔卑斯大学语言教学教授,主要研究语言评估、二语习得。Email:monica.masperi@univ-grenoble-alpes.fr。

早期对外英语教科书《纳氏文法》的诗歌修辞论

陈满华

中国人民大学文学院

提　要　本文考察《纳氏文法》有关诗歌修辞的内容,探讨作为对外英语教材的这部著作对英语诗歌的形式规则和语言运用特征的阐述,并进行简单的评议。《纳氏文法》介绍了英语诗歌形式(体裁)分类和韵律(格律和押韵)、诗歌语言使用技巧,涉及如何遣词和调整结构,以与各类诗歌的韵律尤其是格律相吻合。《纳氏文法》体现了英语诗歌的广义修辞观,也体现了体裁与修辞相协观,总体上轻押韵而重格律,其对相关内容的处理理念和方法或许对现今对外语言教材的编撰仍然具有启发性。

关键词　《纳氏文法》　诗歌　广义修辞　韵律　选词　炼句

一　引言

《纳氏文法》出版于1895年,作者为 J. C. Nesfield。这是一部主要用于在英国殖民地推广英语的教科书,用今天的说法,就是一部对外英语教材,而且是影响深广的对外英语教材之一(Nesfield 1895)。从书名看,该书是关于"文法"即语法的,但实际上不但包括英语语法内容(这是全书的主体部分),也包含英语写作、修辞的知识。这部教材对我国的语法研究产生过深远影响,对早期修辞学特别是辞格研究也产生过显著影响(陈满华 2008a,2008b)。陈满华(2008a)详细评介了《纳氏文法》对狭义修辞(辞格)研究的贡献。本文拟考察这部二语教科书的有关广义修辞的论述,介绍该书对英语诗歌的形式规则、语言运用特征等的描写和阐发,探讨该书中所蕴含的诗歌广义修辞观,并分析相关内容的处理所体现的教材编写方法和特色。

《纳氏文法》讨论修辞的内容是在第5部分(PART Ⅴ),由该书最后3章即第28、29和30章组成。第28章集中介绍英语里的各种辞格,后两章专门讨论诗歌的形式和语言表达策略,其中第29章介绍诗歌形式(体裁)分类和韵律(格律和押韵),第30章讨论诗歌语言的特点和使用技巧,涉及如何遣词和进行非常规的结构安排。

二 诗歌体裁与修辞

按照《纳氏文法》的主张,诗歌的体裁与广义修辞有密切关系,即不同体裁的诗歌有相适应的内容和形式(韵律和遣词等)要求。因此,《纳氏文法》在讲诗歌修辞时,一开始就介绍各类诗歌体裁,并分别说明这些体裁在形式上的特征和要求。

第29章详细介绍了诗歌(poetry)的种类。纳氏以诗歌内容为纲,以形式为目,逐一介绍了田园诗(pastoral)、描写诗(descriptive)、叙事诗(narrative)、沉吟诗(reflective)、舞台诗(dramatic)、抒情诗(lyrical)、劝寓诗(didactic)、讽刺诗(satire)等8个类型的诗歌。

田园诗往往反映的是牧羊人或其他牧人及农夫等的生活,通常是对话形式(dialogue)或独白形式(monologue)。例如,斯宾塞(Spencer)的《牧人月历》(*Sheperd's Calendar*)、蒲柏(Pope)的《田园诗集》(*Pastorals*)等。

描写诗描写一年四季风光,乡村、城市及历史名胜的景观等,表达这些景色的意蕴或对观景物者所触发的感悟等。这类诗一般不叙述事件。如有叙事,也是为了形式上不过于单一,一般以插话(episode)形式出现,例如,戈德斯密斯(Goldsmith)的《旅行者》(*Traveller*)、拜伦(Byron)的《查尔德·哈罗尔德》(*Childe Harold*)即属于此类。

叙事诗主要是讲述,描写是辅助性的,大致包括三个小类:

(1)史诗或英雄诗(epic or heroic),反映重大、复杂事件,体现崇高的主旨,有详细的叙事。例如,弥尔顿(Milton)的《失乐园》(*Paradise Lost*)、蒲柏翻译的荷马史诗《伊利亚特》(*Iliad*)和《奥德赛》(*Odyssey*)、骚赛(Southey)的《圣女贞德》(*Joan of Arc*)等。

(2)浪漫诗(romance)、传说(legend 或 tale),形式上比史诗短小。例如,司各特(Scott)的《湖畔夫人》(*The Lady of the Lake*)、《马米恩》(*Marmion*),汤姆森(Thomson)的《懒惰城堡》(*Castle of Indolence*)、柯勒律治(Coleridge)的《古舟子咏》(*The Rime of the Ancient Mariner*)等。

(3)民谣(ballads)是最轻快、短小的叙事诗,讲述轶事(anecdotes)和地方传说等,语言简朴,格律更轻松。例如,柯珀(Cowper)的《痴汉歌》(*John Gilpin*)[①]、华兹华斯(Wordsworth)的《抒情歌谣集》(*Lyrical Ballads*)、司各特的《边境吟游诗集》(*Border Minstrelsy*)[②]。

沉吟诗未被直接界定,大致分为两类:一类是比较长的,例如,爱德华·杨(Young)的《夜思》(*Night Thoughts*)、约翰逊(Johnson)的《虚幻的人心》(*Vanity of Human Wishes*)、华兹华斯的《远游》(*Excursion*);另一类是挽歌之类的,基调总是严肃的,常常使用简约、朴实的语言,例如,雪莱(Shelley)的《阿童尼》(*Adonais*)、格雷(Gray)的《乡村墓园挽歌》(*Elegy Written in a Country Churchyard*)、骚赛的《冬青树》(*Holly Tree*)。

舞台诗,顾名思义,就是舞台剧中的诗。例如,莎士比亚(Shakespeare)和本·琼森(Ben Jonson)的剧中诗、沃尔夫(Wolfe)的《约翰·摩尔爵士的葬礼》(*Burial of Sir John Moore*)。

抒情诗是一种短小的诗歌,格律轻快、规则,适于吟唱。这一类诗歌常被称为"颂歌"(odes),形式上比民谣类的工整得多,既可描写,也可叙事。例如,德莱顿(Dryden)的《亚历山大盛宴颂》(*Ode on Alexander's Feast*),济慈(Keats)的《夜莺颂》(*Ode to a Nightingale*)、《秋颂》(*Ode to Autumn*)及《希腊古瓮颂》(*On a Grecian Urn*)等。

劝寓诗"就是以入韵诗句给出的指教和训导"。例如,蒲柏的哲理诗《批评论》(*Essay on Criticism*)、《人论》(*Essay on Man*)和《道德论》(*Moral Essays*)。

讽刺诗"责难个人或群体之龌龊"。例如,蒲柏的讽刺长诗《愚人志》(*Dunciad*)等。

纳氏把诗歌体裁纳入修辞的范围,实际反映了不同类型或题材的诗歌需要有相应的形式,这些形式涉及篇幅的长或短、格律的工整或松散、语言的轻快或凝重等。这的确是一种广义的修辞,即以尽量合适的语言形式表达某方面的内容。

三 诗歌韵律

《纳氏文法》在介绍不同类型的诗歌之后,讨论了诗歌的韵律(prosody),这些内容也是在第29章里。在作者看来,诗歌的韵律是对语言的一种高层次提炼和升华,即比形式分类更具修辞意义。英语的诗歌韵律主要涉及两大方面:格律(metre)和押韵(rhyme)。(戴继国 2005,6—7)《纳氏文法》的韵律部分实际上也是包括这两个方面,在具体介绍时,主线是格律,辅线是押韵,或者说是在讲述前者时,附带提及后者。前者阐述得比较详尽,后者讲得比较简略。

在纳氏看来,格律主要取决于两个方面:一是音节的重音情况(the accentuation of syllables),二是每一行的重读音节数量(the number of accented syllables to a line)。重读音节和非重读音节的特定组合形成一个音步(foot,也译为"韵步"),一个音步可以包含两个或三个音节,但不能少于两个或多于三个。一行诗分为若干个音步,但最后一个入韵的音步有时可不算作一个独立音步。音步有抑扬格(Iambic Metre)(非重读音节+重读音节),也有扬抑格(The Trochaic Metre)(重读音节+非重读音节),还有抑抑扬格(The Anapaestic Metre)(非重读音节+非重读音节+重读音节)和扬抑抑格(The Dactylic Metre)(重读音节+非重读音节+非重读音节)等四种格式。《纳氏文法》以实例具体介绍了这四种格律的诗歌。

3.1 抑扬格

《纳氏文法》提出,抑扬格是英语诗歌最流行(most prevailing)的一种格式。根据(每一行)音步的情况,抑扬格又分为六种:

首先是双音步的。例如(撇号"´"表示前边的音节是重读音节,连接符"-"表示同一个单词内部不同音节的界限,"|"表示音步的界限):

> With rav ´-| ished ears
> The mon ´-| arch hears,
> As-sumes ´| the God ´,
> Af-fects ´|to nod ´ [德莱顿]

还可以是三音步、四音步、五音步、六音步和七音步的。五音步的最严肃、庄重(most dignified),因此多用于史诗和舞台诗中。这一类既可以是押韵的(with rhyme),其中挽歌类的诗多用 abab 的韵脚形式;也可以是无韵诗(in blank verse),如弥尔顿的《失乐园》和许多优秀的舞台诗用的就是五音步无韵诗。但六音步的从来不是无韵诗。七音步诗往往分行,即本来是一行的诗句分为两行,但第二行不顶格,往后缩一到两个字母。

抑扬格并不一定总是必须严格遵守格律,就像中国的格律诗一样,可以"出格",即在音步上并不一定全是"非重读音节+重读音节"模式,具体有三种例外情况。第一种情况是,第一个音步是扬抑格。第二种情况是,有时候两个长音节或重读音节合在一起,而不是一个短音节加长音节。但这种情况不被认为是独立的音步形式,因为它无非是从抑扬格或扬抑格里派生出来的。第三种情况是,有时候一行抑扬格诗句的第一个音步由一个单音节(词)组成,这也违反了音步的规则。莎士比亚和蒲柏的诗句里都出现过这样"犯规"的情形。

3.2 扬抑格

这一类的第一个、第三个和其他奇数的音节是重读音节。每行也是可长可短,与抑扬格不同的是,它有单音步的,一般是一个音步带一个入韵的音节。此外,还有双音步、三音步、四音步、五音步和六音步的。例如:

> Dread ´-ful | gleams,
> Dis ´-mal | screams.
> Fires ´ that | glow,
> Shrieks ´ of | woe,
> Sul ´-len | moans,
> Howl ´-low | groans.[蒲柏]

3.3 抑抑扬格

这一类的重音落在第三、第六和第九个音节上,其余音节是非重读音节。有一音步、双音步、三音步和四音步等几种形式。

3.4 扬抑抑格

这一类的很少见。第一、第四和第七个音节是重读的。

除此之外,还有一些特殊格律(Special Metre),例如"英雄偶句"(the heroic couplet)、十四行诗(the sonnet)和八行体(ottava rima)。"英雄偶句"因很多都是在翻译的史诗或英雄诗里使用而得名,这一类的押韵成对出现。十四行诗(又译"商籁体")共十四行,每行由抑扬格五音步组成,前八行有两个韵,有时是四个韵;后六行有两个韵,有时是三个韵。③八行体借自意大利语诗歌,一个诗节(stanza)包含八行,前六行是英雄偶句(押韵格式是 ababab),最后两行是押韵的偶句(即 aa 韵)。还有斯宾塞诗节(the Spencerian stanza),形式上相对复杂一些,这里不具体介绍了。

四 诗歌的选词和炼句

《纳氏文法》第 30 章的题目是"诗歌措辞"(Poetic Diction),但实际所讲述的内容不限于措辞,还有结构的安排和调整。在关于诗歌修辞的三个板块中,这一部分所占的篇幅最大。其开头说,"诗歌之有别于散文,非但在于格律,亦在于措辞,或言之,在于语词及结构之斟选","格律,若无诗歌措辞,无以成诗"。作者举了如下例子:

> Something had happened wrong about a bill,
> Which was not drawn with sound commercial skill;
> So, to amend it, I was told to go
> And seek the firm of Clutterbuck and Co. [克莱布(Crabbe)]

虽然这几句话有"很完美的格律和押韵形式",但是用了"很平淡直白(prosaic)的语言",差不多就是大白话,因此作为诗歌是不合格的。作者由这个"反面"例子导入本章话题,介绍了诗歌用词的一般规则和要求,推荐了一批常见的诗歌常用词汇,也介绍了诗歌词序、句法结构等方面的特殊要求以及相应的变通、调整手段。这一部分内容很丰富,具体讨论的有以下几个方面。

第一,诗歌"使用古雅或不太浅俗的词语"。

作者指出:"诗歌甚少或完全不注重俗语或口语的变化,因此保留过去的诗人使用过的、已经不常用的语词。"接着作者举了许多例子,按词性分类罗列。

名词方面:一般使用 swine 代替 pigs;swain、yeoman 代替 peasant 或 husbandman;

billow 代替 wave；maid 或 damsel 代替 girl；nuptials 代替 marriage；vale 代替 valley；steed 或 charger 代替 horse；ire 代替 anger；woe 代替 sorrow 或 misery；spouse 代替 wife；quest 代替 search；guile 代替 deceit；bliss 代替 happiness；等等。

  动词方面：经常使用 quit 代替 leave；wax 代替 grow；quoth 代替 said；list 代替 listen；sojourn 代替 lodge 或 dwell；trow 代替 believe；tarry 或 remain 代替 stay；hearken 代替 hear 或 attend；obscure 代替 darken；vanquish 代替 conquer；quaff 代替 drink luxuriously；cleave 代替 stick；smite 代替 hit 或 strike；等等。

  形容词方面：经常使用 lone 或 lonesome 代替 lonely；drear 代替 dreary；lovesome 代替 lovely；intrepid 或 dauntless 代替 brave；rapt 代替 delighted；doleful 代替 sorrowful；artless 代替 innocent；sylvan 代替 woody；sequestered 代替 retired；joyless 代替 unhappy；reckless 代替 careless；bootless 代替 unprofitable；mute 代替 silent；darksome 代替 dark；wrathful 代替 angry；等等。

  副词方面：经常使用 scarce 代替 scarcely；haply 代替 perhaps；sore 代替 sorely；oft 代替 often；erst 或 whilom 代替 formerly；of yore 或 of old 代替 in ancient times；anon 代替 at once；amain 代替 violently 或 suddenly；hard by 代替 close 或 very near；等等。在 "full many a gem" 这样的表述里用 full 代替 very，在 "right against the gate" 里用 right 代替 very。

  连词方面：经常使用 what though 或 albeit 代替 although；ere 或 or ere 代替 before；nathless 代替 nevertheless；an if 代替 if。

  从其实际举例来看，《纳氏文法》是建议在诗歌里尽量选用典雅的词语，尤其在同义词、近义词的选择上，要注意这一原则。

  英语是形态语言，古英语（此处含早期现代英语）的形态变化比现代英语的形态变化丰富。在动词变位方面，《纳氏文法》提倡选用较古老的形式或强形式（strong form，指多用内部屈折形式）表示过去时，而不用新起的形式或弱形式（weak form，指统一以 -ed 为词尾表示过去式）。例如：以 wrought 代替 worked；bade 代替 bid；begat 代替 begot；clove 代替 cleft；drave 代替 drove；throve 代替 thrived；clomb 代替 climbed；stove 代替 staved；clad 代替 clothed。作者甚至认为，在《纳氏文法》成书年代，诗歌里的动词第二人称单数一般现在时用词尾 -est、第三人称单数的一般现在时用词尾 -eth，这种情况"仍然比较普遍"。

  第二，诗歌有时需要"为格律而省略词语"。

  为了适合音律（音步规则），诗句里有时省略某些词，涉及多种词类，例如，冠词、名词、代名词、关系代词（在定语从句中充当主语）、情态动词、限定动词、分词、连词、介词等。例如(括号里是省略的词)：

> The brink of (the) haunted stream
> Creeping like (a) snail unwillingly to school
> (He) who steals my purse steals trash
> Lives there (the man) who loves his pain?
> For is there aught in sleep (that) can charm the wise?
> The distance (that) lends enchantment to the view

可以看出，在散文中，一般不能这么省略，如定语从句中做主语的关系代词。

在诗歌中，动词常常是单独使用的。散文中动词前出现的助动词、情态动词在诗歌里往往省略。例如：

> This day *be* bread and peace my lot!
> (=*May* peace and bread be my lot this day!) [省略了"may"]
> *Tell* me not in mournful numbers.
> (=*Do* not tell me in mournful numbers) [省略了"do"]
> He goes to do what I *had done*, if, …
> (= … what I *should have done*, if, …) ["should have"省略为"had"]

第三，诗歌有时"使用非常规(uncommon)结构"。又有多种情况：

(1) 以形容词代替副词修饰动词。例如：

> First they praised him *soft* and *low*. [丁尼生(Tennyson)]
> The green trees whispered *low* and *mild*. [朗费罗(Longfellow)]

作者没有具体解释。显然，使用非常规的表达形式是为了避免音步数目"超标"，因而需要减少非重读音节。以第一句为例，是扬抑格的三音步诗行(最后的 low 是韵脚音节，不算入音步)，如果用了平常在此语境下使用的 softly 和 lowly，那么，音步就"出格"了。

(2) 把祈使句用于第一人称和第三人称。这时候，主语置于谓语动词的后边。在古英语里这是常见的，但是在现代英语里，除了诗歌，很少使用。例如：

> Thither our path lies; wind *we* up the height. [布朗宁(Browning)]
> "Now rest *we* here," Matilda said. [司各特]

(3) 在组构副词比较级时，把"ly"改为"lier"(而不是"more-ly")。散文里从来不这样用，在诗歌里也比较少见。例如：

You have taken it *wiselier* than I meant you should. ［莎士比亚］
Destroyers *rightlier* called the plague of men. ［弥尔顿］

(4) 将一个代词和一个名词同时用于一个动词上。这种情况在诗歌里很常见。例如：

My bank—*they* are furnished with bees. ［申斯通（Shenstone）］
The smith a mighty man is *he*. ［朗费罗］

(5) 以形容词代替被该形容词修饰的名词。例如：

Below the chestnuts, when their buds
Were glistening the breezy *blue*（＝sky）［丁尼生］

此外，还有一些特殊办法，例如，新造复合词，如莎士比亚的"The always-wind-obeying deep"；更自由地用非人称动词（impersonal verb）代替人称动词（personal verb），如用"me thinks"代替"I think"，用"melists"代替"it seems to me"；用最高级代替带"very"修饰的原级，如弥尔顿的"or where the gorgeous East with richest hand"，用所有格代替形容词，如朗费罗的"Pity and woman's（＝womanly）compassion"，用人称代词代替反身代词，如本·琼森的"I thought me（＝myself）richer than the Persian king"，在疑问句中用"and"，如拜伦的"And wilt thou weep when I am low?"等。

第四，诗歌有时需要"改变正常词序"。也有多种情况：

(1) 将形容词置于名词后。例如：

Or where the gorgeous East with richest hand
Showers on herkings *barbaric* pearl and gold. ［弥尔顿］

(2) 将动词置于主语前。例如：

Roar the mountains, *thunders* all the ground.
Again *returned* the scenes of youth.

(3) 将宾语置于动词前、主语置于宾语后。例如：

A transient *calm* the happy *scenes* bestow.

(4) 将名词后的修饰性短语置于被修饰的名词前。例如：

Thou sun, *of this great world* both eye and soul. ［弥尔顿］

注意句中"of this great world"是修饰后面的"both eye and soul"的，本来的语序是置于"both eye and soul"的后面。

(5)将介词置于其所带的名词(介宾)的后边。例如：

They dashed that rapid torrent *through*.
Where Echo walks steep hills *among*.

(6)将不定式置于其所依附的动词前。例如：

When first thy sire *to send* on earth
Virtue, his darling child, designed. [格雷]

此外，还有一些手段，例如，当补语不需要强调的时候，把补语置于动词前(如 *Fresh* blow the wind, a western wind)，将副词置于不及物动词前边(而不是后边)(如司各特的 *Merrily, merrily* goes the bark, *fully lowly* did the herdsman fall)，将复合动词(即短语动词)里的副词置于动词的前边(而不是后面)(如坎贝尔的 *Out* spake the victor then)，用 or…or… 代替 either…or…，用 nor…nor… 代替 neither…nor…(如戈德史密斯的 Remote, unfriended, solitary, slow, *or* by the lazy Scheldt, *or* wandering Po)。这些语序的调整一般都是为了韵律合规，特别是为了满足音步的要求。

第五，诗歌有时会"用形容词或分词替代从句"。与散文相比，诗歌的语言在简练性上要求较高，用形容词或分词替代从句"是为了使语言简洁"(for the sake of terseness)。例如：

See that your *polished* arms be primed with care.
(＝See that your arms(or weapons) are well polished and primed with care.)

第六，与散文相比，诗歌使用修饰性"别称"(epithet)的情况较多。作者认为，诗歌是寓教于乐，更重娱乐性而非训导性，诗歌使用的别称是"修衬性的"(ornamental)，往往并不表示实质意义。例如：

The breezy call of *incense-breathing* morn,
The swallow twittering from its *straw-built* shed,
The cock's shrill clarion, and the echoing horn,
No more shall rouse them from their lowly bed. [格雷]

里面的"incense-breathing morn"(吸香之晨)、"straw-built shed"(草筑棚舍)即通过修衬性成分给了清晨和燕巢一个特有称谓，凸显了它们的某一特征或功能，艺术性多于知识性。

另外，还有两点。一是诗歌使用具体、生动的语言，即不是泛泛说明，而是具体描写，唤起人们心目中具体事物的形象。二是诗歌比散文更自由地运用修辞性语言(即修辞格）。第一点其实与其他文学作品接近,至于第二点,此前的第 28 章已有详细介绍,那里有不少诗歌里运用各种辞格的例子,这里不再赘述。详细情况可参看陈满华(2008a)。

五 纳氏的修辞观

《纳氏文法》所阐述的具体修辞知识,体现了作者的修辞观,这一修辞观有如下几个特点:

首先,该教材里讲述的诗歌"修辞"是广义的。

《纳氏文法》是传统语法著作的一个标本,这部书里不但有英语语音基础知识,还有写作、修辞方面的内容。修辞部分不但讲修辞格,即狭义修辞,还讲广义修辞。以诗歌的修辞为例,其内容包含体裁分类、不同体裁的常见内容和形式要求、语言特点、遣词造句技巧。

纳氏把诗歌体裁纳入修辞的范围,实际反映了不同类型或题材的诗歌需要有相应的形式,这些形式涉及篇幅的长或短、格律的工整或松散、语言的轻快或凝重等。这的确是一种广义的修辞,即以尽量合适的语言形式表达某方面的内容。

以现代眼光来看,这些内容有的已超出了"文法"(语法)的范围,属于语言运用和广义修辞的范畴。当然,源自古希腊语分析的传统语法里一般也包括语音和修辞(含积极修辞和消极修辞)(Davidson 1874),而《纳氏文法》的体系就是传统语法体系,该书包括这些内容是很自然的,作为教材,反映了当时的主流语言学思想。

其次,体现了体裁与修辞相协观。

按照《纳氏文法》的主张,诗歌的体裁与(广义)修辞有密切关系,即不同体裁的诗歌有相适应的内容和形式(韵律和遣词等)要求。因此,《纳氏文法》在讲诗歌修辞时,一开始就介绍各类诗歌体裁,并分别说明这些体裁在形式上的特征和要求。

又如作者认为,田园诗一般不用叙述,如果有例外,也是仅以插话形式出现。如拜伦的《查尔德·哈罗尔德》即属于此类。

再如史诗或英雄诗,"反映重大、复杂事件,体现崇高的主旨,有详细的叙事"。除了上文已举例的弥尔顿的《失乐园》,还有蒲柏翻译的荷马史诗《伊利亚特》和《奥德赛》、骚赛的《圣女贞德》等都符合这一定义。这些诗歌都有相应的修辞讲究。

例如,《纳氏文法》认为浪漫诗在形式上比史诗短小,如汤姆森的《懒惰城堡》、柯勒律治的《古舟子咏》等。该书又主张民谣"格律更轻松",即在格律上的要求相对比较松,如柯珀的《痴汉歌》、华兹华斯的《抒情歌谣集》、司各特的《边境吟游诗集》。该教材还主张抒情诗(常被称为"颂歌"),形式上比民谣类的工整得多,既可描写,也可叙事,如济慈的《夜莺颂》《秋颂》《希腊古瓮颂》等。

最后,轻押韵,重格律。

《纳氏文法》详细讨论了诗歌的韵律,是一部比较早的总结英语诗歌格律的著作。在作者看来,诗歌的韵律是对语言的一种高层次提炼和升华,即比形式分类更具修辞意义。根据现代学者的研究,英语的诗歌韵律主要涉及两大方面:格律和押韵。《纳氏文法》的韵律部分实际上也包括这两个方面,在具体介绍时,主线是格律,辅线是押韵,或者说是在讲述前者时,附带提及后者。

六　简议——教材编写视角

作为教科书,而且是对外英语教科书,《纳氏文法》对修辞内容的处理体现了自己的编写理念和处理方法。在相关内容的编写上有如下特点:

(1)最突出的特点是简洁明了。上文已谈到,该教材讲授修辞问题时,选取的是广义修辞视角,尽管本文介绍的部分只是讨论诗歌修辞,但内容仍然很丰富,次话题较多;而该书的处置精当,提纲挈领,语言上深入浅出,明白晓畅。

(2)例子(例词、例句)很丰富。例如,关于适合与不适合用于诗歌的同义名词,列举了37组(每组两个或三个词,下同),同义形容词列举了30组,同义动词列举了27组。讲解诗歌中的词语"省略"时举了21个例子,涉及各种词类。这样不厌其烦地举例,似乎有堆砌之感,但是对于学生(尤其是非母语者)理解知识点很有帮助。

(3)在举例时一般选用名家名作的句子,且不乏名句,因此有代表性和权威性;此外,举例按照作品面世的时间先后排列,因此在共时的基本框架下又有局部的历时视角,对材料的处理有条不紊。

在没有电脑、互联网的时代,这些讲解中的例句都是靠人工选取的,为此作者一定投入了很大的精力。花这么大的功夫坚持这样做,体现的就是语料的"真实文本性",这是一种教材编写理念,可以说这成了一百多年前《纳氏文法》编撰者的一个"执念"。

以上几个特点都适合初学者。可以说,这些特点是这本教材获得巨大成功的"秘籍"之一。我们认为,哪怕在今天,《纳氏文法》的这些编写特点仍然值得重视,其编写理念和具体处理办法仍值得在类似的教材编写中适当借鉴。

七　结语

传统语法不但包含基础语音知识,还包括写作、修辞内容。就修辞而言,不但涉及狭义修辞,还探讨广义修辞。《纳氏文法》就是此类典型的传统语法著作。就诗歌修辞而言,该书内容涵盖诗歌体裁、形式要求以及语言运用技巧等。这是一部比较早的总结英语诗歌格律的著作,在对诗歌韵律的介绍中,关于押韵问题讲得比较简略,但对格律的介绍已经相当详细而深入,尤其是对抑扬格诗歌的写作要求已讲得比较透彻,对诗歌语言锤炼的方法技巧的介绍更可谓丰富多样,既有一定的理论价值,又有很强的实用性。从这个意义上说,《纳氏文法》对广义诗歌修辞问题的阐发已相当成熟,即使在一个多世纪以后的今天,仍然值得参考。

《纳氏文法》也是一部典型的对外英语教材,从内容选取到语言表达、从例句选择到练习设计等,都体现了教材的适应性,这一特点从其修辞部分即可见一斑。该书在同时代英语二语习得教材中能脱颖而出,成为二十世纪上半叶影响最广的一本对外英语教科书,与此特点不无关系。它虽然已是一百三十年前的教材,但其对相关内容的处理理念和处理方法或许对现今对外教材的编撰仍然具有启发意义。

注 释

① 全称为《痴汉骑马歌》(*The Diverting History of John Gilpin*),是一首幽默长诗。
② 全称为《苏格兰边境吟游诗集》(*Minstrelsy of the Scottish Border*)。
③ 以前四韵后三韵为例,即押韵形式是"abab,cdcd;efef,gg"或"abba,cddc;effe,gg"。(参见胡明扬2004)

参考文献

陈满华(2008a)《纳氏文法》的修辞论及其对唐钺《修辞格》的影响,《修辞学习》第1期。

陈满华(2008b)《纳氏文法》在中国的传播及其对汉语语法研究的影响,《汉语学习》第3期。

戴继国(2005)《英国诗歌教程》,对外经济贸易大学出版社。

胡明扬(2004)《语言和语言学》(修订版),语文出版社。

Davidson, T. (1874) The grammar of Dionysios Thrax. *The Journal of Speculative Philosophy*, 8 (4), 326—339.

Nesfield, J. C. (1895) *English Grammar Series*, Book IV, *Idiom, Grammar, and Synthesis*. London: Macmillan and Co.

作者简介

陈满华,中国人民大学文学院教授,博士生导师,主要研究方向为语法理论、现代汉语语法、语言学史等。Email:chenmh@ruc.edu.cn。

民国时期三部国际中文教材的生词编排及词类观*

马国彦　李泽欣

华东师范大学国际汉语文化学院

提　要　本文分析了民国时期三部国际中文教材《华语须知》(1931)、《华言拾级》(1940)、《华语易通》(1947)生词的编排情况和处理特点,考察了编写者的词类观,并对《华语须知》和《华言拾级》中的 Auxiliary verb(助动词)进行了分析和溯源。研究显示,这三部国际中文教材的生词编选具有强调实用性、交际性、针对性的特点,《华语须知》和《华言拾级》是词类八分的格局,《华语易通》则是词类九分的处理方式,这两种词类观体现了晚清传教士中文教材和中外学者语法研究对民国时期国际中文教材的影响。

关键词　民国时期　国际中文教材　生词编排　词类观　Auxiliary verb(助动词)

一　引言

中文作为外语教学的历史一直是国际中文教育界、国际汉学界、历史学界关注的课题。综合鲁健骥(1998)、刘家峰(2008)、张西平(2009)、李孝迁(2014)等研究可知,民国时期是国际中文教育发展出组织形态、在华外国人的中文学习从以个体自学为主转变为以学校课程为主的关键时期。鲁健骥(2014)强调,目前民国时期仍是国际中文教育史研究的"薄弱环节",研究的广度和深度都有不足。

我们注意到,民国时期以下三部国际中文口语教材——美国驻华外交官奥瑞德(H. S. Aldrich)主编的《华语须知》(1931)、俄侨汉学家卜朗特(J. J. Brandt)编写的《华言拾级》(1940)、中国教师吴章编写的《华语易通》(1947),在生词的编排和处理上异中有同,同时都明确谈到了对词的语法分类的认识。

不过截至目前,分析民国时期国际中文教材的论著,如陈丽华(2013)对《华语须知》

---

* 本文为教育部中外语言交流合作中心 2022 年国际中文教育研究重点项目"近代来华新教汉语教学语法资料整理与研究"(22YH36B)和上海市哲学社会科学规划课题"晚清新教传教士所编汉语教材教学语法体系研究"(2022BYY006)的阶段性成果。衷心感谢匿名评审专家提出的宝贵意见和建议。

的研究、Kennedy(1942)对《华言拾级》的评介、王坤(2011)对《华言拾级》的研究、戴陈丹琦(2022)对《华语易通》的探索,均未对其中的生词编选处理及词类问题进行专题分析。

本文拟首先考察这三部教材中生词的编排与处理情况,然后探讨其中呈现的词类观,并重点分析 Auxiliary verb(助动词)的学理渊源。这一研究取向是对鲁健骥(1998)倡导的"在发掘、整理、积累史料和资料的同时,可以开展一些断代的研究,个别方面的研究和个案的研究,从中发现值得继承的经验"的呼应。

二 三部教材的生词编排处理情况及特点

《华语须知》是初级口语教材和主题分类字典的结合体,全书分两卷。第一卷包括导论、50篇拼音形式的课文、生词索引表、语法点索引表和参考书目五大部分,第二卷包括75项主题分类字典及50篇汉字形式的课文。

教材第一卷将字作为一级条目,词语或词组作为二级条目,如"中"和"国"组成"中国"。每一课包括四部分:生字生词表、语法注解、课文注音、课文英译。生字生词按照在课文中出现的顺序排列,采取"生字生词－拼音－英译"的模式,包括了字词的语音、语义、用法以及词语的增补扩充。

编写者用英文详细注释了生词的意义和用法。如第二课注释"对"为"TUI^4, right; correct",第九课注释"来"为"LAI^2, to come; to arrive"。教材还特别标明了词语的语体性质。如第二课注释"妳"[NAI^3, you(fem.). Used in some modern books, but very rarely heard in conversation.]时,明确该词多用于书面语体,很少用于口语交谈。此外,编写者十分注重词语的语法特点,即组合性质和聚合属性。如第八课在注释"外"一词时,根据其语素义进行了用法扩充——"WAI^4-KUO^2,外国,a foreign country""WAI^4-KUO^2-REN^2,外国人,a foreigner in China""WAI^4-TOU,外头,outside; outwards"。又如第九课在注释"家"时,除了提到其本义"home"之外,还补充了它作为后缀使用的语法意义——"This character also has the meaning of 'specialist', thus yin^1-yüeh^4-chia^1,音乐家,a musician; wai^4-chiao^1-chia^1,外交家,a diplomat"。编写者还针对学习者的实际情况,对易混淆词做了相关注释,提示学习者注意区分近义词。如第二十五课对生词"戴"的注释为"to wear; to put on(This is distinguished from ch'uan^1,穿,'to wear', in that it is used with articles worn on the head or hands, such as hats, glasses, etc.)",意即"戴"的搭配对象为"帽子、眼镜"等可以戴在头上或手上的物品,而"穿"的搭配对象主要为衣物。这就帮助学习者准确区分了这两个词的用法。

《华言拾级》为华北协和华语学校初级口语教材,全书共三十课,各课的生词集中在单字(Single characters)和单字组合(Combination of characters)这两部分。

在生词的选取上,《华言拾级》关注社会生活,所收词汇既有表时间的"今天、正月、晚上",表动作、行为的"出门、吃饭、打听",表职业的"木匠、房东、裁缝",也有反映经商活动的词语,如"便宜、银子、掌柜的",表社交礼仪的"请进、再见、谢谢",还有反映汉语学习或课堂教学的词语"功课、笔画、留学生"。卜朗特对礼貌用语、敬辞和谦辞等做了解释说明,以便学习者更快地融入中国社会的语言环境及文化氛围。如第八课的"贵国、敝国、贵姓、敝姓"、第二十课的"舍下、府上、令尊、令堂"等。

在生词的编排上,《华言拾级》与《华语须知》相似,采用了"注音－生词－英译"的方式。卜朗特尽可能多地列出生词,尤其是同音词和多义词的对应英语说法,以便学习者能够全面了解汉语词语的意义和用法。如第二课注释"生"时列出了"to bear, to produce, to be born, unripe, unfamiliar"。同时,卜朗特在注释词语时,为了让学习者能够顺利地遣词造句,补充了个别生词的多种词性和用法。如第二课注释"去"为"to go, to go away, to depart, Auxiliary verb",指出"去"除了做动词以外,还可以做助动词(Auxiliary verb)。第三课注释"儿"为"a son, a child, a particle used in forming substantives and adverbs",认为"儿"除了基本意义以外,还可以用作构成名词和副词的"小品词"。在各课的生词表中,卜朗特有意将同一词性的词编纂在一起,如第一课大多为代词如"我们、你们",第五课大多为数词如"十一、十二",第六课大多为时间名词如"今年、明年",这有利于学习者逐步形成对汉语词类和聚合特征的认识,为构词法及语法学习奠定坚实的基础。

《华语易通》为上海美国学堂初级口语教材,全书共分七节,每节均列有生字词,共计800个左右。为方便汉语初学者理解词义,教材第一节在生字词之后添加了英文翻译。生词的编排与处理主要体现在第一、二、三、五节。

第一节"四十课活用练习"主要展示了少量且简单的生字词的音形义及搭配方式。前几课以单字词为主,后几课以旧带新,加入了框架结构。编写者注意到了词语和框架结构之间的细微区别,例如,在第二十二课中,以英文的不同注释列出了"回来"和"回……来"、"回去"和"回……去"的差别,认为"回来"意为"come back","回……来"意为"come from",而"回去"相当于"go back","回……去"相当于"go back for"。

第二节"生字及短句例句"共四十课,每课由生字(词)和例句两部分构成。生词围绕相同主题共收录 324 个,例句紧扣生词表中的词语和固定格式。这样的呈现方式,让我们联想到这一节的编排可能受到了英国内地会传教士鲍康宁(F. W. Baller)编写的《日日新》(1920)[①]的影响,如:第一课生词为"手、脚、头、身体"等,例句"一个人有两支手跟两支脚"针对的是"手"和"脚";第二课生词部分左列为名词"衣服、帽子、鞋子、袜子",右列为搭配使用的动词"穿、戴、脱、摘",例句有"天冷,我要穿衣服""你什么时候摘帽子"等。个别例句以加括号的方式对句义做了注解,如第一课的"没有人不是我的朋友(人人是我的朋友)"、第三课的"买东西非钱不行(买东西一定要钱)"。总体来看,前二十课所涉词语以名词为主,有少量动词和形容词;后二十课的副词、介词、连词、固定短语的比例有所提高,如介词"被、给"等,这样的做法符合循序渐进的原则。

第三节"注重成语以便练习语法"共三十课,每课将意义或使用情景类似的2~3个词语放在一起,由可单独使用的词语过渡至框架结构。例如:第一课"因为、为的是",第二课"可是、但是、或、或者",第十四课"虽然……但是……,不是……就是……"。一方面,编写者注意到这些词语具有小句连接功能,如:"因为"(他不会说中国话因为他是美国人),"倒说"(他要倒说不要),"随便你"(你去不去随便你)。有的功能成分具有开启句子或对话的功能,如"据我想"(据我想他是一个很老实的人)。另一方面,在列出的词语中,有29个标出了省略号,占总量的五分之二,这表明编写者充分注意到了框式结构的作用,例如:"不是……不……"(我不是不去因为我没有工夫),"不是……就是……"(那个不是你的就是他的),"好是好……可是"(这个人好是好可是他的脾气不大好)。值得注意的是,这一节有些词语的切分不够合理,使用不够恰当。例如把"要是不"单列为功能成分,实际上,"要是你不明白你可以问我""要是你不用心学你一定不会说",这两个例句的构造方式一致,不过一个是"要是"的例子,一个则是"要是……不"的例子,显然统一为"要是"更为合适。在可能性的表达上,如"这么多我吃不了""这一点儿菜我自然吃得了",由于没有把"得"和"不"单独析取出来,没有总结肯定式和否定式的结构特征,因此不得不罗列"……不着,……得着""……不动,……得动""……不了,……得了""……得住,……不住"等多个形式,学习者需要机械记忆并自行观察总结,在使用时难免出现生搬硬套的现象。

第五节"套语会话"共十课,主要展示了日常交流时常用的礼貌用语,以书面语体为主。例如:第一课的"贵姓、敝姓、请教、大号、尊姓、台甫",第四课的"失迎、不成敬意、诚然",第十课的"新闻、物价、战事"等。

综合来看,这三部教材在生词的编排和处理上具有以下共同特点:

第一,实用性。三部教材从学习者的日常生活和实际需求出发编选词语,反映了二十世纪三十年代和四十年代的语言文字应用情况,对学习者而言具有实用性。例如,三部教材中既有与交通有关的"火车、汽车、电车",也有与宗教有关的"礼拜堂、做礼拜、牧师、讲道",还有与国语运动有关的"国语、国文"等词语。这些词语紧扣当时中国社会语言生活,兼顾了口语语体和书面语语体,能够帮助学习者在有效扩充词汇量的同时,掌握词语在不同语境下的用法。

第二,交际性。初级口语教材旨在帮助那些在中国生活、以英语为母语的汉语学习者掌握与日常生活密切相关的交际用语。三部教材中的课文均围绕特定主题展开,涉及汉语学习、应酬交际、社会风俗等。如《华言拾级》中占比最大的便是反映社会生活的词语,教材各课虽未标注主题,但实际上每一课的生词和例句都围绕某个主题汇集,为学习者提供了强有力的情景支持。《华语易通》第二节第一课的生词跟人体有关,如"手、脚、头、身体",第二十六课跟饮食有关,如"倒、杯(子)、茶",第二十七课跟看病吃药有关,如"医院、医生、看护"。而《华语须知》除了对各课进行上述处理之外,还在第二卷中设计了分类字典作为辅助资料,有助于学习者快速查找专业领域如算术类、时间类的词语。三部教材围绕主题编选词语的做法,能够有效增强学习者在实际生活中运用相关词语进行交际的能力。

第三,针对性。三部教材根据学习者的语言水平和学习、工作需求编选生词,具有针对性,在生词的编排和处理上以循序渐进为主要原则,由易到难、从简到繁,具有科学性。如《华语须知》前 25 课有意识地控制生字生词量,第一课有"这、是"等 18 个生字,在学习者掌握了基本的语法规则后,再在后 25 课扩充词汇量,如第五十课有"卫、戍"等 48 个生字。同时,生词的编选遵循了词汇系统的内在逻辑,如"月份""季节"等主题下的词语按时间顺序排列(一月、二月……/春季、夏季……),"政府首脑与官员"下的小类"外交官员""军事官员"中的词语根据职位大小排列(上将、中将、少将……)。这有利于学习者形成词语的关联网络,能够更有针对性地加以运用。

《华言拾级》十分注重词语之间的联系。每课的第二部分"Combination of characters",根据字词之间的组合和替换关系,引导学习者进行搭配练习。如第二十一课中,编写者将"工"与"夫"组合成"工夫",进一步展示了"有工夫、没有工夫、十分钟的工夫、半点钟的工夫、两点钟的工夫"等说法,这符合学习者的认知规律,有助于学习者掌握合适的搭配方式,从而熟练开展社会交际。

《华语易通》针对学习者的学习重难点,通过两种符号对生词的用法做了特别提示。一是在生词后注明搭配情况,如:第二节第五课"等"后面有"一等、一会儿",以区分表示等第的"等"和等待的"等";第七课"多"后给出了常用形容词"远/长/重/大";第十二课"电报"后面有"一封",提示量词的使用;第十五课"东、南、西、北"后面的"边"则提醒与方位词的组合。或借由这种方式提示汉字的不同写法,如第十一课"用人"后面的"佣",第十六课"遛打"后面的"跶";或列出同义的说法,如第十二课"小心"后面的"当心",第二十课"法子"后面的"办法",第二十三课"得"后面的"必",第三十一课"借"后面的"借给"。二是用省略号标明结构空位,提醒学习者应在何处添加语言成分。有的属于框式结构,如:第一课的"没……不……",第三课的"非……不行",第二十三课的"……来……去"。

有的是提示该词的使用具有定位的特点,需要与前加或后加成分组合,如:第七课的"多少……""……多";第十三课的"……局"提示除了已给出的生词"邮政局"之外,起码还可跟该课生词"电报"组成"电报局",这一课另有"打……""听(……电话)";第十四课的"……块钱""……毛钱""……分钱";第二十一课的"……好啦";第三十四课的"……文"(对于法文跟德文我一点儿也不知道);第三十七课的"……看"中可填入单音节重叠动词,如例句"这件衣服你可以穿穿看,那顶帽子可以戴戴看"。

在生词的编排上,《华语须知》和《华言拾级》两部教材都是从字到词,按照"生词-拼音-英译"的模式解释词语,英文释义中将词语的多种义项和语法意义相结合。而《华语易通》仅在第一节注释了词语的英文释义,在第四节中按照词类系统解释了词的语法意义。总体来说,三部教材在生词的编选与处理上,形式规范、格式清晰,兼顾了词语的多种意义用法和使用情景。

三 三部教材中的词类观

这三部教材的生词表虽然均未按照词性对生词进行归类,但通过对课文、词汇表及其他部分的总结,我们可以发现编写者对词的语法分类的认识。

3.1 《华语须知》《华言拾级》的词类八分

《华语须知》和《华言拾级》都持词类八分的观念。《华语须知》的词类八分在教材第二卷有两处体现,一处是前半部分分类字典第七十一项"parts of speech"(词类),另一处是后半部分中文课文第四十课"文法"。

分类字典"词类"所列术语有"形容词、副词、接续字、叹惜词、名物词、前置词、代名词、疑问代名词、人称代名词、关系代名词、动字、助动字(Auxiliary)、他动的动字、自动的动字"。由此来看,编写者的词类划分是分两步完成的,即先把词分为八大类:名物词(名词)、代名词(代词)、形容词、动字(动词)、副词、前置词(介词)、接续字(连词)、叹惜词(叹词)。然后再对动字、代名词做下位细分,从动字中分出助动字(助动词)、他动的动字(及物动词)、自动的动字(不及物动词),从代名词中分出疑问代名词(疑问代词)、人称代名词(人称代词)、关系代名词(关系代词)[②]。

第四十课"文法"中,教师向学习者介绍了"中国话""文法的要点",以下是学习者和教师的对话:

(生):没想到除了学文法,这话对学生的进步也有连带关系。

(师):中国人说中国话不学文法,就凭习惯说。

(生):请说说文法的要点都是甚么。

（师）：每句话有主语字跟动字，主语字是名物词或代名词，比方"人走""你念"。名物词有无形的，有具体的，比方"人情""书"。副词说时候、地方、法子或怎么样，比方"明天""这里""快""怎么"。副词改变动字、形容词跟别的副词，比方"怎么作""很深""不好看"。前置词跟名物词或代名词一起用，算是副词，比方"在家""同他"。形容词说谁的、甚么样的或多少，比方"你的笔""好人""几个狗"。形容词改变名物词，比方"凉水"。动字说动作。动字有原动的，有被动的。主语字要是自作动作，动字就是原动的，比方"我打他"。主语字要是得动作，动字就是被动的，比方"他被我打了"。"了"是助动字，帮助"打"。动字也有他动的，有自动的。动字要有个被动字，就是他动的，比方"你喝水"。动字要没有被动字，就是自动的，比方"鸟飞"。

教师的解答中涉及了句子成分和多个词类及其在句法结构中的关系。也就是说，课文中的词类划分是结合对句子成分、句子结构的分析来讨论的，涉及以下六类：名词如"人情""书"，动词如"走""念"，形容词如"深""好""你的""几个""凉"，代词如"他"，副词如"明天""这里""快""怎么""很""不"，介词如"在""同"。未提及连词和叹词。这一部分仅与"动"有关的词类术语用的是"字"，如"动字""被动字"，跟分类字典的说法一致。

教师对词类的说明综合考虑了意义和功能，以功能为主。功能指做句子成分的功能和搭配功能两个方面。名词和代词的句法功能是做主语（主语字）。名词从意义上又分为普通名词（具体的）和抽象名词（无形的），前者如"书"，后者如"人情"。副词在意义上表示"时候、地方、法子、怎么样"，在功能上修饰动词、形容词和其他副词。③形容词在意义上表示"谁的、甚么样的，或多少"，在功能上修饰名词。由介词跟名词或代词组成的介宾短语，"算是副词"，这一归类突出的是在句子中做状语的功能。

原动和被动、他动和自动，反映的不是动词的下位类别属性，而是从用法中区分出来的特征。同一个动词，有时是原动，有时是被动。原动和被动的区别，取决于主语是"自作动作"还是"得动作"，如对于"我打他"中的主语"我"来说，"打"是原动的，对于"他被我打了"中的主语"他"来说，"打"是被动的。他动和自动的区别，取决于动词是否"有被动字"，如对于"你喝水"中的"水"来说，"喝"要有个被动字，就是他动的，对于"鸟飞"中的"鸟"来说，"飞"无须被动字，就是自动的。"他被我打了"中的"了"则是助动字。

与分类字典所列不同的是，由于课文里没有疑问代词、关系代词，同时也没有指示代词，所以"怎么""这里"归入了副词，"你的"归入了形容词。因没有数词之类，所以"几"归入了形容词。归为副词的"快"，指的应是类似"快走"中的"快"。"明天"归入副词，体现的也是副词的判定主要以功能为准。

《华言拾级》附录词汇表中以加括号的方式标为语法（gramm.）的英汉对应词类术语有八个：Adjective——形容字、Adverb——副词、Conjunction——联合字、Interjection——叹息词、Noun——名词/名物字、Preposition——前置词、Pronoun——代名词、Verb——动字。其中动字下列出助动字（Auxiliary verb）、他动的动字（Transitive verb）、自动的动字（Intransitive verb）。

抛开"联合字"和"叹息词"这两个术语在用字上与《华语须知》的细微差别不论，这八类实际上与《华语须知》的词类八分一一对应。

《华言拾级》英汉词汇表按英语单词的首字母排序，体例是左侧英文，中间汉字，右侧拼音。从所收词语来看，词汇表显然是以汉语词语为中心组织编排起来的。

这两部教材的词类八分，可能受到了英国学者纳斯菲尔德（J. C. Nesfield）所撰《纳氏文法》（Nesfield's English Grammar Series，1895）的词类观的影响。陈承泽（1922, 15）指出："《马氏文通》以来之文法家，大抵仿外国文，设名、代、象（马氏谓之'静字'，普通称'形容字'）、动、副（马氏谓之'状字'）、介（亦称'前置字'）、连（亦称'接续字'）、感（马氏谓之"叹字"，亦称'感叹字'）八字类，外增助字一类，凡为九类。"这里的"大抵仿外国文"，可能指的就是《纳氏文法》。《纳氏文法》20世纪初传入中国，赵灼于1907年翻译出版，后经多次订正再版的《纳氏英文法讲义》（上海群益书社）民国时期广泛用作教会和新式中小学堂的教材，对汉语语法体系的创立产生了很大的影响。赵灼把《纳氏英文法讲义·第三上》的 Parts of Speech 译为"词类"，"凡字只用于不同目的者，因以分之为不同类，不同类之字谓之词类"。其中"词类之数有八种"，即 Noun、Verb、Pronoun、Adjective、Adverb、Preposition、Conjunction、Interjection，赵灼分别译为名词、动词、代名词、形容词、副词、前置词、接续词、感叹词。这八类词与陈承泽先生谈的"外增助字"以外的前"八字类"、《华语须知》和《华言拾级》的八类词是一一对应的。

《华语须知》和《华言拾级》把动字细分为他动的动字、自动的动字，这一划分可溯源至马建忠《马氏文通》（1898）的外动字、内动字之分，与章士钊在《马氏文通》基础上编写的《中等国文典》（1907）从动词中分出他动、自动、不完全他动、不完全自动、被动几种情况的关联显然更为紧密。而助动字（Auxiliary verb），如《华语须知》中的"了"、《华言拾级》中的"来、去、上、下"，则与《马氏文通》的"助动字"、《中等国文典》的"助动词"所指不同，显然别有来源。

3.2 《华语易通》的词类九分

《华语易通》在词类观念上的可注意之处在于，吴章在教材第四节"文法举例"中明确阐述了汉语词语的语法类别。他把词分为九类：Nouns（名词）、Pronouns（代词）、Adjectives（形容词）、Adverbs（副词）、Verbs（动词）、Prepositions（介词）、Conjunctions

(连词)、Exclamations(语气词)、Interjections(叹词)。这一节共十课,每课介绍一类词。前九课的内容包括词语例示和句子,第十课是对"的"的用法总结。

不难看出,吴章的词类系统是较为完备的,不过在词语类属的判断上存在可商榷之处,如把"乘"归入名词,把"上"归入介词,显然无法与例句中的用法如"现在乘飞机的人,比乘轮船的多""把我的帽子拿来,把门关上""你昨天上哪儿去了"等匹配起来。

汉语词类九分说源于马建忠《马氏文通》建立的字类系统。章士钊《中等国文典》沿用马氏之说,也将词分为九类,即名词、代名词、动词、形容词、副词、介词、接续词、助词、感叹词。20世纪20年代,以白话文为研究对象的语法著作大都延续了词类九分模式,所用术语和排序也大体相同,如孙俍工《中国语法讲义》(1921)、黎锦熙《新著国语文法》(1924)等。《华语易通》的词类九分,显然受到了马建忠、章士钊等人词类九分的影响。

不言而喻,这部由中国教师主编的教材的词语分类比之《华语须知》《华言拾级》,更为全面地吸收了中国学者的语法研究成果,受中国社会语言生活和语言研究的影响也更深。

3.3 《华语须知》《华言拾级》中的 Auxiliary verb

在《华语须知》和《华言拾级》的词类八分框架里,"动字"中都有"助动字"这一次类,同时它们也都把 Auxiliary verb(助动字或助动词)作为专门的语法点,对其意义、性质和用法做了比较详细的说明。我们认为,这一类词语另有渊源,突出体现了中外学人在观察汉语语法时存在的视角差异,因此有必要对其内涵、外延和来源进行专门考察。

《华语须知》中提及的"Auxiliary verb(助动字或助动词)"有单独用在动词后的"上、开、完",例如"关上、盖上""分开、打开""做完、吃完";也有复合性的助动词"回来、下来、起来",例如"找回来、写下来、看起来"。动词和助动词之间还可以加"得"和"不",分别构成肯定和否定形式,例如"买得着、买不了、靠不住、靠得住、看不清楚、看不明白"。

究其源头,《华语须知》第一卷参考文献部分列出了 17 部教材和词典,其中之一是美国长老会传教士狄考文(C. W. Mateer)编写的《官话类编》(*A Course of Mandarin Lessons, Based on Idiom*)1922 年版(初版于 1892 年),奥瑞德主要参考了《官话类编》第十、第十二、第十六课的语法注释,其中第十课的语法点是"助动词'来''去'"(The Auxiliary Verb 来 and 去)。《官话类编》中涉及单音节助动词 34 个,高频使用的多音节助动词 11 个,如"出、进、过、回"后面加"来、去"构成的"出来、出去、回来、回去"等;同时也讨论了主要动词和助动词之间加"得"和"不"表肯定和否定的情况,如"穿得上、穿不上"。《华语须知》中列出的助动词全部包括在内。除此之外,奥瑞德在列举助动词"见"组成"遇见",举例"我在这里遇见他"之后,直接引用了狄考文的话,"'见'之所以附加在表相遇的动词之后,是因为这样的动词能够把物体引入感知之中"④。比较可知,无论从助动词的范围,还是从对其意义和用法的注解来看,《华语须知》都源自《官话类编》。

卜朗特在《华言拾级》中列出了 12 个助动词:"来、去、上、下、到、开、起、着、住、出、得、了",按条目对其意义和用法做了细致说明。经核查,《华言拾级》对助动词的选择可能既受狄考文《官话类编》的影响,也受英国内地会传教士鲍康宁编写的《英华合璧》(*A Mandarin Primer*)1911 年版(初版于 1887 年)的影响。

《英华合璧》较早将 Auxiliary verb(助动词)作为与主要动词(Principal verbs)相对的教学语法术语。相比《英华合璧》,《华言拾级》的助动词少了"回、过、掉",多了"到、开、住、了",而多的这四个助动词均在《官话类编》收录的范围之内。

另外,在助动词的意义及用法举例上也可找到佐证。例如,《华言拾级》注解"着"时谈及"'着'是使用最广泛的助动词",这一说法显然源自《官话类编》,而对"着"的性质和用法的认识则与《英华合璧》有关。《英华合璧》第十一课对"着"的说明是:

> 由于汉语的动词缺少形态变化,很难表达分词形式。助动词"着"在一些组合中表示动作的持续(in some connections denotes continued action),大致相当于现在分词,且以单音节动词加"着"较为常见。如:"他们两个在门口坐着说话""他骑着马来"。

这一方面表明《华言拾级》的语法点设置在学理上可溯源至《英华合璧》和《官话类编》,另一方面也从侧面印证了《官话类编》的编写的确受到了《英华合璧》的影响(郭利霞 2017),同时还可以看出卜朗特在《英华合璧》基础上所做的调整。例如,卜朗特指出"拿来"表示靠近说话人,"拿去"表示远离说话人,这一说明是《英华合璧》所没有的。而将"着"的语法意义概括为表示"动作、行为正在进行",则是对鲍康宁说法的提升。

四 结语

《华语须知》《华言拾级》和《华语易通》都是民国时期面向在华母语非汉语初级阶段学习者的口语教材。这三部教材的生词编选和处理均以循序渐进为主要原则,注重将词语的理性意义、语体性质和语法意义相结合,体现了词语教学的实用性、交际性、针对性和科学性。

研究显示,这三部教材中都透露了对词的语法类别的认识。其中,《华语须知》和《华言拾级》是词类八分格局,而《华语易通》则是词类九分模式。这两种词类观既与英语教学语法框架有关,也与中国学者的语法研究有关,可追溯至纳斯菲尔德、马建忠和章士钊等中外学者的词类观念。

在梳理、考察词语分类的基础上,我们对《华语须知》和《华言拾级》中动词下的次类"助动词"(Auxiliary verb)做了个案分析,追溯了其学理渊源,证实了晚清传教士所编中文教材与民国时期中文教材之间的互文关联。这一梳理有助于厘清语法术语的发展轨迹,对当今的国际中文教学和教材建设也有一定的参考价值。

希望本文的探索有助于推进对历史上的国际中文教材及国际中文教育史的研究。

注　释

① 《日日新》第一部分共 30 课,每课由 8 个生词和 8 个例句构成。
② 奥瑞德对"名词""名物词""名字"三个术语做了区分:"名词"是由两个或两个以上汉字组成的各类术语的名称,可译为"短语"(phrase)或"词句"(expression);"名物词"是词类上的概念,与英文"Noun"对应;"名字"则指人或物之名。
③ 这就是王力(1944,21、129)所说的词类划分的标准"相当杂乱"的一类情况,即在副词的定义中竟然出现了"副词"字样。
④ 原文是:The reason why 见 is added to words meaning to meet, is that meeting brings the object to the perception of the senses.

参考文献

陈承泽(1922)《国文法草创》,商务印书馆。
陈丽华(2013)《美国驻华语言武官奥瑞德〈华语须知〉研究》,上海师范大学硕士学位论文。
戴陈丹琦(2022)《上海美国学堂教材〈华语易通〉(1947)研究》,华东师范大学硕士学位论文。
郭利霞(2017)汉语国际教育史视野下的鲍康宁和《英华合璧》,《国际汉学》第 4 期。
柯彼德(1991)汉语作为外语教学的语法体系急需修改的要点,《世界汉语教学》第 2 期。
黎锦熙(1924)《新著国语文法》,商务印书馆。
李孝迁(2014)北京华文学校述论,《学术研究》第 2 期。
刘家峰(2008)近代来华传教士的中文学习——以金陵大学华言科为中心,《上海大学学报(社会科学版)》第 6 期。
鲁健骥(1998)谈对外汉语教学历史的研究——对外汉语教学学科建设的一个重要课题,《语言文字应用》第 4 期。
鲁健骥(2014)对外汉语教学史研究中值得关注的几个问题,《海外华文教育》第 2 期。
马建忠(1898)《马氏文通》,商务印书馆。
孙俍工(1921)《中国语法讲义》,亚东图书馆。
王　坤(2011)《俄侨汉学家卜朗特〈华言拾级〉研究》,上海师范大学硕士学位论文。
王　力(1944)《中国语法理论》,商务印书馆。
张西平(2009)《世界汉语教育史》,商务印书馆。
章士钊(1907)《中等国文典》,商务印书馆。
赵　灼(1907)《纳氏英文法讲义》,上海群益书社。

Kennedy, G. A. (1942) Review of *Introduction to Spoken Chinese* by J. J. Brandt. *Journal of the American Oriental Society*, 62(2), 143—145.

作者简介

马国彦,文学博士,华东师范大学国际汉语文化学院/国家语委全球中文发展研究中心副教授,三亚文学院兼职教师,研究方向为国际中文教育史、现代汉语语法。Email：gyma@chinese.ecnu.edu.cn。

李泽欣,华东师范大学国际汉语文化学院汉语国际教育硕士专业2022级研究生,研究方向为国际中文教育史。Email：lzx20000217@163.com。

预科日本留学生专业汉语能力考察*

姚 骏

北京大学对外汉语教育学院

提 要 随着中国综合国力的增强,来华攻读本科学位的日本留学生也逐渐增加。虽然日本学生在汉字和阅读方面有着天然的优势,但在专业汉语表达方面仍存在困难。这些问题给他们之后的本科学习带来很多困扰。前人关于日本留学生汉语学习的研究较多从某一具体语言知识的掌握开展研究,而对预科阶段日本留学生专业汉语能力的发展关注较少。本研究以近三年北大预科专业汉语课中日本学生的作业和考试作文为主要研究对象,考察日本留学生专业汉语学习中呈现的常见书面语表达能力和专业性话题表达能力。研究发现,专业性话题表达能力不足是所有留学生共同存在的问题,专业术语及专业知识较难掌握、句法成分缺失、表达口语化等问题在日本留学生中很常见。日语汉字词在词汇记忆、汉字书写等层面对日本学习者产生较大影响。日本留学生明显存在华裔和非华裔二分的情况,根据语言水平和学习策略的不同需要进行各有侧重的指导。

关键词 日本留学生 专业汉语 预科汉语教学

一 引言

随着中国国际地位的提高,来华留学的发达国家汉语学习人群也在发生着变化。从1972年中美关系缓和以来,发达国家来华留学生主要是一批喜欢东方文化的汉学家,比如法国的白乐桑(白乐桑 2018)。近年来,来华留学生中"一带一路"沿线国家的人数日益增多(刘凯、宋紫倩 2021),而发达国家来华留学生在减少。与当前来华留学生发展趋势相反,近几年北大的日本预科生在逐步增长,每年都有七八人左右,接近整体比例的10%。日本留学生已经成为不可忽视的学生群体。

---

* 本研究为2023年北京大学"数字与人文专项"(大语言模型背景下的汉语中介语语料库平台建设)和2023年北京大学"桐山教育基金研究"(预科日本留学生专业汉语表达能力发展研究)的阶段性成果。

前人对日本留学生的汉语学习研究主要关注其语言技能学习过程中遇到的重难点问题(张丕谦 1988；魏继东 1992；陈绂 1998；戴国华 2000；吕滇雯 2000；陈佩秋 2002；涩谷周二 2005；杨德峰 2008；王韫佳、邓丹 2009；张林军 2010；玄美兰 2011；王海峰、薛晶晶 2019)，对预科阶段学生专业汉语能力①发展的关注很少。本研究主要考察北大高级班日本留学生在专业汉语学习中所展现出的常见书面语表达能力和专业性话题表达能力，并提出针对性的教学建议，以便更好地提高教学效率，为日本留学生未来的本科学习做好铺垫。

二 研究对象整体面貌

本研究以笔者 2020 年 9 月—2023 年 6 月期间所教授的北大预科班日本留学生为研究对象。学生情况见表1。

表 1 北大预科班专汉课日本留学生情况（2020 年 9 月—2023 年 6 月）

学期	班别	姓名	是否华裔	期中成绩	期末成绩
2020 秋	预科 4 班②	S1③	否	84	84
		S2	否	78	80
2020 秋	预科 5 班	S3	是	86	85
		S4	是	91	91
		S5	是	86	89
		S6④	否	91	90
		S7	是	92	91
2021 春	经济法律	S1	否	80.5	82
		S3	是	88.5	88
		S4	是	88.5	90
		S6	否	91	90
		S7	是	75.5	84
		S8	是	82.5	83
2021 秋	预科 4 班	S9	否	87	90
		S10	是	91	90
		S11⑤	是	44	61
2022 春	实验 2 班	S12	是	70	68

续表

学期	班别	姓名	是否华裔	期中成绩	期末成绩
2022 春	经济外交	S9	是	87	89
		S10	是	91	90
		S11	是	49	51
		S13	是	89	87
		S14	是	85	87
2022 秋	预科 4 班	S15	否	73	81
		S16	是	88	90
2022 秋	预科 5 班	S17	是	95	95
		S18⑥	是	55	60
		S19	否	88	90
2023 春	经济法律	S17	是	84	84
		S19	否	81	77
		S20	是	95	S20
		S21	否	64	S21
2023 春	经济外交	S11	是	74	69
		S15	否	83	73

综合分析学生的成绩,可以发现预科高班学习专业汉语的日本留学生有以下特点:

1. 当前来华的日本留学生中,华裔是大多数。通过与日本学生的访谈也了解到,读本科的日本学生中华裔是主体,而来自日本大学的交换生则是纯日本人居多。这种分布特点也与其他发达国家的来华留学生类似。

2. 华裔学生有较大的优势。从成绩来看,大部分日本留学生的成绩都高于本班平均分,学习认真,成绩优良。但也有个别不认真的日本留学生会在及格的边缘徘徊。从学汉语时长来看,通常非华裔学生需要读两年才能进入本科学习,与很多零起点来华留学生的学习进度一致。90 分以上的学生几乎都是华裔,而且寒暑假基本是在中国的爷爷奶奶家度过。值得注意的是,早期来华经历和语言学习天赋对成绩也有较大的影响。

3. 华裔学生的表现差距也较大。虽然最好的学生通常都是华裔,但是最差的学生部分也有华裔背景。S11 和 S18 这两个学生上课不认真,网课不开摄像头,不交作业,学习态度消极。S11 第一年考试基本不及格,第二年才达到 80 分的水平。而非华裔本来基础较薄弱,主要靠自己努力学习,反而成绩普遍比较稳定。

另外,对学习内容的喜好也会对学生产生较大影响。在预科专业汉语综合本的讲授中,每年都是上半学期学生成绩略低。很多学生反映这是因为对上半学期学习的中国古代诗歌不感兴趣。另一个极端的例子是华裔学生 S7,她汉语基础很好,常年在大连生活。但她非常不喜欢经济,经济部分的大题完全未答,导致成绩很低,而到法律部分成绩一下子就上来了。

学习态度也会很明显地影响学生成绩。2023 年春季学期全面恢复线下统考后,所有学生考完最重要的统考后,就明显懈怠,两个班的成绩均出现明显下滑。甚至一直能考满分的华裔学生 S20 也没有准备,成绩出现了下滑。

总体来看,日本华裔的优势比较明显,但非华裔日本学生大多也比较认真,只是需要更长的时间达到本科入学的水平。大部分学生的成绩表现也非常稳定,在半年内通常成绩比较稳定。在半年或一年后,部分中下水平的学生通过努力会得到提高,但要达到华裔高水平学生的水平非常困难。

三　常见书面语表达能力[7]考察

日本学生从小接触汉字,日本华裔使用汉语的机会也很多。有前人文献指出,日本学生主要的问题是口语弱、书面语强(张宝林 2016),但是在专业汉语的学习中,常见书面语表达仍然存在问题。主要问题有:望文生义、句子成分缺失、复句副词使用有误、语序错误、句式杂糅及使用日本汉字等。

在词汇学习方面,日本华裔学生掌握的词汇量大,但由于"望文生义",常常导致词义把握不准确。误代是高级班日本学生在词汇方面一个比较突出的问题。例如:

(1)希望日本降低核废水有害物质的幅度【浓度,误代】或不排放核废水。
(2)他通过热烈【激烈,误代】竞选取得了总理的职位。
(3)这样才不会过度竞相【竞争,误代】。
(4)人们都说他把"恋爱脑"这个词彰显的很好【表现得淋漓尽致,误代】。

例(1)～(4)均选自汉语水平较高的日本华裔留学生的作业或作文。例(1)是因为都有"度"这一相同的语素而混淆。例(2)"热烈"和"激烈"意思相近,但学生未注意到"竞选"只能用"激烈"来修饰。例(3)学生只理解了"竞相"是"纷纷争着做某事"的意思,但没注意到"竞相"后面必须加动词。例(4)是受到了课文注释"鲜明地显示"的影响,未考虑"彰显"使用条件的限制。

由此可见,即使是水平很高的日本华裔学生,也容易受到汉语字面义的干扰。相比其他国别学生的词汇学习,日本学生由理解错误造成的误代问题更严重一些。

在句法层面,由于书面语专业表达通常篇幅较长,专业知识也更加难懂,留学生的认知负荷①大,结构成分缺失和杂糅非常常见,日本留学生不论华裔还是非华裔都是如此。主要有常见固定语法成分缺失、缺失指代对象、复句副词使用有误、语序错误、杂糅误加等问题。

句子成分缺失比较常见的问题是固定语法结构某一成分缺失。例如:

(5)写浪漫的感情的诗【写得,缺失】淋漓尽致,让他的女朋友陶醉了。

(6)从第三者【的角度,缺失】来看,这个罪应该是特别严重的。

(7)三被告不足【以,缺失】证明自己说的是真实的东西。

(8)尽力【在,缺失】开店之前,把货物补充好!

(9)花鲫鱼【很,缺失】肥看起来太好吃了。

例(5)根据动词重叠加补语的规则,需要重复动词"写"再加补语,学生直接省略了"写得"。例(6)"从……角度来看"、例(7)"不足以+动词"、例(8)"在……之前"都是常见的短语结构,但是学生依然遗漏了"……的角度""以""在",这种问题在不同级别的留学生中都比较常见。例(9)使用了光杆形容词,这种错误在初级阶段非常常见,但也偶见于学习时间不长的高级班学生。这反映出日本留学生到了高级阶段仍有一些基本语法知识还是不扎实。

另一种缺失是在话题转换中,缺失关键对象导致指代对象不清。这种情况常见于华裔学生。

(10)洪水来时,一旦高过防水线,【水,缺失】也随之冲破堤坝冲入市区,【防洪,缺失】迫在眉睫,简直防不胜防。

(11)但他却毫不在乎别人说什么,【这种情况,缺失】反倒日益严重。

(12)但这种富有生活气息和人情味【的作品,缺失】,让我感到乡村生活的自然和美好。

例(10)中没有"水"和"防洪"就不知道是什么"冲入市区",也不知道什么"迫在眉睫"。例(11)"日益严重"指代的是"他却毫不在乎别人说什么"的情况,在汉语中不能直接做主语,需要使用"这种情况"。例(12)"这种"后缺少名词,使整句话主语缺失。这种情况多是由于语句变得复杂之后,话题转换时容易产生指代不清的问题。

此外,在复句使用中,副词使用有误、未使用合适的情态副词,或错用否定词,也会导致表达不准确。例如:

(13)从政治角度来说,如果一直继续那样的趋势的话,最近【会,缺失】爆发战争。

(14)然而没有【没有,误加】好的通风条件,使这次行动未果。

例(13)是假设复句,后半句应指出推测的结果,需要使用"会"或者"可能会"表推测。例(14)中,题目的原文说因为"通风较好,杀害父母的计划失败",添加"没有"后与原文意思不一致。这些问题应该是在考试过程中,学生认知负荷增加造成的偶然疏忽,数量并不是很多,且也多见于同班其他国别的学生。

学生语言水平低,基本语法知识掌握不牢固,则会产生语法形式上的问题。语序问题较为常见。例如:

(15)一旦流行病毒【病毒流行,错序】就防不胜防。
(16)但是通过一个电视节目就我【我就,错序】知道了。
(17)可能会又【又会,错序】杀人。
(18)但她们的学习水平不达到【达不到,错序】父母的要求。

例(15)可能是因为在新冠疫情期间经常听到"流行病毒",发生混淆,未考虑到该句缺少主语。例(16)、例(17)较为典型,涉及复句中"就"的位置以及副词"又"的位置。"就"应该在主语之后,而副词"又"应该在"会"前。这些与副词有关的错误,前人研究认为与日语中副词位置多变有关(魏继东 1992)。例(18)没有掌握结果补语"达到"的正确否定形式。这类问题在中低水平的学习者中非常常见,在高水平日本华裔学生中则很罕见。

除了语序问题外,语法结构掌握不牢固,也会出现杂糅的情况。例如:

(19)让读的人觉得漂亮的感觉【漂亮,杂糅】。
(20)因在这个家庭气氛围【气氛/氛围,杂糅】下长大,心理出现了问题。
(21)被上犯罪分子的钩【上了犯罪分子的钩,杂糅】。

例(19)中"觉得漂亮"和"有漂亮的感觉"混在一起,用一个即可。例(20)"气氛"和"氛围"是两个词,混在了一起。例(21)"上钩"本来就含有"被骗"的意思,不需要再使用"被"。这类杂糅的问题也多见于中低水平的留学生。

除了以上这些问题以外,日本留学生词汇方面最大的问题是受到日本汉字的影响,前人研究(陈绂 1998)中也指出了这个问题。一方面是直接套用日本汉字词表达,如:自国【本国】、访问【参观】、经济成长【经济增长】、退职【辞职】、总裁【总理】、乡间【农村】、证明书【证明】、专门家【专家】。这些词除了"自国""访问"属于日本人的常用语以外,一般都涉及专业术语,使用频率相对较低。

另一个突出问题就是日本学生的汉字书写受日本汉字影响很大,一类是常见字,如:将【将】、エ【公】司、情况【况】、减【减】刑、判决【决】。比较明显的是汉语的"冫",日本学生大多容易写成"氵"。还有一些就是较专业的词语,直接写成日语汉字,如:詩【诗】歌、有效【效】、発【发】展、経済【济】、遗产権【权】、考虑【虑】、労【劳】动密集型、廉価【价】。这些词语在日常汉语中使用频率不太高,受日语汉字的影响更大。

整体来看,日本学生在书面语表达方面存在词汇掌握不准确、句法成分缺失、错序、结构杂糅等留学生较常见的问题。高水平华裔学生在语篇中指代缺失,这一情况与其他国别华裔学生也较为类似。与前人研究所指出的问题相同,日本汉字在高级阶段仍对日本留学生的词汇使用造成困扰。

四 专业性话题表达能力考察

预科专业汉语教学主要聚焦专业性话题表达能力的培养,涵盖中国古代文学、中国历史、中国法律、中国经济、中国外交等内容。学生需要掌握一些专业性话题的相关词汇、背景知识,并培养发表观点的能力。从实际情况来看,日本很多华裔留学生虽然汉语已经达到了较高水平,但在专业知识方面,由于未接触过相应的内容,仍存在不少问题,主要问题有:专业知识不理解、专业词汇使用不正确、专业表达口语化。

在专业知识理解方面,很多内容虽然课上已经讲授,学生也都表示理解了,但在考试中独立表达自己意见时,还是能暴露出学生未能准确理解相关专业知识的问题。例如:

(22)一共有三个喜欢《渔歌子》这个【首,误代】诗歌【词,误代】的理由。

(23)从有着反倾销、反补贴、特保的【有着反倾销、反补贴、特保的,误加】传统贸易保护主义转移【转变,误代】成新贸易保护主义。

例(22)主要考察学生是否掌握了所学诗歌的形式,不少日本学生把所有中国古代诗歌都看作"诗",并未区分"诗"和"词"。而在例(23)的经济学问题中,学生虽然知道了"传统贸易保护主义"和"新贸易保护主义"的对立,也知道"两反一保"等解决倾销问题的手段,但是他并未理解"传统贸易保护主义"的内涵。"传统贸易保护主义"是指通过关税来限制进口,"两反一保"是世贸组织允许的合法手段,并不属于贸易保护主义。从这些表现来看,学生对所学的专业知识大致有了一些了解,但在一些细节上了解得并不准确。

留学生在专业知识方面更大的问题是专业词汇的误代。其中,专业名词的问题更严重一些。例如:

(24)我陶醉于京剧,它用很多面具【脸谱,误代】表现剧里的人心。

(25)看一看老人有无其他疾病历史【病史,误代】等。

(26)青少年的心里产生精神毛病【问题,误代】。

(27)遗产继承顺序的第一顺序【第一顺位继承人,误代】是我。

(28) 这使中国得以成为世界第二经济大国【经济体,误代】。

(29) 他们被举报卖假酒,因此受到了法律的制约【制裁,误代】。

例(24)中所用的"面具"是指"遮挡面部的东西",但京剧是在脸上画图案,应该使用"脸谱"。例(25)、例(26)中的"疾病历史""精神毛病"中国人都可以理解,但使用"病史""精神问题"更符合专业性的特点。例(27)、例(28)中"第一顺位继承人"和"经济体"比较专业,课本上未出现,但在陈述专业话题时需使用,学生使用其他词语表达,出现了误代。例(29)中,学生理解了罪犯会受到某种程度的限制,但对"制裁"这一术语不熟悉,因而使用了更为常用的"制约"。这些问题都是学生不了解专业词汇造成的。从另一个角度来看,也有教材专业词汇覆盖不够全面的因素。

另外,在表达一些专业话题时,通常会采用特定的动词,但学生往往用常用词代替。例如:

(30) 派出所听到【听取,误代】双方的主张进行了调解。

(31) 我会建议他们把监控拿过来,并清晰【增加清晰度,误代】,扩大【放大,误代】。

(32) 三被告反抗了【反对,误代】法院的判决。

例(30)中"听取"有"主动地听别人意见、建议"的意思,但"听到"只是表示"获得某一消息"。该例中,警察是主动认真地听双方的主张,应该使用"听取"。例(31)是描写需要把监控画面变得更清晰,因此应该使用"增加清晰度""放大"。"清晰"是形容词,此处不能使用;"扩大"是"放大范围",并不用于"放大画面"。例(32)是被告不认可法院的判决,应该使用"反对"。"反抗"虽然有"反对"的意思,不过是指"以行动来反对",与句子想表达的意思不符。这些例子都说明在描述一些专业性问题时,动词也会相应有一些调整,要求更精准。但学生由于接触较少,常用常见词汇来替代。

在专业性话题表达的篇章结构层面,语言水平会限制学生的表达,中低水平的学生常常会使用口语化的叙述。例如:

(33) 他的船坏了。他想修理,所以去他朋友那儿说"你帮我"。那个时候他把这个作品写了,然后给帮他的人。【摘自S2的期中考试答卷】

这个日本学生的成绩处于全班的平均水平,他很认真地谈到了课上讲过的《渔歌子》的创作背景,但他只能用简单的语句进行描述,并不能以专业的方式来讲述张志和与当时湖州刺史颜真卿之间的这段逸事。

值得注意的是,即使是水平相近的日本学生,非华裔学生和华裔学生的学习风格也有较大的差别。非华裔学生会更关注语言形式的正确与否,而华裔学生更愿意表达自己的想法。例如:

(34) 这两篇作品中,我更喜欢张志和的《渔歌子》。《渔歌子》是词牌。体裁是词。词牌是词的调子的名称。还有词的特点是可以配乐歌唱的,所以,形式是比诗歌比较【更,误代】自由的。

《渔歌子》描写了在风景特别绚丽的西塞山下,江南水乡春汛时期【期,误加】的风景。

第三句和第四句描写了渔父捕鱼的情状和态度。表现了悠闲自在【的,缺失】乡村的【的,误加】生活。

写《渔歌子》的张志和是唐代的著名词人。他通过这首词表达了张志和对悠然自得的乡村生活的向往和憧憬。还有表现了对优美的春天的大自然风景的喜爱之情。张志和向往自由的生活。

张志和这么想的理由是跟他的背景有关。是因为张志和经历宦海风波,同时他的母亲和妻子都去世了。他伤心欲绝,把什么都事情要放弃【什么事情都要放弃,误代】,自暴自弃了。他放弃了之后,追求自由的生活、生机勃勃的大自然的景色。然后浪迹江湖了。

我认为这首词的韵味很浓。张志和的诗是把本人的感情描写的【得,误代】淋漓尽致。写得很精彩。我特别喜欢这首词。而且《渔歌子》是我跟几位同学一起给大家介绍的词。所以《渔歌子》给我的印象特别深刻。这就是我对这首诗【词,误代】的认识。【摘自 S9 的期中考试答卷】

(35) 《渔歌子》是词牌名,有单双调两种。单调二十七字,五句四平韵或五句三平韵。双调五十字,上下各有六句,四仄韵等变体。这首由张志和来【来,误加】写的词是单调的代表作之一。

这首词用山、水、花、雨等简短的语言来描绘优美的自然的【的,误加】风景。这首词里的渔父因为这些美好的自然【景色,缺失】,感到"斜风细雨不须归"。

我觉得由【于,缺失】现代技术发展,虽然我们的生活是挺方便的。但有时候我觉得非常累。我随时随刻【随时随地,误代】都要带手机或电脑,为了不忽视【以免错过,误代】学校发给我的重要的信息或朋友发的微信。还有我要但【担,错别字】心的事情也比较多。比如,人与人之间或国家与国家之间的关系,自己的未来等。其实我也没有能力控制这些问题。但有时候会特别但【担,错别字】心。所以读完这首词以后,我特别羡慕这首词里的渔父。我也想在没有网络,也没有其他人,只有优美的自然【风景,缺失】里【里,误加】,摆脱烦恼,什么都不想,过一天生活【这样的日子,误代】。【摘自 S10 的期中考试答卷】

例(34)、例(35)来自同一个班的日本学生的期中考试答卷。S9是非华裔,已在预科低班学习了一年。S10是华裔,刚进入预科高班学习。两人学习都很认真,考试成绩也一直很接近,都在90分左右。答卷中两个学生都很好地呈现了《渔歌子》的相关背景知识,这与S2的表现形成了鲜明的反差。但从具体的表现来看,S9更多是在复述她所知道的《渔歌子》的知识,自己的感受表达得很少;而S10由于有自由流畅的表达能力,几乎一半的篇幅都在介绍自己对《渔歌子》所展现的人生态度的体悟,更加出色。从这组对比中,我们可以看到非华裔学生通过努力还是能够掌握专业知识,并将其相当得体地表达出来,但在自我观点的表达上会少一些;而华裔高水平学生会更加流畅地表达自己的感受。

整体来看,日本留学生在专业词语使用方面问题较多,部分专业知识掌握也不准确。日本留学生并未因为其汉字圈背景呈现出优势。专业问题表述中的篇章表达能力更多受制于学生自身的汉语水平,如果水平较低,则会出现较多的口语化表达。值得注意的是,在学习风格上,华裔与非华裔存在差别。华裔高水平学生会更自如地表达自己的看法,非华裔学生更多会采取保守的策略,较多运用课上学习的知识。

五　结语

随着中国综合国力的增强,来华留学生群体更加多元,国际中文教育已经进入新阶段。当前的研究更强调针对具体国别的学生开展有针对性的研究(王辉、史官圣2023)。另外,由于来华学历生的人数增加,留学生学术汉语能力弱、难以完成学业的矛盾更加突显。近年来,学术汉语受到众多学者的关注(汲传波2016;亓海峰等2022;张博2022)。学术汉语研究领域目前也多基于自建的学术论文语料库进行分析,缺乏对学习者专业性话题表达能力成长过程的动态观察。另外,与前人研究多关注日本留学生的语言技能学习特点不同,本研究聚焦日本预科生专业汉语学习中所呈现的专业汉语能力,通过分析一手的日本留学生专业汉语考试语料,归纳出日本留学生专业汉语能力的特点。

研究发现,日本留学生在预科专业汉语的学习中整体呈现较好的面貌。华裔日本留学生占比较高,学习成绩较突出,汉语表达流畅。但个别华裔学生由于学习态度不认真或者家庭不重视书面语的学习,成绩处于中低水平。而一些非华裔的日本学生经过努力学习也能达到班内较高水平,但通常需要在预科阶段学习两年。

在常见书面语表达方面,受到大量日语汉字词汇的影响,日本留学生"望文生义"和误用日本汉字词的特点比较突出,误写日本汉字也非常常见,即使是高水平的华裔学生也很难完全避免。在句法结构方面,由于专业汉语内容复杂,受到认知负荷的影响,句子成分缺失、指代对象缺失、副词误用等问题比较突出。另外,一些汉语水平较低的日本留学生由于语法知识掌握不牢固，容易出现语序错误、句式杂糅的问题。

在专业性话题表达方面，比较突出的问题是专业词汇量不够，使用常用词替代。大部分日本学生掌握了所学的专业内容，但对部分专业知识概念理解不正确。低水平学生书面语表达口语化倾向严重。日本学生的汉字背景优势并不突出。值得注意的是，在高水平学生中，华裔和非华裔在学习风格方面存在差异。华裔高水平学生更愿意表达自己的想法，非华裔学生则更关注语言形式是否准确。

从相关研究结论可以发现，对日本华裔学生和非华裔学生要有意识地开展个性化指导。针对华裔学生，要多开展难度更高的同主题专业文章阅读练习，并多进行归纳总结等练习，以适应本科阶段的读书报告写作任务。而非华裔学生在低水平阶段要注意基本的语法问题，在词汇和句法层面多下功夫；达到较高水平后，则应鼓励学生用较专业的语言表达自己的看法。另外，日语中的汉字对日本学习者来说是一把双刃剑，教学中要做好日本学生常见词汇错误的总结归纳，降低错误率。

预科阶段是留学生从初中级汉语学习者逐步成长为能就专业话题进行自由交流的高水平汉语学习者的关键时期。但长期以来，针对高水平学习者的研究较少关注其专业汉语能力的发展。"冰冻三尺非一日之寒"，留学生学位论文写作面临的困境与他们专业知识学习方面的困难也有一定关联。本研究聚焦日本留学生的专业汉语能力发展，描述其特点并提出相应建议。希望能"抛砖引玉"，吸引更多的学术同人关注预科阶段留学生专业汉语能力的成长。

注 释

① 本文考察的"专业汉语能力"和现在学界所关注的"学术汉语"有所不同，后者更关注论文写作中留学生和母语者在谋篇布局、前后衔接、术语使用方面的差异。本研究所指的"专业汉语能力"主要着眼于本科专业的学习，包括"专业性知识的理解"和"专业性话题表达"两部分。限于中介语料的性质，本文考察的"专业汉语能力"，主要就"表达"这一方面展开。而在"表达"这一层面，参考内申、顾永琦（2019）及张博（2022）等专家将学术词汇分为通用性学术词汇和专门学术词汇的做法，本研究依据覆盖专业领域的普适性，将"专业汉语表达能力"的考察分为"常见书面语汉语表达"与"专业性话题表达"。这样二分的做法，有助于区分汉语书面语基本功能和专业知识的掌握与表达，可以更好地对不同特点的学生进行分类指导。

② "预科4班""经济法律"等为所教授课程的班别。按学院教学安排，秋季学期讲授专业汉语综合本，内容包含文学、历史、法律、经济。班别越高，学生汉语水平更高。而春季学期则面向所有高级班教授专业汉语分册，内容为班别所示内容。2022年春季实验2班较为特殊，全班在线下授课，教授内容与同期线上开设的经济外交班相同，但班级学生中大部分是华裔，汉语水平很高，班内唯一一名日本华裔学生是从低班升入，汉语水平较低。

③ 考虑到学生个人隐私,本研究以学生出现的顺序进行编号,同一个学生在不同学期均以第一次出现的编号为准。

④ S6 是非华裔,但小学时随父母在中国居住,语言学习能力强,精通多种语言。

⑤ S11 虽然是华裔,但接触书面汉语晚,上课很不认真,不开摄像头,不按时交作业。

⑥ S18 虽然是华裔,但接触书面汉语晚,上课很不认真,不开摄像头,不按时交作业。

⑦ 本文所指的"常见书面语表达能力"是与"专业性话题表达能力"相对的通用的书面语表达能力,所考察的词汇、语法、语篇现象可见于较多的专业领域或正式书面语中,而后者则只在某些专业领域的话题中出现。

⑧ 认知负荷是认知活动在特定作业时间内施加于个体认知系统的负荷总量(Sweller 1988、1994)。认知负荷理论的基础是认知资源有限理论和图式理论。对学习材料的理解、加工处理共同形成了总认知负荷。

参考文献

白乐桑(2018)"月球语言",《美文(上半月)》第 7 期。

陈　绂(1998)谈日本留学生学习汉语复合词时的母语负迁移现象,《北京师范大学学报(社会科学版)》第 6 期。

陈佩秋(2002)日本留学生拟亲称呼语偏误分析,《汉语学习》第 6 期。

戴国华(2000)日本留学生汉语动词常见偏误分析,《汉语学习》第 6 期。

汲传波(2016)韩国学生汉语学术论文中文言结构使用初探,《汉语学习》第 6 期。

刘　凯、宋紫倩(2021)"留学中国"的经济红利:来华留学生如何促进了中国的 OFDI,《教育与经济》第 2 期。

吕滇雯(2000)日本留学生汉语偏误分析之(一):动词重叠,《汉语学习》第 5 期。

内　申、顾永琦(2019)《外语词汇教学的方法》,外语教学与研究出版社。

亓海峰、丁安琪、张艳莉(2022)汉语二语学习者学术汉语写作能力研究,《四川师范大学学报(社会科学版)》第 1 期。

涩谷周二(2005)日本学生汉语学习难点和重点的调查报告,《汉语学习》第 1 期。

王海峰、薛晶晶(2019)日本学生汉语语音学习难度考察,《语言文字应用》第 2 期。

王　辉、史官圣(2023)区域国别研究视角下的国际中文教育:内在逻辑与范式建构,《世界汉语教学》第 1 期。

王学松(2001)来华日本留学生汉语学习情况调查,《语言文字应用》第 4 期。

王韫佳、邓　丹(2009)日本学习者对汉语普通话"相似元音"和"陌生元音"的习得,《世界汉语教学》第 2 期。

魏继东(1992)谈谈日本学生学习汉语的一些问题,《北京师范大学学报(社会科学版)》第 6 期。

玄美兰(2011)日本留学生汉语"了"字句偏误分析,《大连海事大学学报(社会科学版)》第 6 期。

杨德峰(2008)《日本人学汉语常见语法错误释疑》,商务印书馆。

张宝林(2016)面向日本学生的汉语口语教学目标与策略,《海外华文教育》第5期。

张　博(2022)学术汉语词汇的主要特点及教学策略,《世界汉语教学》第4期。

张林军(2010)日本留学生汉语声调的范畴化知觉,《语言教学与研究》第3期。

张丕谦(1988)浅谈对日本学生的短期汉语教学,《世界汉语教学》第2期。

Sweller, J. (1988) Cognitive load during problem solving: Effects on learning. *Cognitive Science*, 12, 257—285.

Sweller, J. (1994) Cognitive load theory, learning difficulty, and instructional design. *Learning and Instruction*, 4, 295—312.

作者简介

姚骏,北京大学对外汉语教育学院副教授,主要从事汉语作为第二语言的习得与教学研究。Email：yaojun@pku.edu.cn。

全线上混合式"三步"教学模式的构建*

范红娟

重庆大学外国语学院/北京外国语大学中文学院

提　要　本文以全英文授课类来华硕士研究生、博士研究生的公共汉语课为研究对象,介绍了授课团队为落实《来华留学生高等教育质量规范(试行)》中的语言要求而对公共汉语课程做出的改进。结合传统线下教学以及应急线上教学模式面临的挑战,授课团队在自我决定理论(SDT)的框架下开展了行动研究,构建了"慕课自学—小组促学—教师馈学"的全线上同步、异步混合的"三步"教学模式,为师生创造了大量的社会交互空间,增进了线上课堂的情感流动,提升了学生的学习动机、自主学习能力等。结合跨境教育的实际需求和国际中文教育的数字化转型趋势,我们认为此模式具备持续的研究、应用和推广潜力。

关键词　互动　情感　动机　自主学习　自我决定理论

一　传统教学面临挑战

本课题关注来华攻读学位且授课语言为全英文的留学生,以硕士研究生、博士研究生为主,对该类学生来说,来华并非以学习中文为目的,中文是作为一门公共课嵌入其培养计划的。在重庆大学,中文初学者需要在入学的第一学年先后选修两门公共汉语课程——"基础汉语""初级汉语",各64学时。根据教学团队前些年观察到的现象,该类学生学习中文普遍动机不足,往往在获取学分后放弃中文,不少学生毕业之时甚至不具备最基本的中文交际能力。

2018年9月,教育部下发了《来华留学生高等教育质量规范(试行)》,对该类学生毕业时应当达到的语言水平做出了明确要求:"以外语为专业教学语言的学科、专业中,来华留学生……硕士研究生、博士研究生的中文能力应当至少达到《国际汉语能力标准》三级水平。"重庆大学也以此为标准,调整了该类学生毕业所需的中文语言门槛——通过

---

* 本文为国家语委重大课题"数字化时代的语言生活与语言治理研究"(ZDA145-8)、重庆大学第六批研究生重点课程"基础汉语"(20210644)的阶段性研究成果。

HSK 三级（对应《国际汉语能力标准》三级）。然而实际情况是，在传统教学模式下，仅仅依靠 128 学时的课堂教学完成二级的全部教学内容都很吃力，完成三级的全部教学内容，几乎是一项不可能完成的任务，何况教学内容和学生实际达到的水平也无法画等号。要帮助学生在毕业前达到三级，从教学层面看主要有两种途径：第一，增加学时；第二，改革教学模式，大力推动学生的自主学习。如果要增加学时，就势必涉及变动培养方案，需要中文教学部门与研究生院、专业院系多方协调，操作起来难度颇大；改革教学模式、优化教学理念，大力推动学生的自主学习，或许是教学团队更应努力的方向。

二 应急线上教学模式下挑战加剧

2020 年 2 月底，我们迎来了新冠疫情暴发后的首个学期。应急状态下，我们决定主要依赖线上公开慕课来开展教学。为督促学生按时开展学习、发挥教师的指导作用，我们依据慕课内容，为每一章节都单独设计了测验。学生完成慕课学习之后，需要完成并提交测验，之后教师会逐一批阅，并在原定的课表时间进行线上答疑。

依赖这种"慕课自学＋线上测验＋线上答疑"的简单模式，我们完成了整个学期的教学任务。尽管大部分学生对学习效果、教师所做的努力表示满意，但其中展现出的问题也很突出：自学与测验主要依赖学生独立完成，教师答疑多通过文档注解或者微信打字，一整个学期之后，教师和学生整体上仍然处于比较陌生的状态；此外，由于学习过程中互动空间有限，学生缺少交际机会，难以发展实际的语言应用能力。这种状态让笔者非常不适，这种缺少面对面实时交互的课堂，给人以冷冰冰的生硬感，没有为学生内化知识提供足够的支架，也没能照顾师生的情感需求。笔者猜测，学生大概也有同样的不适感。课程结束后的小调查也证实了笔者的猜想。甚至有学生表示：每天都是一个人待在房间里，没有办法学习。笔者听到这种反馈的第一反应是：只能待在房间里，没有干扰，不正有利于学习吗？然而再一细想，该个例或许揭示了我们线上应急模式的最大劣势——没有为学生提供必需的社交支持，学生在学习过程中感到孤独，动机不足，甚至可能出现心理问题，严重影响学业进展、身心健康。

吸取第一学期线上教学的经验、教训，结合传统教学中的老问题，我们开始着手进行行动研究，希望通过重构课程，设计一种利于交际互动、情感流动，增强学生学习动机，提升自主学习能力的新型线上教学模式。

三 行动研究：常态化线上教学新模式的构建

3.1 学情分析

经历了应急阶段的洗礼，各地的师生都积累了一定的线上教与学经验。由于跨境自由流动恢复较晚,线上学习成为身处境外的留学生的唯一选择。对这部分教学群体来说,可以采用的无非是异步、同步两种模式。异步和同步各有优缺点,其优缺点往往一体两面,相互对立、补充。异步教学的优势几乎都来自教与学的可分离属性,由此学习者可灵活选择学习时间,对网络连接质量的要求也相对较低。然而也正是因为其教与学过程的分离,导致交互性较弱,实时互动难以展开。而能够实时互动、交互性强恰是同步教学的最大特点及优势,备受语言学习者的青睐(徐来等 2021),但这对网络提出了较高的要求,并且严格限制了学习发生的时间。

线上教学常态化后,这两种基本的教学形式都得到了大范围的推广及应用,并常常结合在一起,形成一种以"录播+直播"为代表的典型组合,由于其本质上与经典的"线上+线下"混合式教学并无不同——都是"知识传授+交流研讨"(吴中伟 2021),所以也可以称之为一种改造了的混合式教学模式,不少学者、同人(孙瑞 2020;金海燕 2020;陈闻 2020;王瑞烽 2020)都对这种变通的"混合"非常看好。

考虑到重庆大学招收的境外学历生的现状——大多来自发展中国家,网络基础设施质量不高,上网费用可能非常昂贵;学生分布在亚、欧、非,内部存在时差;在网络质量欠佳、学习一种完全陌生的新语言之时,在线互动时间过长会对学生的注意力产生巨大影响——我们在充分评估可利用手段、资源以及受到的客观限制之后,为尽可能兼顾教育公平(包亮 2020)及教学效果,确立了线上教学模式的设计指南:(1)充分利用异步;(2)缩减在线互动规模;(3)缩短在线互动时长;(4)模式应当尽可能精简、易用。在《"新冠疫情下的汉语国际教育:挑战与对策"大家谈》(上、下)中,众多专家如陈闻、梁霞等也提出了类似的看法。

3.2 理论框架

除现实矛盾以外,该行动研究也同时受到了理论的驱动。我们最近两年来十分关注与自主学习、学习动机相关的话题,自我决定理论(Self-Determination Theory, SDT)就是与之紧密相关的一个心理学理论,由 Richard M. Ryan 与 Edward L. Deci 在 20 世纪 80 年代提出,作为主流动机心理学领域最有影响力的范式之一(Dörnyei 2001),该理论从动机角度解释了人类自主行为的本质(王婷婷、庞维国 2009)。经过几十年的发展,SDT 已然扩展成为一个关于人类发展和健康的广泛的理论,在国外管理、教育、心理咨询等领域得到广泛认可与应用(Ryan & Deci 2020)。目前我国教育界、教学界对该理论的关注还相对较少。

SDT 的基本假设为:人类先天倾向于成长与融合,但是这种积极倾向的实现需要有外部条件的支持——满足个体的基本心理需求。SDT 确认了个体发展的三大基本心理需求:自主(autonomy)——在任务、活动中个体需要一种掌控感,胜任(competence)——个体需要体验到自己是有能力胜任的,关联(relatedness)——个人对亲密感、安全感、归属感的需求。在教育语境中,SDT 强调个体的基本心理需求是学习的根本动力(岑延远 2012);除影响学习投入、学习表现以外,基本心理需求的满足对学生的心理健康也有着很强的预示作用——对基本心理需求的支持能促进学生健康,而阻碍这种需求会造成伤害,这种关联在不同年龄、种族和文化背景下都很明显。(Ryan & Deci 2000;Ryan et. al. 2019;Ryan & Deci 2020)

人类的基本心理需求天然地跟动机、情感问题相关联,我们认为 SDT 三大基本需求理论对于解决文章前两部分提到的老问题、新挑战都很有指导意义,因而以其为框架,在第二学期线上教学即 2020 年秋季学期之初开启了该项行动研究,希望通过对教学模式的调整、学习过程的优化,满足学习者的三大基本心理需求,着重为师生、生生互动创造空间,关注学习过程中的情感流动,以及学习者的心理健康状态。重视教与学过程中的情感因素,从教育学层面来说,是对师生情感本身的重视,是教育注重人文性、生命体验的体现(朱小蔓、王平 2017)。从语言学习本身来说,情感也可能会成为一堵屏障,对知识输入产生过滤作用(Krashen 1985)。越来越多的证据表明,情绪与语言加工密切相关(刘宏艳等 2009),神经语言学最近几年迎来了"情感"转向(廖小根等 2021)。语言学习应当考虑"社会情感学习"的维度,通过互动促进社会交互及社会化进程(吴勇毅 2020)。

3.3 模式构建

在 SDT 理论的指导下,综合考虑各种线上学习平台、会议软件的特点,吸收线上、线下混合式教学的精华——讲授式课堂+互动式课堂,我们对教学模式进行了灵活调整,设计了全线上异步同步混合式教学新模式:充分利用线上教育所带来的异时异步、同时同步两种学习可能,有机结合慕课、线上即时互动平台,挖掘合作学习的机会,为学生的认知、情感发展创造尽可能多的社会交互空间。在该模式下,学习过程主要围绕三个环节开展:

(1)慕课自学

该环节主要通过慕课进行,针对适合于讲授式教学的内容,目标在于达成知识输入。与视频会议或者直播相比,学生通过慕课平台自学对网络需求相对较低,学生可以选择在自己最方便、网络状态最好的时间登录平台学习。由于该课程面向的学生群体中不乏来自网络设施不完善地区的学生,保留异步学习方式就非常重要,可以保证所有学生至少能顺利完成知识输入;而之所以没有选择对网络要求更低的文本、音频或其他方式,是因为学生都是中文初学者,难以在完全没有教师介入(慕课实际上也是有教师教的)的情况下开展自学。通过慕课进行自学,这是我们提出的线上混合式教学新模式的第一步,需要学生在课表时间前完成。

(2)小组促学

小组学习主要通过视频会议软件进行,该环节目标在于通过合作学习深化对第一环节所学内容的理解,并尝试知识的初步应用。线上班级一般在20～25人之间,划分为4个小组,每组5～6人,自学完规定的慕课视频后,各小组须自行商定时间,开启小组学习;学生需要根据教师的要求与同伴就自学部分的内容进行会话练习,开启意义协商。教师一般不出席学生的小组学习,但会建议各小组将学习过程录制下来,以备教师回看,了解学生学习状态。本环节也须在课表时间前完成。这里有必要一提的是,在网络学习条件下,各小组同步音视频互动难以在单一网络会议室、直播室实现,若想使同伴互动可行、易行,打破课表限制,使小组互动成为一个独立于课表的环节或许是一个突破方向。

(3) 教师馈学

这里的"馈"指的是"反馈",该环节同样依托线上平台的实时互动功能,可借助会议软件实现。该环节目标在于进一步加深、加强学生对所学知识的理解和应用,并争取内化。教师反馈仍旧分组进行,各小组享有单独与教师互动的时间段——25分钟。教师提前排好时间表,各小组按照约定时间分别进入线上会议室。首先,学生要向教师"回课",展示小组合作学习的成果,如角色扮演、展示汉字书写等;之后,教师根据学生的语言表现,答疑解惑,并进行有针对性的指导,如训练语音语调、对重点内容进行进一步操练等。鉴于实时互动对有些学生来说可能成本高昂,所以提升实时互动效率、限制互动参与人数就成为我们的重要考量。

如上所述,慕课自学、小组促学都发生在课表时间之外,只有最后一步教师馈学占用课表固定时间——每名学生、每小组只需要出席25分钟,而教师全程在场。除第一环节外,第二、第三环节几乎全程用于互动,互动规模含教师在内控制在6人以下,互动过程中所有参与者在网络允许的条件下都会开启摄像头,"屏幕面对面",以增强仪式感、临场感,以及相互之间的熟悉感。在该模式中,"小组促学"承前启后,成为组织教学的关键环节,一方面为成员开启自学提供了推动力,另一方面也是第三环节中师生互动、教师反馈可高效推进的重要保障。

在三大主环节之外,每学完两个单元会有一次班级大课,主要用于小组互评、阶段总结:各小组需要根据阶段所学内容编排会话,并录成视频,发布到班级群里展示(要求提前录制成视频而非当场展示,是为了避免班级集体互动时常发生的网络不畅问题),各小组要依据具体的评分标准互评学习成果;之后教师会以直播形式对阶段所学内容进行总结。

上面我们主要介绍了常规课的三大环节,但是从课程整体设计上来说,一个完整的阶段应该包括:发布任务—完成任务—总结任务。前面介绍的"慕课自学—小组促学—教师馈学"都是聚焦于"完成任务",可以说主环节都是任务驱动的。该模式全流程如图1所示。

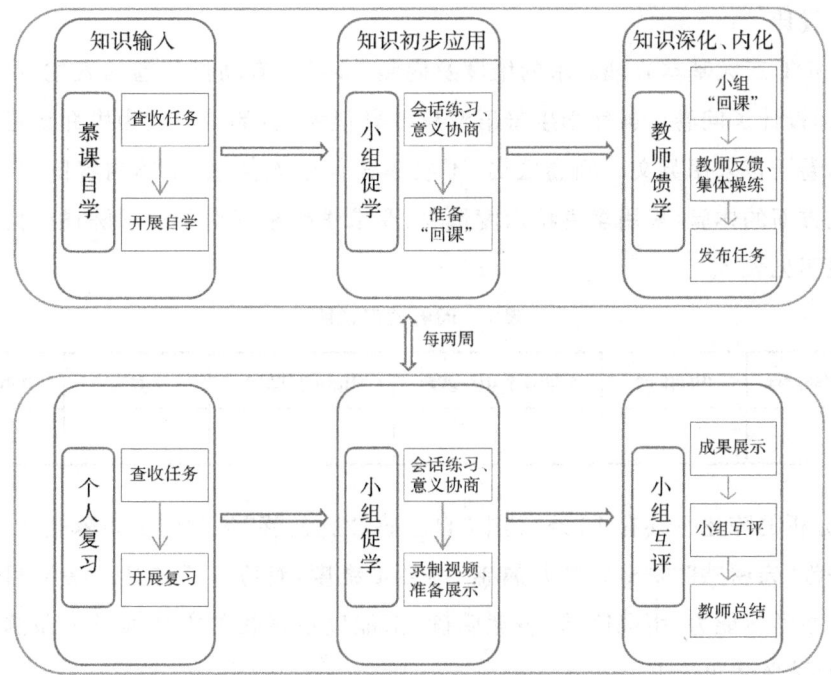

图 1　全线上混合式"三步"教学模式

四　成效检验

我们选用了在国际上颇具影响的 SDT 三大基本心理需求作为理论参考框架来设计教学模式,基于 SDT 的已有研究——三大基本心理需求的满足会带来更好的情感体验,提升学习动机,促进自主学习。(参见 Ryan & Deci 2020)为验证是否完成了行动研究的目标,我们一方面需要检测新的教学模式是否确实满足了 SDT 三大基本心理需求,另一方面也需要对学生的情感、动机、自主学习能力方面的感受进行调查。也可以说,满足 SDT 三大基本心理需求为研究的中介目标,而情感、动机方面的良好体验以及自主学习能力的提升是最终目标,其关系如图 2 所示。

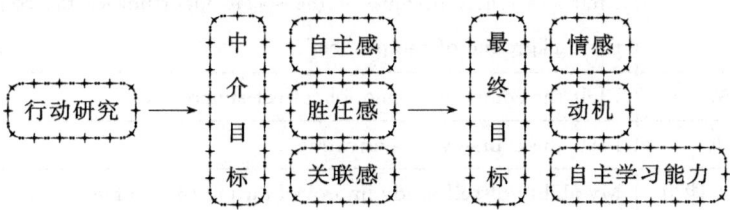

图 2　行动研究的中介目标与最终目标的关系

4.1 问卷设计

根据 SDT 三大基本心理需求的维度及内涵,参考已有动机问卷的表述方式,我们根据行动目标设计了问卷。虽然学生母语背景差异很大,但都以英文为媒介语进行专业学习,所以问卷语言采用英文。问卷匿名,不收集任何个人信息,主体内容围绕学生情感、心理、动机方面的体验,采用李克特六度量表,要求学生根据对某一项陈述的同意程度打分,刻度说明见表1。

表 1 问卷刻度说明

strongly disagree	disagree	slightly disagree	slightly agree	agree	strongly agree
1	2	3	4	5	6

纳入分析的陈述一共有12条,其中"自主感""胜任感"各对应 2 条陈述,"关联感"内涵复杂,关涉"亲密感""安全感""归属感"等多重维度,对应 5 条陈述。最终目标"情感""动机""自主学习能力"用词简单、表意明确,都能以最直接的方式通过一条陈述直接进行考察。具体陈述见表2。

表 2 目标维度的相关陈述

目标维度		相关陈述
中介目标	自主感	I liked the freedom/autonomy I had when learning the course.
		I felt the course was autonomy/freedom-supportive.
	胜任感	I felt competent when taking the course.
		I gained a sense of achievement after the course.
	关联感	It was easy to ask for help when I had problems concerning the course.
		I felt comfortable and safe when learning Chinese during the course.
		I had a sense of belonging to my Chinese class.
		I cherish the membership of my Chinese class.
		I felt less lonely because of the social opportunities the course provided in the background of the pandemic.
最终目标	情感	I felt the course was emotion/affect-supportive.
	动机	I felt the course was motivating.
	自主学习能力	My ability of self-study improved during the course.

4.2 数据收集

我们总共收集了 5 个班级的数据,0 班为应急教学模式班级,1、2 班是第一轮行动研究所针对的两个平行班,3、4班是第二轮行动研究所针对的两个平行班。

4.2.1 对线上应急教学模式的调查

2020年12月,问卷设计出来以后,首先在接受第一期线上教学的公共汉语班级进行测验,调查学生在以慕课学习为主的应急模式下的学习体验。笔者负责的班级33名学生中总共有12名学生自愿参与了测验,回收率约为36%,可能存在较高程度的自选择偏差(self-selection bias),但描述性统计结果仍然有一定参考价值。问卷回收率较低,我们认为有两个最主要的原因:一是问卷调查之时距离课程结束已经过去一整个学期,一些学生已经不再关注课程群;二是在应急模式下,以异步为主、缺少音视频实时互动的教学模式导致师生之间关系淡漠,教师在学生中的号召力不足。

4.2.2 对全线上混合式"三步"教学模式的调查

新的"三步"教学模式已在2020年、2021年秋季学期施行了两轮,每一轮都在两个平行班同时进行,笔者每学年都负责其中一个平行班的教学工作,平行班两名教师保持高频沟通,在教学模式、教学材料、教学方法等方面完全一致。两轮一共涉及4个班,在新生入学第一个学期的基础汉语课结课之后,我们在每个班通过问卷星发放了问卷,4个班共回收问卷48份,每个班有60%~70%的学生自愿参与了调查,可能仍然存在一定的自选择偏差。需要特别说明的是,由于疫情的关系,公共课的规模也大大缩减,对比疫情刚暴发时的情况,班级人数少了三分之一。

4.2.3 数据统计及分析

表3中第一行班级"0"代表"慕课自学+线上测验+线上答疑"的应急教学模式班级,"1~4"代表2020年、2021年秋季学期施行全线上混合式"三步"教学模式的4个班级。表3中呈现的数据为每个班级在每个目标维度上的平均值(标准差),理论平均值区间为1~6。

表3 目标达成情况

班级		0(N=12)	1(N=10)	2(N=12)	3(N=14)	4(N=12)
中介目标	自主感	3.92(1.62)	4.70(0.67)	5.04(1.32)	5.54(0.60)	4.70(0.54)
	胜任感	3.33(1.53)	5.15(0.82)	5.00(1.35)	5.36(0.66)	4.50(1.05)
	关联感	3.63(1.10)	5.34(0.34)	5.05(1.30)	5.43(0.70)	5.00(0.73)
最终目标	情感	3.42(1.56)	4.50(0.85)	5.17(1.47)	4.79(1.48)	4.30(1.07)
	动机	3.33(1.56)	5.00(0.94)	5.08(1.44)	5.36(0.74)	5.00(0.89)
	自主学习能力	4.25(1.82)	5.30(0.48)	5.08(1.44)	5.71(0.61)	5.30(0.78)

我们将中介目标与最终目标共6个目标维度的平均值连接起来,制成雷达图,结果

如图3所示。

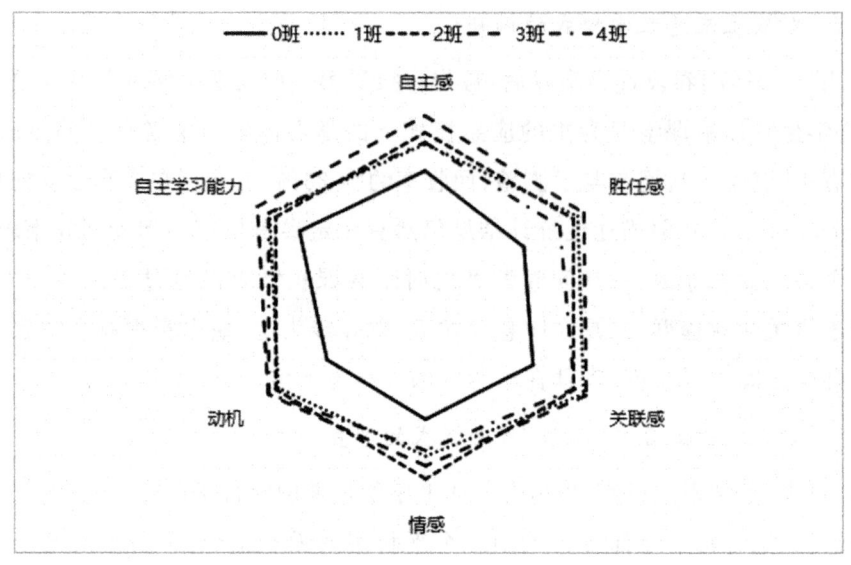

图3 目标达成情况雷达图

通过图3可直观看到,在考察目标是否达成的6个维度上,代表全线上混合式"三步"教学模式的1~4班连成的四个折线闭环交叠在一起,环层靠外,数值偏高,相互之间差异不够明显;而以异步教学为主的应急教学班级0班则与其他四个班没有任何重叠,单独处于雷达图中间位置。雷达图上的可视化数据与单样本t检验结果一致:1~4班几乎在所有目标维度上都与理论中值3.5差异非常显著($t<0.01$),只有4班在情感维度上未达到"非常显著",但仍然达到"显著"水平($t<0.05$);甚至在三分之二情况下,1~4班在所有目标维度上与表示"比较同意"的数值4的差异也都达到显著水平($t<0.05$),也就是说我们的行动研究在满足学习者三大基本心理需求、关照学习者情感、提升学习动机及自主学习能力方面取得了明显的成效;而0班在各个目标维度上与理论中值3.5皆不存在显著差异,t值(0.392、0.713、0.683、0.857、0.718、0.180)全部远远大于0.05,也就是说在以异步教学为主的应急教学模式下,学习者的三大基本心理需求并没得到明显满足,学习者在情感、动机、自主学习能力提升上感受到的作用一般。

五 讨论

5.1 全线上混合式"三步"教学模式与SDT三大基本心理需求

在本部分我们主要探讨,以"慕课自学—小组促学—教师馈学"为特征的全线上混合式"三步"教学模式是如何满足学生的三大基本心理需求的。第一,该教学模式的前两个环节"慕课自学"与"小组促学"都在教师不在场的情况下完成,学生个人、小组在很大程度上可灵活选择学习时间、学习场景及学习方式,充分满足他们对自主感的需求;第二,第二、第三环节几乎全程用于互动,生生互动、师生互动一般都基于合作,互动规模一般较小、频度很高,在与同伴、教师的紧密合作中,学生易于产生安全感、亲密感以及对集体的归属感;第三,个体在小组的支持、推动下,完成对个体而言具有挑战性的任务,在教师及其他小组前成功展示,自我效能感得到提高,对胜任感的心理需求得以满足;第四,学习成果往往是在团队成员紧密合作的前提下产出的,这样由小组合作所产生的胜任感又反过来强化了他们的关联感;第五,"教师馈学"环节一般都以教师回应学生问题的形式展开,这利于学生感受到对自我学习的掌控感、自主感,问题得到解决后,又利于增强其胜任感。可见,该模式对学生三大基本心理需求的满足体现在多方面并且相互联系。

5.2 "自主"与"互动"的对立统一

自主学习与通过互动学习似乎是两个对立的概念,但是在我们的行动研究中,两种学习方式却呈现出了对立统一:以异步学习为主的应急教学模式特别强调自主学习,不管是慕课自学还是线上测验,都需要学生在课前自主选择时间完成,但是从调查问卷结果来看,学生的自主感和自主学习能力还是明显落后于大量增加生生互动、师生互动的"三步"线上新模式,这似乎说明,加大自主学习的比重并不一定会让学生产生自主感,也并不代表自主学习能力的提升;在缺少社会交互的情况下,学生难以产生关联感,缺少生生互动、师生互动的支持,胜任感需求也难以满足,在这种情况下,自主感似乎更是难以单独发展,这里或许再次强调了互动在提升中文初学者自主学习能力中的重要性。

六 结语

前文报告了线上教学常态化大背景下,我们为增进线上公共汉语课程的社会交互、情感流动所做的行动研究:在 SDT 三大基本需求的理论框架下,我们充分利用在线教育所能提供的异时异步、同时同步学习机会,设计了以"慕课自学—小组促学—教师馈学"为特征的全线上混合式"三步"教学新模式,通过关照学生的 SDT 三大基本心理需求——自主感、胜任感、关联感,为线上教育带来温度,消弭了师生、生生在虚拟空间交流中易于产生的情感隔阂,学生的学习动机、自主学习能力都得到显著提升。

我们认为该项行动研究主要在以下方面有所突破。(1)实践、理论双驱动,特别是从心理学中寻求理论支撑——一般情况下教师的行动研究大多由课堂中出现的具体问题驱动,较少寻求理论的支撑,而对于教学模式构建来说,缺失明确的理论指导也易失于"零碎""经验式"(高育花 2021)。(2)将小组促学、同伴互动作为构建线上教学新模式的重要环节,独立于课表之外,由各小组自主安排。在网课条件下,如不打破课表时间限制,不管是同步还是异步教学都很难实现分组,这或许是当前网络同伴互动实践和研究都"比较欠缺"(徐锦芬 2020)的原因。(3)行动研究背后的情感人文取向——构建教学模式的出发点就是为学生创造良好的情感、情绪体验,具体的设计流程也是时刻关注增进各个环节的认知、情感交互,力图"看见"课堂中的一个个生命体(张华军、朱小蔓 2019)。

但是我们必须认识到,学生们普遍对我们的线上教学模式高度认可,并不代表他们因此更偏好线上学习——受制于网速、硬件设备、时差等因素,线上互动并不总是流畅、顺利;也并不代表所有的学生都获得了积极的体验,比如有学生在开放性问题中写道,自己小组里有的同学不配合,在小组学习中浪费了大量时间。线上小组、同伴互动起作用的机制及其限制条件,值得我们进一步探究。

最后我们想说的是,该项行动研究的成果——以"慕课自学—小组促学—教师馈学"为核心的全线上混合式"三步"教学模式,利用公开资源及平台,具有操作简单、适应性强、成本低廉的特点。在数字时代背景下,结合跨境教育的实际需求和国际中文教育的数字化转型趋势,此模式具备持续的研究、应用和推广潜力。

参考文献

包　亮(2020)新冠疫情背景下在线汉语教育与教育公平问题,"新冠疫情下的汉语国际教育:挑战与对策"大家谈(下),《语言教学与研究》第 5 期。
岑延远(2012)基于自我决定理论的学习动机分析,《教育评论》第 4 期。
陈　闻(2020)"化危为机"的汉语教学新态势,"新冠疫情下的汉语国际教育:挑战与对策"大家谈(上),《语言教学与研究》第 4 期。
高育花(2021)新冠疫情下的国际中文教育研究综述,《天津师范大学学报(社会科学版)》第 6 期。
金海燕(2020)从参与度方面看美国中小学线上汉语教学,"新冠疫情下的汉语国际教育:挑战与对策"大家谈(下),《语言教学与研究》第 5 期。
梁　霞(2020)网课教学的短板及应对策略,"新冠疫情下的汉语国际教育:挑战与对策"大家谈(下),《语言教学与研究》第 5 期。
廖小根、张智义、倪传斌(2021)情感神经语言学:神经语言学的情感转向,《外语学刊》第 4 期。
刘宏艳、胡治国、彭聃龄(2009)情绪与语言加工的相互作用,《心理科学进展》第 4 期。
孙　瑞(2020)疫情背景下可广泛采用"改造版"的"翻转课堂"教学模式进行汉语教学,"新冠疫情下的汉语国际教育:挑战与对策"大家谈(下),《语言教学与研究》第 5 期。
王瑞烽(2020)疫情防控期间汉语技能课线上教学模式分析,《世界汉语教学》第 3 期。
王婷婷、庞维国(2009)自我决定理论对学生学习自主学习能力培养的启示,《全球教育展望》第 11 期。
吴勇毅(2020)互动:语言学习的关键——新冠疫情下汉语教学面临的挑战,"新冠疫情下的汉语国际教育:挑战与对策"大家谈(上),《语言教学与研究》第 4 期。

吴中伟(2021)任务型教学和网络课程的接口,第二届国际中文教学云端研讨会——国际中文云端教学技能、技巧与技术,2021.5.29。

徐锦芬(2020)网络环境下的同伴互动:研究与反思,《当代外语研究》第 2 期。

徐　来、陈　钰、施妤婕(2021)国际学生汉语课程线上学习体验调查分析——以国内某高校国际学生为例,《国际汉语教学研究》第 1 期。

张华军、朱小蔓(2019)"看见"学生:情感人文取向的课堂教学研究,《教育科学研究》第 3 期。

朱小蔓、王　平(2017)情感教育视阈下的"情感-交往"型课堂:一种着眼于全局的新人文主义探索,《全球教育展望》第 1 期。

Dörnyei, Z. (2001) New themes and approaches in second language motivation research. *Annual Review of Applied Linguistics*, 21, 43—59.

Krashen, S. D. (1985) *The Input Hypothesis: Issues and Implications*. London & New York: Longman.

Ryan, R. M. & Deci, E. L. (2000) Self-determination theory and the facilitation of intrinsic motivation, social development, and well-being. *American Psychologist*, 55(1), 68—78.

Ryan, R. M. & Deci, E. L. (2020) Intrinsic and extrinsic motivation from a self-determination theory perspective: Definitions, theory, practices, and future directions. *Contemporary Educational Psychology*, 61, 101860.

Ryan, R. M., Ryan, W. S., Di Domenico, S. I. & Deci, E. L. (2019) The nature and the conditions of human autonomy and flourishing: Self-determination theory and basic psychological needs. In Ryan, R. M. (ed.). *The Oxford Handbook of Human Motivation* (2nd ed.), 89—110. New York: Oxford University Press.

作者简介

　　范红娟,重庆大学外国语学院讲师,北京外国语大学博士研究生,研究方向为语言政策、国际中文教育。Email:fhj@cqu.edu.cn。

中文教学进入匈牙利基础教育的历程

——以匈中双语学校为例

黎 敏

北京外国语大学中文学院/日本名古屋外国语大学中国语学科

提　要　匈中双语学校是中东欧地区唯一一所使用中文和所在国语言进行教学的全日制学校。其产生和发展是中文教学进入匈牙利基础教育过程的重要个案，探讨匈牙利外语教育需求、欧盟语言政策及国际中文推广几方面因素对该校发展产生的影响，有助于考察海外基础教育阶段中文教学发展的重要影响因素，思考匈牙利中文教学发展的特点、问题及解决思路，并对匈牙利中文教学史形成整体认识。

关键词　匈中双语学校　匈牙利中文教学　国别中文教学　中东欧

2023年1月，习近平主席复信匈牙利（以下简称"匈"）匈中双语学校（Hungarian-Chinese Bilingual Primary School）学生，使这所学校一夜之间广为人知。该校成立于2004年，是匈百年中文教学史上一所具有标志性意义的学校，它标志着中文被列入匈国民基础教育体系。张西平（2008）指出，在世界汉语教育史中，断代史研究和重要的个案研究是完备的对外汉语教育史研究的基础。本研究就是对当代匈中文教育史的个案研究。目前，区域国别中文教育备受关注，了解区域国别中文教学状况离不开对其发展历史的研究。全球化的发展使语言交流的需求前所未有地增多，由此带来语言生态的重要变化，我们需要对在此情境下中文教学取得新发展的区域或国家投以更多的关注，以便在更大范围内观察正在发生变化的中文教育生态，更清楚地理解中文在某个区域或某个国家得到某种发展的原因。匈在中东欧地区影响较大，是最早响应"一带一路"倡议的中东欧国家，了解其基础教育中中文教学的发展历程对研究匈中文教学史有重要意义，同时，其基础教育中中文教学的发展历程对其他中东欧国家基础教育中中文教学的发展具有教学实践和理论认识价值。

一　匈中双语学校成立的璧合因素

匈十二年义务基础教育中，普通学校1—8年级为小学，9—12年级为中学。在匈中双语学校成立之前，中文教学仅在匈少数高等院校及一些社会培训机构中存在。该校成立的契机是2003年匈总理迈杰西·彼得（Megyessy Peter）访华时向中国政府提出成立该校的倡议。而这个倡议的提出以及促成其实现的有利因素可从几个重要方面考察。

1.1　匈外语教育的发展需要

20世纪90年代，随着欧洲一体化的发展，融入欧洲主流社会是匈外交的重要方向。外语教育政策必然服务于这个重心，1993年欧盟正式成立后，欧盟的语言教育政策对匈外语教育政策产生了极大影响。

首先，在外语教育理念上，欧洲一体化要求各国能借助语言进行顺畅交流。为此，欧盟语言教育政策倡导外语课程个性化设置，设置多层次的教学目标和教学内容，实施多样化的教学方法。欧盟委员会也大力提倡多语教育、不同文化之间的对话、反对语言歧视等[1]。可见语言多元化是当时欧洲语言教育推行的重要理念，这种理念建立在尊重文化多元、包容他者的价值观基础之上。

其次，在实践层面，欧盟鼓励人们学习外语，包括学习非通用外语。1995年开始实施的"苏格拉底计划"特别提出促进非通用外语的学习，鼓励相关教育实践和教材创新等。同年，欧盟委员会公布了教育与培训白皮书《教与学：迈向学习型社会》（*Teaching and Learning : Towards the Learning Society*），其中外语被视为应对21世纪挑战的重要手段，它倡议成员国公民应掌握三种欧洲语言。2000年，欧盟决定设立2001年为"欧洲语言年"（European Year of Languages），其目的在于使欧洲公众以更开放的心态对待不同语言和文化，通过终身学习语言，发展多语能力并促进个人发展。终身学习强调从幼儿开始学习，这使欧洲外语教育呈现低龄化的发展趋势。2004年，欧盟委员会《促进语言学习和语言多样性：2004—2006年行动计划》（*Promoting Language Learning and Linguistic Diversity：An Action Plan 2004—06*）出台，其行动目标中包括促进各成员国有效开展基础教育阶段的外语教学、创建语言教学模范学校以及提升学校课程的灵活性等；它强调语种范围应具有广泛性，特别是对"我们在世界各地主要贸易伙伴的语言"的学习。这些为此后匈中双语学校的建立和发展提供了政策支持、发展动力，并明确了教学目标。

最后，在外语教育指导方针上，欧盟于2001年发布的《欧洲语言教学与评估共同参考框架》（*Common European Framework of Reference for Languages：Learning,*

Teaching, Assessment)是全欧洲外语教学与评估的共同参照基础,适用于制定现代外语教学大纲和考试大纲,设计外语能力评估体系,也是编写外语教材的指南。该框架对匈外语教育政策以及外语教学发展方向产生了重大影响,匈基础外语教育中的中文教学正是在这个框架的指导下,并结合自身特点发展起来的。

与欧洲外语教育发展趋向相呼应,20世纪90年代初,匈教育部门陆续出台了一系列政策,为外语教学的发展铺路。德、英、法等发达国家的语言逐渐取代了俄语在基础外语教育中第一外语的地位。1999年匈政府推出"国家核心课程"(Nemzeti Alaptanterv,以下简称NAT),旨在保持多样化教育管理模式的基础上,确定课程原则、目标和方法,保证公共教育发展的一致性。这些富有张力的政策为此后匈中双语学校的诞生提供了宽松的土壤。

2003年是匈正式加入欧盟的前一年,也是匈政府提出影响深远的外语教育政策之年,还是匈方提出成立匈中双语学校倡议之年。这一年,匈推出"世界语言计划"(World Language Programme),将外语教育的基本原则确立为以中小学基础教育阶段的外语教育为重点,并为外语学习处于不利地位的弱势背景学生创造平等的外语学习机会。2004年,为推动该计划落实,匈政府以18亿福林预算扶持,并发起具体的行动计划——"语言强化学习年"(Year of Intensive Language Learning),提出"我们不能做欧洲的哑巴"等口号,鼓励人们重视外语学习,在增加中学外语学时、增多语种且鼓励自由选择等方面做出具体规定。在课程设置方面,匈政府在2003年、2006年两次修改后的NAT中,不仅强调增强欧洲归属感,以欧盟核心素养体系为基础,还提倡不同文化的存在和传播,鼓励学生广泛接触其他民族文化,强调公民在实现个人成就和发展、促进社会包容和就业方面所需的关键能力。它同时规定,1－3年级为非强制性外语学习,4年级开始强制外语学习,4－8年级学习第一外语,9－12年级学习第一、第二外语。此外,还采取相应措施确保德、英之外的外语教学不会衰退,为学生自由选择外语语种提供保障。

可以看出,在与欧盟语言政策对接的同时,匈外语教育政策在外语教育理念、基础教育阶段外语学习的要求,包括学习者外语学习年龄起点、语种选择、课程设置原则等方面的规定,为匈中双语学校的诞生提供了极为必要的政策前提。而从欧盟语言教育理念、实践及指导方针中,都不难发现该校成立的理据。

1.2 中匈关系的推动

1994年9月开始的中匈高层互访使两国关系有了真正突破,两国合作领域也逐渐拓宽。虽然此时匈并未将与中国的关系视为主要关注点,但1988年至1992年因对中国公民实行免签政策,匈华人数量陡增,到2004年前后达2万余人,学校适龄华人儿童达500人。这些华人大部分居住在首都布达佩斯,华人子女的中文教育问题日益凸显。

进入 21 世纪后,随着中国经济的强势增长,国际影响力逐渐增强,中匈关系也发生了重要变化。2000 年两国政府发表联合声明,宣布两国关系为良好、建设性的伙伴关系,中国对匈投资也显著增加。2003 年 2 月,中国银行在中东欧地区的第一家分支机构匈牙利分行正式开业,到当年 6 月,在匈注册的中资公司有 20 多家,旅匈华人开设的各类私人公司达数千家。中国加入世贸组织和匈加入欧盟,使两国经贸合作前景广阔。2003 年 8 月,匈总理访华,这在中匈交往史上具有重要意义,标志着匈政府在外交战略中进一步明确了中国的重要地位。当时出访中国的迈杰西·彼得总理本人的看法证实了这一点,他认为:"现在世界上谁都不能无视中国正在发生的日新月异的变化","中国的经济对世界的经济进程和贸易发展都具有决定性的影响。匈牙利是个开放的国家,必须顺应形势的变化"。[②]也正是在此次访华中,作为与中国合作的项目之一,迈杰西·彼得总理向中国政府提出成立匈中双语学校的倡议,中方对此高度重视并积极回应。中文教学进入匈基础教育的契机应运而生。

1.3 国际中文教育的推广

21 世纪初,国际中文教育推广的成效在匈已有一系列体现。罗兰大学中文系于 2001 年首次设立了 HSK 考点,考试成绩优异者可获得中国奖学金赴华留学;2002 年,中文正式成为匈 Matura 高中毕业考试的可选科目,布达佩斯外贸学院、佛教法门学院、佩奇大学等也开设了中文课程。但此时匈正规教育系统中的中文教学还主要集中在高等院校。

到 2003 年,匈中双语学校诞生的时机已经成熟。2004 年 9 月,在该校的开学典礼上,中国驻匈大使馆临时代办董碧幽在讲话中谈到,匈中双语学校是顺应中匈两国交流合作日益密切对双语人才的需求而建立的;匈教育部长毛焦尔·巴林特（Magyar Bálint）在讲话中则强调,这所学校的成立,是为了让这里的中国公民子女能学习中国和匈牙利的语言、文化,同时也为匈儿童学习中国的语言、了解中国的文化创造条件。可以看出,中匈双方在以经济发展和人文交流需要为基础的建校动机上总体一致,但中方更侧重经济发展对人才的需要,匈方则强调"融入"这一内部教育宗旨,该宗旨也是欧盟语言教育政策宗旨的体现。

二 匈中双语学校中文教学的发展历程

匈中双语学校成立之初只有小学 4 个年级的学生,但它却是当时中东欧唯一一所将所在国语言和东方语言作为学习语言的公立双语学校,这一特色也使其区别于匈其他以欧洲语言为主的双语学校。该校的成立标志着中文正式进入匈国民基础教育体系的小学阶段。

2.1 初期探索（2004—2009）

从正式开学到 2009 年该校学生覆盖小学阶段 8 个年级为止，可视为匈中双语学校发展的初期探索阶段。成立之初，该校 4 个年级共招收了 82 名小学生，其中母语为中文的学生有 79 人。从学生构成比例看，该校的成立及时满足了在匈华裔适龄儿童学习母语的需求。这既是该校办学目的之一，也是欧盟提倡的促进少数族裔"融入"的语言教育政策的体现。

"融入"这一宗旨还具体体现在编班、课程安排、教学形式及授课语言等方面。作为一所全日制学校，该校从一年级开始就设置了每周 8 节匈语课、5 节中文课（到二、三年级增至每周 6 节），三年级以后再加上每周 3 节英语课。中文、数学、匈语、匈文学等公共基础必修课安排在上午，音乐、功夫、游泳、舞蹈、手工等兴趣课安排在下午。教学上，除中文课外，均采取华裔学生与匈籍学生混合编班的形式，中匈学生同堂听课。这使中匈学生有充分的接触时间，可随时找到语言学习的同伴，双方在提升语言能力方面都能获益。在授课语言上，匈语授课时间约占 65%，中文授课时间约占 35%。这样，通过语言学习，带动学生对彼此文化的了解，为"融入"创造条件。

当然，这种"融入"的主调是基于匈对接 2006 年欧盟发布的《终身学习核心素养：欧洲参考框架》(*Key Competences for Lifelong Learning: A European Reference Framework*，以下简称《欧框》)的需要，该核心素养被写入修订后的匈 NAT。《欧框》不仅强调社会包容、民族平等、尊重不同文化和生活方式，而且注重可持续教育和实用技能培养。这些理念在匈中双语学校的课程设置及其功能目标中有所体现。例如，该校非常重视学生的可持续性学习，在非目的语环境下，根据学生的年龄特点设置课程，保护学生的学习热情，特别是对连母语基础都很薄弱的一年级学生，该校规定：一年级第一学期不教授汉语拼音，以免学生将其与匈语单字的拼读混淆；也不教授汉字、不留作业、不设置考试，将教学重点放在口语和听力上，通过不断重复，让学生习惯中文的日常表达方式。这既符合低龄学习者的学习特点，又降低了初学中文的难度，让学生在没有太大压力的状态下逐渐接触中文，通过实用交际能力的提升获得成就感，使他们的学习兴趣能不断延续。

匈政府出台的一些教育政策对本时期该校的发展也极为有利，如：根据匈第 100/1997 号政府法令(Ⅵ.13.)[③]，通过结业考试的高中生，在以外语进行的结业考试中获得的合格成绩等同于国家认可的语言考试证书，它可以作为学生进入高等院校的外语成绩证书。2005 年，匈《高等教育法》第 1 号法案第 153 条第 1 款第(6)项规定[④]：根据该法令规则认可的组织和被赋予审查权的组织进行的语言能力考试，应被视为国家认可的语言考试；经认可的考试中心有权在颁发国家认可的语言考试证书的基础上举办语言考试，并签发国家认可的语言考试证书。根据这些法令,HSK、HSKK 等中文考试和中文等级证书得到匈教育部门的认可。获得语言证书的高中生不必参加高中结业外语考试,达到大学学位所必需的语言能力要求后,可以获得大学入学考试加分。这些是对学生未来升学的激励政策,其效应在 2009 年 YCT 考试落地匈后逐渐增多的考生人数上显现出来。

在基础设施、经费上,匈政府也对匈中双语学校予以支持,如布达佩斯市政府把过去一所印刷技校的校园免费提供给该校使用 50 年,学校每年预算中来自匈政府的支持占 60%。同时,中国政府也在教学设备、教材以及师资方面给予了重要支持。仅 2006 年,中国驻匈大使馆就向该校赠送了 1500 多本教材。学校初建时期,教授中文课程的 2 位教师中,1 位为中国教育部公派教师,1 位为当地华人。在当时匈中文教学面临师资短缺、缺乏适合低龄中文学习者的本土中文教材的情况下,中方的支持起到了重要作用,为中文成为匈中双语学校的必修课提供了保障,也是中文正式进入匈基础教育课程体系的必要基础。

2.2 蓬勃发展(2010—2016)

2010 年,匈开始实行"向东开放"政策,这对该国基础教育中中文教学的发展来说是一个重要节点。截至 2010 年,匈中双语学校的学生人数已经增加到 212 人,值得注意的是,其中匈籍学生 66 人,其比例已经上升到学生总数的 31%。与学校成立初期相比,更多有利因素促成了此时匈中双语学校的蓬勃发展。

首先,日趋紧密的两国关系营造了更好的发展环境。2008 年金融危机是匈深化与中国关系的重要契机和内在动力。在金融危机中,欧盟一些西欧成员国的撤资导致匈经济陷入困境。从国家战略层面考虑,匈需要在主要合作伙伴之外寻找新的合作伙伴。在 2010 年竞选之前,欧尔班(Orbán Viktor)就多次强调了东方的作用,认为匈是借东方的风行驶在西方的海洋里。2010 年,他就任总理后,匈政府提出"向东开放"政策,该政策旨在全面发展与东部地区主要国家的关系,首先是与中国的政治、经济和文化关系。与此同时,中国也在积极加强中匈友好合作关系。2009 年,在中匈建交 60 周年之际,时任国家副主席的习近平访匈,其间专门到匈中双语学校看望师生,并向学校赠送了教材和教学设备。2011 年,中国提出旨在促进中国与中东欧国家务实、稳定合作的"16+1"机制(以经济合作为重点);2013 年,"一带一路"倡议提出后,中国—中东欧"16+1"合作机制与"一带一路"倡议及措施对接。这两大合作平台与匈"向东开放"政策方向一致,因此得到匈方的呼应和支持,匈成为"16+1"合作最坚定的支持者之一。两国关系发展中的这些重大变化所形成的良好环境,为匈中双语学校的发展提供了更广阔的空间。

其次,匈中文教学生态向好,为该校的发展增添动力。姚小平(2008)指出,教学规模扩大、层面多样化、从高等院校的专业教育转向一般语言教育、中文课程进入普通中学已成为欧美中文教学的特点。这种变化自然也适用于匈,如 2007 年匈修订并颁布了《公共教育法》,明确规定小学四年级开始强制推行外语教学,若条件具备,外语教学可提前开展。2012 年,匈发布《国家外语教育发展战略白皮书(2012－2018)》(*A nemzeti idegennyelv-oktatás fejlesztésének stratégiája az általános iskolától a diplomáig Fehér könyv 2012—2018*),要求公共教育为学生提供两种外语的学习机会,通过课外语言比赛、交流项目、夏令营等方式创造接触外语的学习环境,有条件的还可创造生活化情境,让学生能自由发展外语技能,并强调外语证书在证明学生外语能力方面的重要作用。同年,对匈公共外语教育具有指导作用的 NAT 再次修订并颁布,除了更深度地与《欧框》保持一致外,值得注意的是,为了确保语言学习的连贯性,其将英语、德语、法语、中文列为公共教育中学生可选的第一外语。

在一系列政策的支持和推动下,匈中文教学的发展突出体现在基础教育领域。2007 年、2010 年,罗兰大学 Trefort 附属中学、塞格德中学相继将中文设为第二外语课程;2011 年,中文作为第二外语正式纳入匈中学毕业考试体系,直接关系到学生能否进入高等教育阶段,因此这是中文正式进入匈基础教育体系的标志。2014 年后,除匈中双语学校外,匈先后有 10 所中小学开设了中文课。陆续成立的 4 所孔子学院为这些中小学中文教学提供了全部师资。但除匈中双语学校外,其他学校,特别是小学的中文课大多以兴趣课的形式存在,没有明确的教学计划、教学内容,也没有相应的考核要求,教师对教学内容和教学方式有绝对的自主权,校方的主要宗旨是培养学生对外语学习的兴趣。

到 2011 年,第一批将中文作为第二外语学习的学生面临一个问题,即按照匈教育法,这些学生可以将中文作为第二外语毕业考试科目,但相应的中文考试系统和考试标准尚未建立。匈国家考试中心中文考试主要负责人 Kozjek-Gulyás Anett 意识到,制定中学中文毕业考试大纲迫在眉睫。该考试中心的专家们开始着手编制适用于高中毕业考试的中文考试大纲,具体方法是综合匈正在使用的三种外语考试标准,开发中文作为第二外语的高中毕业考试大纲。这三种考试标准分别是匈国家考试中心的标准、匈政府承认的中学毕业外语考试中其他语种的标准、中国的中文水平考试标准。2009 年,中国国家汉语国际推广领导小组办公室(以下简称"国家汉办")推出新 HSK 考试标准,该标准实现了与《欧框》的对接,这为匈实施的三种外语考试标准提供了整合的可能性。专家们将该考试系统的标准定位为中级的 A2 或 B1 水平,并以英、法、德、意、俄、西及拉丁语的考试说明为模板,设计中文毕业考试的要求、等级、考试说明以及样卷。这不仅对中文作为中学第二外语的毕业考试科目起到了规范作用,而且为此后制定具体的教学大纲奠定了基础。

在这种利好形势下,匈中双语学校获得了飞跃式发展。到 2016 年,学生人数达 320 人,其中 1/3 为华人学生。从语言推广的一般规律看,一个国家国力强大,会提高其语言声望,形成该国语言推广的强劲推力,也会在对象国形成语言需求等方面的拉力。匈中双语学校的发展印证了这一点,其办学规模的扩大,得益于匈外语教育政策的支持,也得益于中国影响力的增强和中文推广的得力举措,后者在语言服务和语言资源供给方面尤为突出。

第一,在语言服务上,2011 年,罗兰大学孔子学院在匈中双语学校设立了孔子课堂。罗兰大学孔子学院依托这所著名大学具有近百年历史的中文系而建,这样的关联有助于匈中双语学校的中文教学建设。例如,在师资建设方面,截至 2015 年,匈中双语学校的 13 名中文教师中,有中国派遣的 6 名公派教师,以及罗兰大学孔子学院支援的 3 名中文教师志愿者。2014 年,国家汉办与罗兰大学合作成立"中东欧汉语教师培训中心",此后该中心每年都举办中东欧本土中文教师培训,聘请教学专家进行指导,匈中双语学校的中文教师是培训的重要参与者。

中文标准化考试也是中方提供的语言服务,它为学习中文的学生提供外语能力证书,为其升学、就业提供有利条件。2001 年,罗兰大学中文系首次在匈设置 HSK 考点,开启了中文标准化考试在匈的发展历程;2009 年 11 月,罗兰大学孔子学院首次在匈举办了旧版 YCT 中文标准化考试,当年就有中小学生参加了 YCT 一、二、三级考试。一年后,在罗兰大学孔子学院举办的第二期 YCT 考试中,考生参与的测试已经覆盖了 2009 年国家汉办推出的新 YCT 考试所含的一至四级笔试及初级、中级口试。这表明中国中文标准化测试的权威性得到匈社会的认可,也恰好满足了匈基础教育阶段中文学习者对外语能力证书的需求。引入中文标准化测试,对匈基础教育阶段的中文教学发展起到了标准引领作用,使其发展有了更明确的抓手。

第二,在语言资源上,匈基础中文教育的发展受益于国际中文教育资源的飞速发展及相应的推广工作。2009 年,中国全面启动重点中文教材和工具书的多语种翻译工作,陆续出版发行了 13 个系列、80 个语种、6700 多种中文教材与工具书,匈中双语学校匈籍学生使用的《汉语乐园》《快乐汉语》《轻松学汉语》等教材,都是此时中方主推的主干教材。同时,国家汉办、中国驻匈使馆以及其他中国机构赠予的《汉语 800 字》《汉语图解词典》《汉语图解小词典》等,均是国家汉办支持推广的成熟中文工具书,及时解决了以匈中双语学校为代表的匈基础教育阶段中文教学资源短缺的问题。此外,中方为匈中双语学校提供的电教设备、图书、音视频资料等也提升了该校的办学能力。

在匈"向东政策"的拉力和中国"一带一路"倡议的推力下,借助欧盟语言政策对匈外语教育政策的推动,2010 年至 2016 年间,匈中双语学校蓬勃发展,其最突出的成就是,到 2016 年该校学生层级已经从 2009 年的 8 个年级发展为 12 个年级,满足了 NAT 对公共教育中第一外语教育的连贯性要求,使匈中文基础教育成功地与高等教育接轨,中文教育在匈国民教育体系中形成了完整的链条。

2.3 渐趋完善(2017—2023)

2017年,匈中双语学校与首都师范大学合作共建独立的孔子课堂,自此,该校向着教学体系逐渐完善、教学规模稳步扩大、教学模式逐渐稳定的方向发展。其获得的发展机遇得益于以下有利条件。

第一,中匈关系日益密切。这一时期两国高层互访频繁,经贸联系日益紧密。继万华集团、中国银行、华为公司等中国企业之后,近年以宁德时代、亿纬锂能、蔚来汽车等为代表的中国企业也纷纷在匈投资建设。据统计,2022年中匈双边贸易额达155.2亿美元,中国长期保持匈在欧盟外最大贸易伙伴和全球第二大进口来源国的地位。经贸往来带动人员交往,由此产生的效应是到中资企业工作成为新选择,这为匈牙利学生学习中文提供了动力。这种效应在基础中文教学中的体现就是匈中双语学校的办学规模在稳步扩大,学生人数从2016年的320名增加到2022年的530名,中文教师的人数也增加到16名。该校的简介中明确写道,"在未来几十年里,中文将在欧洲和世界各地发挥越来越重要的作用",学习中文可以为那些母语非中文的孩子的未来提供保障。这体现了其办学信心和务实的办学理念,而这一理念又与欧盟语言学习服务于未来个人发展的理念相一致,也符合匈作为欧盟成员国的外语教育目标。

第二,国际中文教育的长足发展。一方面,中国大力推进中文"走出去、融进去",着力加强教学资源建设,欧洲中文教材的注释语种达36种,有效解决了各地中文教材"有没有"的问题。其中,对国际中文基础教育具有重要意义的是,"低龄化""普及型"国际中文教材的需求得到有效回应,2000年后出版的中小学中文教材达1449种。这些教学资源的推广应用,对匈基础中文教学的发展起到了引导和助力作用。另一方面,中文教育在国际上得到迅猛发展,一些欧洲国家纷纷加强了中文教学、教材、教学大纲和考试大纲的建设,匈也不例外。2017年6月,《匈牙利公报》发布了总理欧尔班宣布的政府决议,提出要提高学校的语言教学效率,匈人力资源部为此制定了外语教育发展的"国家中期战略(2018—2027)";2019年,欧尔班提出外语学习项目(Külföldi Nyelvtanulási Program),宣布政府将投入900亿福林,赞助9至11年级的学生参加两次为期两周的赴目的语国家外语学习活动,该项目包括4个语种和7个国家,中文和中国均位列其中,预计每年受益于该项目的中学生达14万;2020年,匈政府发布了新的NAT,强调在以行动为导向的外语教育中,营造符合学习者年龄和兴趣的语言情境,培养其跨文化交流、社会交往以及实用外语技能等能力,强调学生对了解目的语国家的文化应持积极态度,为学生进入高等教育打基础,并服务于其个人和职业发展。这些措施不仅为基础教育阶段的中文教学提供了一定的资金保障,也为中文学习者提供了更多体验中国文化、实际应用中文的机会。

第三，匈中双语学校中文教学规范化建设。2022年，匈教育办公室发布了33个语种的高中外语毕业考试科目，中文是考试科目之一，并有详细的中文科目考试大纲。该大纲规定，中文考试与其他语种的考试科目一样分为中级和高级两个级别，分别对应《欧框》的B1、B2水平，考试形式包括笔试和口试，对中、高级涉及的19个语法项目进行了简要的说明和例示。从其罗列的口语交际场景看，匈外语考试的总目标侧重于衡量考生的语言交际能力。考试大纲的完善对基础教育阶段的中文教学有很强的指导意义，如匈中双语学校制定了针对母语非中文的学生从1年级到12年级完整的《匈中双语学校对外汉语教学大纲》（以下简称《大纲》）⑤。《大纲》涉及教学目标与任务、学生评估、教学目标实现所需条件、教材选择、学时安排、学生发展需求以及各年级具体的学习内容和能力要求。

从整体看，《大纲》遵循了匈NAT的要求，融合中国2009年颁布的新HSK考试标准，遵循《欧框》语言等级标准及外语教学理念，为不同阶段的学生设计了符合这些标准的教学目标。《大纲》在充分考虑学生学习能力发展规律的同时，服务于学生未来升学。根据匈高中毕业考试外语考试大纲要求，达到《欧框》A2、B1为中级水平，这两个级别分别对应HSK二级、HSK三级，也是该校学生6年级时要达到的基本中文水平；而到12年级毕业时，其HSK六级目标相当于《欧框》的C2高级水平，这将为学生进入高等院校赢得加分。因此，从《大纲》中文级别的设计看，它的目标是实现中文基础教育与高等教育的衔接。

在课程设置上，由《大纲》可见，除中文必修课外，该校还开设以中文为授课语言的中国文化、艺术、体育、计算机等课程，例如，中文美术课的宗旨是让学生感受中国文化元素，更多地接触中文。这一宗旨遵循了NAT提到的学生通过一门语言了解使用该语言的人及其文化的要求；同时，这种教学方法也体现了欧盟在多元语言政策背景下，从20世纪90年代初开始推行的CLIL(Content and Language Integrated Learning)教学法的特点。因此，从课程设置看，《大纲》也体现了与欧盟语言教学理念、方法保持一致的努力。

在教材选取和课时保障上，《大纲》充分利用中国国际中文教学建设成果，依据YCT等级标准，为1—12年级选定的中文教材包括《大家来拼音》和相应级别的《汉语乐园》《轻松学中文》《跟我学汉语》。《大纲》为1—8年级设定每周6课时、9—12年级每周5课时的中文课，为学生学习中文提供了较充分的学习时间⑥，为学生高中毕业达到中文中级或高级水平创造了条件。

《大纲》强调语言环境的营造要包括课堂内外。该校地处首都的区位优势，使其能够更多地获得体验中国文化的机会。例如，在中方举办的针对中小学生的"汉语桥"和夏令营等活动中，匈中双语学校是积极参与者，在总共8届中学生"汉语桥"匈赛区的比赛中，该校选手曾6次获得冠军⑦。

系统的《大纲》、与《欧框》对接的评估体系，以及围绕二者展开的贯穿12个年级的教学活动，标志着基础教育阶段中文教学体系在匈中双语学校已经完整形成。这为未来基础教育阶段中文教学在匈广泛展开奠定了基础，其办学经验、课程设置、教学模式等均可供当地已开设或计划开设中文课程的中小学借鉴。

三　结语

匈中双语学校作为匈基础教育中开展中文教学的代表，充分利用了中匈近20年间友好关系提供的发展条件，并以其课程设置的灵活性成功地使中文教学适应了匈基础教育体系的要求。其发展历程也是中文教学在匈基础教育阶段从产生、发展到逐步完善的过程，发展动力既来自匈内部发展外语教育的拉力，也来自欧盟语言学习政策、理念和中国国际中文推广建设形成的推力。其中，中方的推力主要体现在提供语言服务和语言资源两方面，二者对起步阶段的匈基础教育中文教学的发展至关重要。

匈中双语学校的发展经验显示，基础教育阶段中文教学建立初期，需要依靠本国、本地区外语教育政策的支持；而其可持续发展，则需要在此基础上，不断获得新的发展动力和多种形式的支持，其中该国与目的语国家之间的关系至关重要。在匈中双语学校发展过程中，中匈两国日益紧密的关系，不仅有助于中文学习者人数的增长，而且能为该校不断赢得来自目的语国家的支持。该校网站中明确提到，学校的发展受到来自中国的特别关注，每年都会得到中国赠予的中文图书和电教设备。而来自中方的支持是多维度的，如从2017年起，中国驻匈使馆专门为匈中双语学校设立了"中国大使奖学金"，每年奖励7—12年级的10名学生，每人20万福林；该校学生还获得中国企业的资助，多次参加赴华夏令营。此外，中文教学机构内部促进教学发展的要素和机制建设也至关重要。在这方面，匈中双语学校展示出积极性和创造力，如2009年该校学生家长成立了"莲花基金会"，其主要作用是为学校提供更多的经费支持、开展宣传活动、扩大社会影响，以保障学校运作和生源的稳定。

虽然发展前景值得期待，但仍需要清醒地看到匈基础教育中文教学目前存在的问题，其中较为突出者有三。一是中文尚未成为更多中小学的必修课程，匈中双语学校的《大纲》还无法被更多中小学借鉴和实践；二是基础教育阶段中文教学的规模仍非常有限，根据2024年匈教育部门对中小学生学习不同外语语种人数的统计，除了英、德、法、俄、拉丁、意、西等欧洲语言之外，包括中文在内的其他语种的中小学学习者仅占0.5%；三是基础教育阶段中文教学的本土化程度较弱，如在师资上，截至2022年9月，匈中双语学校的16名中文教师中，有12名是中国公派教师，而其他中小学的中文课教师几乎都由5所匈孔子学院的中国公派教师和志愿者担任；在教材上，2011年由罗兰大学孔子学院和北京外国语大学中文学院合作编写的《匈牙利汉语课本》出版，尽管这是为匈9—12年级设计的本土中文教材，但并未被匈中双语学校的系统中文教学所采用。从上述情况看，匈基础教育中文教学基本框架已经具备，但规模还极为有限，在本土师资和适合全日制中小学生使用的本土化教材方面还需积极建设。中文教学若要在匈基础教育阶段的外语教学中取得进一步发展，需要更深入地研究欧盟语言政策对匈外语教学政策的影响，以便有针对性地在教材、教学、中文测评标准等方面增强在匈的适应性。同时，积极扩大基础教育中文学习者的范围，仍是未来努力的方向。从统计数据看，截至2023年，匈中小学外语学习者占比最大的是职业中学的学生，他们外语学习的实用性需求很突出，英、德两种语言占了很大比重。伴随中国经济发展，中匈经贸往来增多，中文教学或许能在职业中学获得更大发展空间，这也符合近年国际中文推广中以语言教学服务职业发展、促进个人发展的教学趋向。

注　释

① 1992年欧盟委员会推出"European Charter for Regional and Minority Languages"，虽然这份文件对"地区和少数族裔语言"的定义中并不包括移民语言，但它所传达的包容多元文化的理念和为实现这种理念所付出的行动都对此后匈中双语学校的成立做了有益的铺垫。见 Council of Europe, European Charter for Regional and Minority Languages, 1992（1—14），https://rm.coe.int/1680695175.（访问日期：2024年3月30日）

② 刘为民（2004）匈牙利前总理迈杰希视察中匈双语学校. https://news.sina.com.cn/w/2004-10-19/094439656015.shtml.（访问日期：2025年6月20日）

③ 匈牙利政府《100/1997.（VI. 13.）政府法令关于颁布中学毕业考试规则》100/1997.（VI. 13.）Korm. rendelet az érettségi vizsga vizsgaszabályzatának kiadásáról-Hatályos Jogszabályok Gyüjteménye. https://net.jogtar.hu/jogszabaly? docid=99700100.kor.（访问日期：2025年6月4日）

④ 匈牙利政府《2005年第CXXXIX号〈高等教育法〉》2005. évi CXXXIX. törvény a felsöoktatásról-Törvények és országgyüjlési határozatok. https://mkogy.jogtar.hu/jogszabaly? docid=a0500139.TV&pagenum=3.（访问日期：2025年6月7日）

⑤ 本文用于分析的《匈中双语学校对外汉语教学大纲》由匈中双语学校中方校长郭家明先生提供，本文的写作也多次得到郭家明校长的帮助，在此对郭校长的大力支持表示诚挚感谢！

⑥ 2009年匈颁布的《公共教育法》修订案中规定，小学每周至少1节外语课，除匈中双语学校外，截至2024年其他中小学的中文尚属第二外语，因此不少学校的中文授课时间大多仅能满足每周1节的基本要求。

⑦ 感谢匈中双语学校王悦校长为本文提供数据。

参考文献

Anett，K（2013）匈牙利中学汉语作为第二外语毕业考试系统初探，《国际汉语教育》第1期。

陈华晴、陈 君（2020）新世纪以来匈牙利汉语教育改革的新进展及启示，《华北理工大学学报（社会科学版）》第4期。

陈 新、马尔通（2019）《中国与匈牙利：变化世界中的双边关系70年》，中国社会科学出版社。

傅 荣（2003）论欧洲联盟的语言多元化政策，《四川外语学院学报》第3期。

傅 荣、王克非（2008）欧盟语言多元化政策及相关外语教育政策分析，《外语教学与研究》第1期。

何国锦、范立波（2011）匈牙利汉语教学的现状与展望，《文教资料》第23期。

贾雪姣（2021）匈牙利国家核心课程的研制、结构与特点，《天津市教科院学报》第3期。

蒋文燕、郝清新（2013）《匈牙利汉语课本》，《世界汉语教学学会通讯》第1期。

李登贵、高军丽、王 衡（2021）匈牙利中文教学资源发展路径构建，《云南师范大学学报（对外汉语教学与研究版）》第4期。

刘驰晓霏（2017）《匈牙利儿童汉语美术课教学设计》，北京外国语大学硕士学位论文。

马箭飞、梁 宇、吴应辉、马佳楠（2021）国际中文教育教学资源建设70年：成就与展望，《天津师范大学学报（社会科学版）》第6期。

苏 婧（2016）《匈中双语学校儿童汉语课教学方式研究》，北京外国语大学硕士学位论文。

王 凯（2006）中国驻匈牙利大使馆向中匈双语学校赠送千本教材．http://www.chinaqw.com/news/2006/0330/68/22344.shtml.（访问日期：2006年6月30日）

向昌明（2009）习近平看望裴多菲-鲁迅匈中双语学校师生．http://china.cnr.cn/news/200910/t20091016_505514627.shtml.（访问日期：2009年10月17日）

匈牙利大使馆（2023）政治和外交关系．https://peking.mfa.gov.hu/zho/page/politikai-kapcsolatok.（访问日期：2023年2月19日）

杨荣华、任冰清（2017）20世纪以来匈牙利外语教育政策的发展及启示，《天津外国语大学学报》第2期。

姚小平（2008）欧洲汉语教育史之缘起——早期传教士的汉语学习和研究，《长江学术》第1期。

张西平（2008）世界汉语教育史的研究对象与研究方法，《世界汉语教学》第1期。

中华人民共和国外交部（2004）布达佩斯中匈双语学校开学．https://www.mfa.gov.cn/web/gjhdq_676201/gj_676203/oz_678770/1206_679858/1206x2_679878/200409/t20040906_9351916.shtml.（访问日期：2004年9月6日）

European Commission（2004）*Promoting Language Learning and Linguistic Diversity：An Action Plan 2004-06*. Luxembourg：Office for Official Publications of the European Communities.

Öveges，E.（2017）Year of intensive language learning, a special program to rocket Hungarian students' foreign language proficiency：A success story? *Sustainable Multilingualism*，10(1)，150—174.

Szabó，I.（2008）Foreign language teaching in primary education in Hungary. *Encuentro*，17，23—27.

Szunomár, Á. (2015) Blowing from the East. *International Issues & Slovak Foreign Policy Affairs*, 24(3), 60—77.

作者简介

黎敏,北京外国语大学中文学院教授,目前被派往日本名古屋外国语大学中国语学科任教。近年主要从事世界汉语教育史相关研究。Email:limin@bfsu.edu.cn。

ABSTRACTS

LI, Quan: A Study on Chinese Character Teaching to Foreigners in the Information Age
This study argues that Chinese character teaching should be based on the unique features and pedagogical laws of Chinese characters, as well as taking the special relationship between Chinese characters and the Chinese language into consideration, to make appropriate pedagogical designs and institutionalized arrangements. This will maximize the quality and efficiency of Chinese character and Chinese language teaching. Specifically, it is better to adopt a "separation of language and character" model at the initial stage of Chinese language teaching, using pinyin to teach spoken Chinese, and setting up a separate course for teaching Chinese characters. Teaching paths for Chinese characters as words and as morphemes need to be separated, following the unique attributes and functions of Chinese characters, which are suggested to be handled separately and implemented in stages so that both can be given appropriate positions and arrangements. It is further proposed that Chinese character teaching in the information age should follow the global reform of language and writing trend, transforming paper-and-pencil-based teaching into mainstream electronic writing (typing) teaching. In order to better understand and grasp the structural and writing rules of Chinese characters, especially for better selection of characters and words in electronic writing (typing), Chinese character teaching in the information age is still needed, in terms of the common creation methods and the knowledge of "formal components" and "phonetic components" in Chinese characters, but with time- and quantity-limited writing exercises. The information age has greatly enhanced the status and role of pinyin, which requires the Chinese character teaching to focus on training in inputting pinyin to extract characters and words. Mastery of pinyin and its pronunciation has become the top priority for Chinese character learning.
Key words: information age, Chinese character teaching to foreigners, electronic writing era, teaching models, morphemic character, Chinese character writing

ZHANG, Wenxian & SU, Qi: The Form and Function of Interrogatives in Multi-Party Chinese Competitive Game Conversations

Based on a self-constructed corpus of multi-party conversations, this study investigates the forms and functions of Chinese interrogatives. Drawing on the findings of previous studies and referring to response patterns, the interrogatives are classified into five types: *wh*-questions, yes/no questions (including positive-negative polarity interrogatives), tag questions, alternative questions and declarative questions. Both the positions and functions of these interrogatives in dialogues are examined. Results show that yes/no questions (including positive-negative polarity interrogatives) and *wh*-questions are the most frequent whereas alternative questions are the least; most interrogatives lead to turn-taking, and thus inquiry-prone. The major functions of the interrogatives are to negate and to point at the facts, which are significantly exemplified in *wh*-questions and tag questions.

Key words: interrogatives, forms, functions, conversation, corpus

KONG, Lingyue: On the Holistic Nature and Definition of Formulaic Language

Through reviewing the studies and particularly controversies on the holistic nature and definition of formulaic language, and outlining the supporting and opposite evidences in this field, this study tries to get a better understanding on the nature of formulaic language and thus to provide some suggestions on the definition of formulaic language. Existing research shows that the holistic nature is the fundamental attribute of formulaic language, which covers formulaic language from multiple categories. The definition of formulaic language should fully consider its holistic nature and be based on individual perspectives, making it both comprehensive and more suitable for the needs of second language acquisition research.

Key words: formulaic language, holistic nature, formulaic language definition, phrasal frequency effect

CHEN, Ken: A Study on Processing of Chinese Formulaic Sequences within Sentential Contexts

Formulaic sequences are frequently used components of language that significantly impact daily communication, reading, and writing. While previous studies have examined the processing of formulaic sequences presented individually, consensus on the findings has not been reached. This study investigates the processing of formulaic sequences within sentential contexts using a self-paced reading judgment task with the moving windows paradigm. Second language learners and native speakers of Chinese took part in this study. The results demonstrate that both groups process formulaic sequences holistically, with second language learners showing an enhanced processing mode supported by the contexts, a phenomenon not observed in native speakers. These findings confirm the advantages of formulaic sequence processing in second language acquisition, and highlight the crucial role of contexts in the cognitive processing of formulaic sequences.

Key words: formulaic sequences, sentential contexts, second language learners of Chinese, native speakers of Chinese, cognitive processing

TAKADA, Mioko: A Comparative Analysis on Three-Syllable "-*jia*" Derivatives in Japanese and Chinese: Implications for Japanese-speaking Chinese Language Learners

In Japanese, there are a significant number of people-indicating words derived from Chinese characters. From the perspective of Japanese learners of Chinese, this paper reports findings from a comparative study of Chinese and Japanese in terms of the three-syllable, people-indicating agentive derivative words with the suffix "-*jia*" extracted from the Balanced Corpus of Contemporary Written Japanese (BCCWJ). Particularly, similarities and differences regarding quantity, categories, and semantics were examined. Results indicate that Chinese "-*jia*" derivative words, in quantity and categories, are not as abundant as those in Japanese. Three main factors may account for this finding: firstly, Japanese and Chinese categorize industries in different ways (Japanese categorization is more detailed); secondly, the Japanese language seems to have a wider semantic scope in "-*jia*"; and thirdly, the Japanese "-*jia*" shows more productivity and generativity. Importantly, significant semantic differences between Japanese and Chinese "-*jia*" derivative words were identified. In Japanese, "-*jia*" can indicate "a person with a certain characteristic", while in Chinese, "-*jia*" emphasizes that someone has "achieved or contributed to something."

Key words: Japanese learners of Chinese, people-indicating suffixes, "-*jia*", Japanese-Chinese comparisons

ZHANG, Chenyi: A Comparison between Chinese L1 and L2 Speakers in Text-Picture Integration during Anaphora Resolution

Research on multimedia learning has shown that the combination of pictures and texts facilitates second language (L2) acquisition. However, the exact integration process between these two sources of information has not been fully examined. In particular, whether and how pictures influence the interpretation of textual anaphoric expressions has been rarely investigated. The roles of individual differences like working memory capacity and visual language fluency also remain unknown. The current study aimed to address these gaps by examining how L2 Chinese speakers, whose first language (L1) is English, integrate textual and pictorial information during anaphora resolution. First, by reviewing and comparing the interpretations of overt pronouns and null elements in complex temporal clauses by L1 and L2 Chinese speakers, this study tried to lay the foundation for the investigation of text-picture integration during anaphora resolution in L2 acquisition. In general, L1 Chinese speakers prefer extra-sentential figures as referents for overt pronouns, while L2 Chinese speakers interpret them as sentential subjects. L2 Chinese speakers also show a more rigid preference for clausal subjects for null elements, suggesting a possible misanalysis due to similarities with participles in their L1. Results from this empirical study show that both L1 and L2 speakers of Chinese achieved higher accuracy in the text-picture-information-consistent condition, and there was no significant difference between them. However, when the pictures were presented after the texts, both groups performed better when the sentence contained overt pronouns than when the sentences contained null elements; when the pictures were presented before the texts, both groups performed better when the sentence contained null elements. These results indicate that the presentation of pictures affects anaphora resolutions, and this is shared by L1 and L2 speakers. The impact of individual differences was also observed. The performance of L1 Chinese speakers is positively correlated with their visual language fluency, while that of L2 speakers is affected by their Chinese proficiency. In addition, it is found that visual-spatial and verbal working memory capacities impact significantly on these processes.

Key words: anaphora resolution, L2 Chinese speakers, multimedia learning, text-picture integration, working memory

FAN, Shiqing; YAN, Rui & MASPERI, Monica: A Study of Obstacles and Learning Strategies in a Listening Comprehension Task in Learning Chinese as a Foreign Language

Listening and comprehension in L2 involve difficulties at different levels of the sound chain, mobilizing complex cognitive and metacognitive strategies in the listener. In this context, listening comprehension in Chinese constitutes a task of major difficulty for a French-speaking learner, as the listener is confronted with a typologically distant language with a monosyllabic tone, where the interactions among syllables, tones, and morphological processes are complex and where there is no anchor from a linguistic repertoire of Indo-European origin. Numerous studies of L2 listening comprehension have been conducted in English, and there is a lack of corresponding studies in Chinese. This study aims to examine the process of listening comprehension in Chinese among French-speaking learners (N = 28) at the A2 level of the CEFR (elementary). Methodologically, we presented this group with a corpus of oral texts in Chinese using the "Bornage Libre" tool, which is integrated into the Claroline Connect open source Learning Management System (LMS). This tool allows the user to select one or more zones within a sound extract presented as an oscillogram. It also enables the user to highlight the elements on the waveform that trigger cognitive and metacognitive reactions during the listening comprehension process. These elements may either hinder or facilitate the listening comprehension process. Without the mediation of writing, users can specify the type of questions they have by using the "comment" field. Furthermore, a questionnaire was administered to collect qualitative data involving the challenges faced by the learners and to delve deeper into their cognitive strategies and metacognitive awareness.

The initial findings validated the effectiveness of the oral Chinese corpus adopted and identified the learners' challenges in listening. Specifically, learners struggled with identifying words in the sound streams and encountered obstacles in syntax, phonological tones, and segmentation of Chinese words and sentences. Findings also suggest that a better perception of linguistic meta-awareness helps learners to utilize listening comprehension strategies more effectively to access the meaning of the full-text. These findings provide references for identifying learners' pragmatic gaps and contribute to strengthening their metacognitive awareness and cognitive strategies, which ultimately improve their listening comprehension skills.

Key words: Chinese as a foreign language, listening comprehension, listening barriers, listening strategies, metacognitive awareness

CHEN, Manhua: The Rhetorical Devices for Poetry: From the Perspective of *Nesfield's English Grammar Series* — the Early English Textbook for Foreigners

This paper reports a survey of the content on rhetoric in the broad sense regarding poetry in *Nesfield's English Grammar Series* and discusses how this book expounds on the formal rules and language usage characteristics of English poetry, along with a brief commentary. This textbook introduces the types of English poetic forms (genres) and prosody (metre and rhyme), as well as strategies in poetic language use, involving how diction and modification of structure align with the prosody of various poems—especially their metres. *Nesfield's English Grammar Series* embodies a broad-sense rhetoric view of English poetry and a perspective on the coordination between genre and rhetoric. Overall, it emphasizes metre over rhyme, and its concepts and methods for handling related content may still enlighten modern compilers of linguistic teaching materials for foreign speakers.

Key words: *Nesfield's English Grammar Series*, poetry, rhetoric in the broad sense, prosody, diction, structure modification

MA, Guoyan & LI, Zexin: The Arrangement of Glossary and the Views on Part of Speech in Three International Chinese Textbooks During the Republic of China Era

This study analyzes the arrangement and characteristics of glossary in three international Chinese textbooks during the Republic of China Era, *Practical Chinese* (1931), *Introduction to Spoken Chinese* (1940), and *Conversational Chinese* (1947). It examines the authors' views on part of speech and analyzes and traces back to the source of the Auxiliary verb in *Practical Chinese* and *Introduction to Spoken Chinese*. Results show that the selection of new words in these textbooks focuses on the practicality, communicativeness and pertinence features of Chinese. *Practical Chinese* and *Introduction to Spoken Chinese* adopt an eight-category pattern for part of speech, while *Conversational Chinese* employs a nine-category approach. These two categories reflect the influence of missionaries on Chinese textbooks in the late Qing Dynasty and the Chinese and foreign scholars' grammar research on international Chinese textbooks during the Republic of China Era.

Key words: Republic of China Era, international Chinese textbooks, arrangement of glossary, views on part of speech, Auxiliary verb

YAO, Jun: A Study of Japanese Students' Professional Chinese Competence in Preparatory Courses

Japanese students coming to China to pursue undergraduate studies are gradually increasing, with the development of China's comprehensive national strength and international influence. Although Japanese students have prominent advantages in Chinese characters and reading, they have difficulties in professional Chinese. This becomes an obstacle to their forthcoming undergraduate studies. Most previous studies on Japanese students' Chinese language learning have been focused on their mastery of specific language knowledge. Less attention is paid to the development of their ability in professional Chinese at the preparatory learning stages. This study investigates Japanese students' ability in written Chinese and professional topics by examining their homework and essays in writing tests over a three-year period while they were taking preparatory Chinese language courses at Peking University. It was found that Japanese students were struggling with terminology and professional knowledge, as well as syntactic completeness and formal expressions, besides the lack of ability to apply professional topics, which is common among all international students. However, *Kanji* vocabulary has a great positive impact on Japanese learners in terms of vocabulary memorization and character writing. The dichotomy observed between Chinese heritage and non-heritage learners among Japanese students calls for tailored instruction according to their Chinese proficiency and learning strategies.

Key words: Japanese international students, professional Chinese, preparatory Chinese teaching

FAN, Hongjuan: Developing a Three-Step Hybrid Teaching Model

This study focuses on the public Chinese language courses offered to international postgraduate students in China, in which instruction is conducted entirely in English. It outlines the curriculum enhancements to the application of the language requirements specified in the "Quality Standards for Higher Education of International Students in China (Trial)" by the teaching team. Taking into account the challenges faced by traditional in-person teaching and the emergency online teaching model implemented during the initial outbreak of the pandemic, the teaching team conducted action research within the framework of Self-Determination Theory (SDT). A three-step teaching model combining "Self-Study""Group-Study" and "Teacher-Student Interaction", which includes both synchronous and asynchronous elements, was devised. This model created substantial social interaction opportunities for both students and teachers, fostered emotional engagements in online classrooms, and enhanced students' motivations and autonomous learning capabilities. In light of the practical demands of cross-border education and the ongoing digital transformation trend in international Chinese education, we believe that this model has the potential for sustained research, application, and further promotion.

Key words: interaction, affect/emotion, motivation, autonomous learning, Self-Determination Theory

LI, Min: The Process of Chinese Language Teaching Entering Basic Education in Hungary: Taking the Hungarian-Chinese Bilingual School as an Example

The Hungarian-Chinese Bilingual School is the only full-time school in Central and Eastern Europe that teaches in Chinese and the language of the host country. Its emergence and development are an important case in the process of Chinese teaching into Hungary's basic education system. Exploring the impact of several factors such as the country's foreign language education needs, the EU's language policy and international Chinese promotion on the development of this school helps to examine the overseas impact on basic education. These factors together with reflections on the characteristics, problems and solutions in the development of Chinese teaching in Hungary will provide an overall understanding of the history of Chinese teaching in Hungary.

Key words: Hungarian-Chinese Bilingual School, Chinese language teaching in Hungary, country-specific Chinese language teaching, Central and Eastern Europe

《汉语教学学刊》稿件体例

1. 稿件请用微软简体中文版 WORD 编辑。题目用小二号宋体,作者署名用四号仿宋体,正文用五号宋体,提要、关键词、注释和参考文献用小五号宋体,其中"提要""关键词"本身用小五号黑体,"注释""参考文献"本身用五号黑体。题目、作者名、提要、关键词的英译以及作者电子邮箱地址都用 Times New Roman 字体,题目、作者名的英译用 12 号,其余用 10.5 号。关键词之间用逗号隔开。正文行距为 1.15 倍。页边距为常规格式(上、下 2.54cm,左、右 3.18cm)。

2. 如有通信作者,用首页脚注形式,作者名后加上标 *;包括通信作者的电子邮箱、邮政编码、联系地址;用小五号宋体,英文和汉语拼音均用 Times New Roman 字体,如:通信作者:王×× wangsxx@sina.com 100871 北京市海淀区颐和园路 5 号 北京大学对外汉语教育学院。

3. 如有课题/项目,用首页脚注形式,文章标题后加上标 *,注明课题的类别、名称及编号。如:* 本研究为国家哲学社会科学基金一般项目"中国大学生跨文化能力综合评价研究"(10BYY091)的阶段性成果;名称用小五号宋体;括号及编号均用 Times New Roman 下的格式。

4. 正文第一级标题用小四号黑体,上下各空一行,标题序号用"一、二、三……"。第二级以下小标题用五号宋体加黑,节次可按如下格式编号:1.1、1.1.1、1.1.2;1.2、1.2.1、1.2.2,余类推。本刊只接受三级以内的小标题。

5. 例句独立列出者,用楷体,行首空两格,回行与首行序号之后的文字对齐;序号加圆括号,如:(1)(2)……;全文例句连续编号。

6. 文中若有图表,请在图表上方或下方用小五号黑体字注明序号及名称,如:图 1 ……;表 1 ……。若有复杂图表,不便在正文中排印者,请附在文末,并注明序号及名称,如:附图 1 ……;附表 1 ……。全文图表连续编号。为保持图表的准确性,请另附 PDF 版。

7. 文中采用国际音标,请加方括号,声调用五度标调法,标于音标右上角,如:好[xau^{214}]。采用汉语拼音,声调则用调号,如:nǐ hǎo。

8. 行文中引用原文者,请加"";引文独立成段者,请用楷体,第一行空四格,第二行以下空两格。

9. 注释采用尾注。注释号码用带圈阿拉伯数字右上标,如:完形①。请勿用自动标注。

10. 注明引文或观点出处,可采以下方式:

若所引之文或观点发表在期刊上,则为:陆俭明(1980)……;若所引之文或观点出自著作之中,则为:陆俭明(1993,84—85)……,逗号后的数字为页码,下同;若在所引之文后面用括号注明出自期刊或著作中的观点,则为:……(陆俭明 1980),或……(陆俭明 1993,84);若所转述的观点为不同的人持有,则为:……(Corder 1981;Krashen 1981);或……(James 1980;Ellis 1986,18—41)。三个作者及以上的,中文文献用第一作者加"等",如:朱德熙等(1961);外文文献用第一作者加 et al.,如:Tomasello et al.(1984)。

11. 重要术语:首次在国内语言学期刊上出现的术语须在括号内附上外文原文,但同一术语的外文原文不要重复出现。

12. 参考文献请按以下方式处理:

中文、日文文献排在西文文献之前;外文译著按中文文献处理;相同语种的文献按作者姓名的汉语拼音顺序或英文字母顺序排列;西文作者姓在前,名在后,姓名之间用逗号隔开。文献的作者或编者须全部列出,具体情况:(1)独立作者或编者的文献则使用完整姓名;(2)两个以上作者或编者之间中文文献统一使用顿号,如(史地夫、金磊、王晖),外文文献统一使用 &(不用 and),如 Cole, P. & Morgan, J.;(3)外文参考文献有多个作者时,均姓氏排前,后跟名字的首字母,如 Hauser, M., Chomsky, N. & Fitch, W.。

(1)中文参考文献格式如下:

专著:陆俭明(1993)《现代汉语句法论》,商务印书馆。

期刊:李晓琪(1995)中介语和汉语虚词教学,《世界汉语教学》第 4 期。

文集:彭聃龄(2003)汉字识别与连接主义模型,《对外汉语研究的跨学科探索》(赵金铭主编),191—206 页,北京语言大学出版社。

学术会议论文:柯彼德(2012)关于中国语言与文化在全球化世界中的地位和作用的若干思考,北京论坛(2012)文明的和谐与共同繁荣:"文明的构建:语言的沟通与典籍的传播"语言分论坛论文及摘要集,64—74 页,2012.11.02,北京大学。

学位论文:金沛沛(2017)《汉语学习词典语用信息的选取与呈现研究》,北京大学博士学位论文。

(2)外文参考文献格式如下:

专著:Kramsch, C. (1993) *Context and Culture in Language Teaching*. Oxford: Oxford University Press.

期刊:Martin, M. (1984) Advanced vocabulary teaching: The problem of synonyms. *Modern Language Journal*, 68.

文集：Searle, J. (1975) Indirect speech acts. In Cole, P. & Morgan, J. (eds.). *Speech Acts*, 59—82. New York：Academic Press.

学位论文：Stowell, T. (1981) *Origins of Phrase Structure*. Ph. D. dissertation, MIT.

研究报告：Cumming, A., Kantor, R., Baba, K., Eouanzoui, K., Erdosy, U. & James, M. (2006) Analysis of discourse features and verification of scoring levels for independent and integrated prototype written tasks for the new TOEFL test. TOEFL：Monograph Report No. 30.

网络文章：Sanders, N. (2003) Opacity and sound change in the Polish lexicon. http://sanders.phonologist.org/diss.html. (访问日期：××年××月××日)